rowohlt
BERLIN

KATHRIN PASSIG / ALEKS SCHOLZ

Lexikon des Unwissens

Worauf es bisher keine Antwort gibt

Rowohlt · Berlin

Gewidmet allen Laborratten und ihrem unermüdlichen Kampf gegen das Unwissen.

4. Auflage September 2007

Satz aus der Swift PostScript, InDesign, von
Pinkuin Satz und Datentechnik, Berlin
Druck und Bindung Clausen & Bosse, Leck
Printed in Germany
ISBN 978 3 87134 569 2

Inhalt

Wissenswertes über Unwissen

There are known knowns:
There are things we know that we know.
There are known unknowns: that is to say
there are things that we now know we don't know.
But there are also unknown unknowns:
there are things we do not know we don't know.
And each year we discover
a few more of those unknown unknowns
Donald Rumsfeld

Was ist Unwissen?

Wissenslücken entstehen gewöhnlich durch die alte Kulturtechnik des Vergessens. Auf deutlich weniger beschämende Art und Weise wird dieses Buch bei jedem Leser 42 zusätzliche Wissenslücken ausbilden. Jede einzelne davon ist eine Qualitätswissenslücke, an der nicht nur wir uns die Zähne ausbeißen, sondern auch der Rest der Menschheit samt vieler überdurchschnittlich intelligenter Forscher. Das Lexikon des Unwissens ist das erste Buch, nach dessen Lektüre man weniger weiß als zuvor – das aber auf hohem Niveau.

Stellt man sich den Erkenntnisstand der Menschheit als eine große Landkarte vor, so bildet das gesammelte Wissen die Landmassen dieser imaginären Welt. Das Unwissen verbirgt sich in den Meeren und Seen. Aufgabe der Wissenschaft ist es, die nassen Stellen auf der Landkarte zurückzudrängen. Das ist nicht einfach, manchmal tauchen an Stellen, die man schon lange trockengelegt glaubte, wieder neue Pfützen auf. Ein Beispiel ist die Frage, wann und durch wen Amerika besiedelt wurde: Sie galt mehr als ein halbes Jahrhundert als geklärt, ist seit einigen Jahren aber wegen neuer Funde wieder vollkommen offen. Forscher vermehren eben nicht nur das Wissen der Menschheit, sondern auch das Unwissen. So waren Ende des 19. Jahrhunderts viele Physiker davon überzeugt, die Welt vollständig erforscht zu haben und nur noch Detailfragen klären zu müssen. Bis sich durch Quantenmechanik und Relativitätstheorie herausstellte, dass sie einfach in vielerlei Hinsicht zu kurz gedacht hatten – ein riesiges neues Meer aus Unwissen schwappte heran.

Unwissen lässt sich nur entlang seiner Ränder beschreiben – indem man sich an den letzten Gewissheiten entlanghangelt. Ein Beitrag im Lexikon des Unwissen funktioniert daher, um zum Landkartenbild zurückzukehren, wie die Umrundung eines Sees: Man blickt von allen möglichen Perspektiven auf das Unbekannte, versinkt gelegentlich in sumpfigen Bereichen, läuft vielleicht einmal auf einem Steg etwas weiter hinaus, kann aber trotzdem nie sagen, was genau sich dort draußen verbirgt. Die Uferlinie zwischen Wissen und Nichtwissen ist dabei nicht eindeutig auszumachen, denn fast immer konkurrieren mehrere Theorien zur Lösung eines bestimmten Problems.

Das Unwissen, mit dem wir uns hier beschäftigen, muss drei Kriterien erfüllen: Es darf keine vorherrschende, von großen Teilen der Fachwelt akzeptierte Lösung des Problems geben, die nur noch in Detailfragen Nacharbeit erfordert. Das Problem muss aber zumindest so gründlich bearbeitet sein, dass es entlang seiner Ränder klar beschreibbar ist. Und es sollte sich um ein grundsätzlich lösbares Problem handeln. Viele offene Fragen aus der Geschichte etwa werden wir – wenn nicht doch noch jemand eine Zeitmaschine erfindet – nicht mehr beantworten können.

Die eingangs zitierte Beschreibung von Donald Rumsfeld

wurde zu Unrecht häufig belacht, denn sie ist ein Meilenstein in der öffentlichen Darstellung des Unwissens. Demnach lässt sich Unwissen in zwei Kategorien einteilen, Dinge, von denen wir wissen, dass wir sie nicht wissen, und Dinge, von denen wir nicht einmal wissen, dass wir sie nicht wissen. In diesem Buch kann es nur um die erste Kategorie, die «known unknowns», gehen, weil es zur zweiten zu diesem Zeitpunkt noch nichts zu sagen gibt.

Warum ausgerechnet Unwissen?

In Douglas Adams' «Per Anhalter durch die Galaxis» entwickeln pandimensionale, hyperintelligente Wesen den Computer Deep Thought, der die Antwort auf die Frage nach «dem Leben, dem Universum und dem ganzen Rest» liefern soll. Siebeneinhalb Millionen Jahre später ist diese Antwort fertig berechnet und lautet «42». Erst jetzt wird Deep Thoughts Erbauern klar, dass sie gar nicht wissen, wie die Frage lautet. Bis die berechnet ist, dauert es weitere zehn Millionen Jahre. Daraus kann man zweierlei lernen: Erstens sollte man die Frage kennen, wenn man die Antwort verstehen will. Und zweitens ist es oft schwieriger, die richtige Frage zu stellen, als sie zu beantworten – dasselbe Phänomen kann man beobachten, wenn man unerfahrenen Google-Nutzern über die Schulter schaut. Der Physiker Eugene Wigner erhielt 1963 die Hälfte des Physiknobelpreises dafür, dass er die richtige Frage – nämlich die nach dem Grund für die «magischen Zahlen» im Periodensystem der Elemente – gestellt hatte. Die andere Hälfte ging an die beiden Forscher, die die Antwort fanden.

Die richtigen Fragen zu stellen und damit das Unwissen zu enthüllen, das ist eine wichtige Aufgabe der Wissenschaft. Denn das Unwissen ist immer schon da, nur nicht für jeden offenkundig; es ist wie das schwarze Tier, das in einem Vexierbild den Raum um das weiße Tier herum füllt und das man erst erkennt, wenn man das Bild eine Weile betrachtet hat. Dann aber ist es nicht mehr zu übersehen. Wenn es diesem Buch gelingt, ein bisschen Aufmerksamkeit auf das schwarze Tier Unwissen zu lenken, hat es seinen Zweck erfüllt. Der Leser wird Unwissen dann auch erkennen, wenn es ihm in freier Wildbahn begegnet.

Wie hätte ein Lexikon des Unwissens vor 100 Jahren ausgesehen?

Unwissen ist ein flüchtiges Ding. Es verschwindet, taucht an anderer Stelle wieder auf, kurz: Man kann ihm noch weniger über den Weg trauen als dem Wissen. Darum kann ein Lexikon des Unwissens nicht für die Ewigkeit gebaut sein. Vergleicht man dieses Buch mit seinem 100 Jahre alten Vorgänger, der leider nie geschrieben wurde, so stößt man auf Interessantes: Einige Unwissensthemen waren damals noch nicht einmal bekannt, man denke an Plattentektonik oder die Dunkle Materie. Andere offene Fragen lagen zwar für jeden zugänglich in der Weltgeschichte herum, wurden aber aus verschiedenen Gründen gar nicht oder nicht mit rationalen Mitteln angegangen, das Rätsel um die weibliche Ejakulation zum Beispiel. Wieder andere Probleme sind nach wie vor ungelöst und könnten daher mit einiger Berechtigung in beiden Versionen des Lexikons auftauchen, unter anderem die Riemann-Hypothese oder der Aufbau der Materie. Am optimistischsten stimmen aber diejenigen Unwissensfelder, die in diesem Buch gar nicht auftauchen, obwohl sie vor 100 Jahren große Rätsel darstellten: So hatte man noch keine Ahnung davon, warum Sterne strahlen. Man ahnte zwar schon, dass der Erdkern nicht einfach aus Erde besteht, erfuhr aber erst zwei Jahrzehnte später, dass er flüssig ist, eine ziemlich beunruhigende Tatsache. Es war unbekannt, warum Zitrusfrüchte gegen Skorbut helfen. Ja, man wusste nicht einmal, wo die Laichgründe der Aale liegen.

Würde man heute ein hundertjähriges Lexikon des Unwissens lesen, man käme sich vermutlich sehr klug vor. Genauso wird es hoffentlich auch unseren Urenkeln gehen, wenn sie einst dieses Buch in der Hand halten. Dunkle Materie, werden sie sagen, natürlich sind das die linksgedrehten Superaxoquattrionen, das weiß doch jeder, und wie konnte man jemals glauben, Schlaf hätte irgendeine Funktion? Katzen schnurren natürlich gar nicht, das ist eine akustische Täuschung, und was Rattenkönige sind, steht ganz genau erklärt im Voynich-Manuskript. So wird dieses Buch im Laufe der Zeit immer weniger echte Unwissensthemen enthalten, bis sich eine Neuauflage der verbleibenden zwei Seiten nicht mehr lohnt. Zum Glück wird das voraussichtlich nicht zu Lebzeiten der Autoren geschehen.

Wie findet man Unwissen?

Wie findet man Löcher? Indem man so lange weitergeht, bis man keinen Boden mehr unter den Füßen hat. So ähnlich ist es auch mit dem Unwissen, man fragt und fragt, bis es irgendwann – und oft geht das sehr schnell – keine Antwort mehr gibt. (Und wir meinen hier nicht «keine Antwort» im üblichen Sinne von «Hätte ich nur damals in Chemie besser aufgepasst», sondern wirklich keine Antwort.)

Das sicherste Anzeichen für gutes Unwissen ist es, wenn Experten auf Konferenzen Wetten darüber abschließen, aus welcher Richtung die Lösung für ein bestimmtes Problem zu erwarten sei. Ideal wäre es also, Experten so lange mit Fragen zu quälen, bis sie einhellig bekunden, nicht weiterzuwissen. Leider ist das nur in wenigen Fällen praktikabel. Stattdessen muss man Unwissen mühevoll und indirekt anhand der Leerstellen in Abhandlungen über Wissen heraussuchen, die in den meisten Fällen sorgsam um das Unwissen herum erklären. Nur ganz selten findet man direkte Hinweise auf Unwissen. Dafür hat fast jede Zeitung einen Wissensteil, und mit Artikeln, die stolz von der Lösung eines Problems X berichten, könnte man ganze Ordner füllen – selbst wenn es sich bei X immer wieder um dasselbe Problem handelt. So wurde zum Beispiel allein in den letzten zehn Jahren ungefähr dreimal endgültig geklärt, wie Kugelblitze funktionieren. Solche Meldungen sind ein sicheres Zeichen für das Vorhandensein von Unwissen.

Warum hört man so viel über Wissen, aber viel weniger über Unwissen?

Ein Grund ist sicherlich die Arbeitsweise des Wissenschaftlers: Um sich nicht in haltlosen Spekulationen zu verzetteln, muss er sich an das halten, was er schon weiß, und steht daher sozusagen mit dem Rücken zum Unwissen. Nur ab und zu dreht er sich um, damit er nicht ganz aus den Augen verliert, worum es ihm eigentlich geht – um die Aufklärung von Unwissen nämlich. Diese Momente sind es, denen man nachspüren muss, wenn man nach Unwissen sucht.

Es gibt aber noch andere Ursachen für die Vernachlässigung des Unwissens in der öffentlichen Berichterstattung: Journalisten berichten lieber von abgeschlossenen Forschungsarbeiten und von neuen Erkenntnissen. Die Überschrift «Nichts Neues vom X» ist deutlich unbeliebter als «Rätsel um X endlich gelöst». Zudem lassen sich konkrete Ergebnisse ohne viel Mühe aus den Pressemitteilungen der Forschungsinstitute übernehmen, während Unwissen rechercheintensiv und damit teurer ist. Und nicht zuletzt ist es viel angenehmer, die Illusion zu pflegen, wir wüssten bereits alles Wesentliche. Dabei kann sich diese Vorstellung als ausgesprochen hinderlich erweisen. So riet der Physikprofessor Philipp von Jolly dem jungen Max Planck 1874 von einem Studium der Physik ab, da in dieser Wissenschaft schon fast alles erforscht sei – zum Glück ignorierte Max Planck seinen Rat und lieferte wenige Jahre später den Anstoß zur Entwicklung der Quantentheorie, eine Revolution der modernen Physik.

An einigen wenigen Stellen wird Unwissen aber auch ganz konkret erforscht. Das «unbekannte Unwissen» hat sich Donald Rumsfeld – obwohl es ihm zuzutrauen wäre – nicht einfach ausgedacht. Es handelt sich um ein in der militärischen Theorie wohlbekanntes Problem, das die US Army auf den Namen «unk-unk» (von unknown unknown) getauft hat. Im Krieg kann man vieles nicht vorhersehen und muss daher alles einkalkulieren, auch das Unkalkulierbare. Versäumnisse können peinlich und teuer werden. Aus dem gleichen Grund unterhält auch die NASA eine «Lessons-Learned»-Datenbank, damit Fehler aufgrund von unerkanntem Unwissen wenigstens nur einmal und nicht mehrfach gemacht werden. Diese Hinweise auf Versuche, das Unwissen zu zähmen, verdanken wir dem interdisziplinären Forschungsprojekt «Nichtwissenskulturen», das von 2003 bis 2007 an der Universität Augsburg durchgeführt wurde.

Gibt es mehr Unwissen als Wissen? Ist vielleicht alles Unwissen?

Vor etwa 300 Jahren meinte Isaac Newton zur Klärung dieser Frage Folgendes: «Was wir wissen, ist ein Tropfen. Was wir nicht wissen, ist ein Ozean.» Nun hat sich seit Newtons Zeiten einiges verändert, die Menge an Unwissen jedoch ist nicht entscheidend geringer geworden. Sobald man an einer Stelle einmal besser Bescheid wusste, ergaben sich sofort neue offene Fragen. Trotzdem sollte man daraus nicht gleich schlussfolgern, dass jede Information unsicher ist und in der Zukunft durch neue Erkenntnisse ersetzt werden wird. Man darf die Wissenschaften nicht unterschätzen. Die Situation lässt sich eher wie folgt zusammenfassen: Wir verfügen zweifellos bereits über beträchtliches Wissen, das kaum infrage zu stellen ist. (Vielleicht nicht jeder Einzelne von uns, aber doch die Menschheit als Ganzes.) Auf der anderen Seite gibt es weiterhin eine Vielzahl hochinteressanter und wichtiger ungeklärter Probleme, die einigen von uns täglich zu schaffen machen. Aber man muss das positiv sehen, schließlich wollen auch in der Zukunft noch Menschen dafür bezahlt werden, in Labors zu stehen und sich ratlos am Kopf zu kratzen.

Wie kommt die Auswahl der Themen zustande?

Im Juli 2005 veröffentlichte das Wissenschaftsmagazin *Science*, eine Kapazität in Unwissensfragen, eine Liste der 125 großen Fragen für die Forschung im 21. Jahrhundert. Nur etwa 15 dieser Fragen tauchen im «Lexikon des Unwissens» auf. An ihrer Seite findet man hier Dinge, die eher selten das Licht der Öffentlichkeit sehen, beispielsweise den Rattenkönig. Das liegt zum einen daran, dass es viel mehr Unwissen auf der Welt gibt, als in ein einziges Buch passt, der Verlag aber aus verständlichen Gründen nicht gleich eine 24-bändige Enzyklopädie herausbringen wollte. Zum anderen sind die Themen nur teilweise nach Relevanz ausgewählt, teilweise aber auch, weil sie veranschaulichen, wie geschickt sich das Unwissen oft im Bekannten verbirgt. Die Herkunft des Katzenschnurrens zu erforschen, ist zum Beispiel nichts, womit man einen Nobelpreis gewinnt oder das Weltbild nachhaltig verändert. Aber trotzdem ist es ein Thema von außerordentlicher Strahlkraft, vor allem wegen der allgemeinen Verfügbarkeit von Katzen. Umgekehrt ist es für die meisten schwer zu verstehen, was am Higgs-Boson interessant sein soll, obwohl einem für dessen Entdeckung der Nobelpreis fast sicher wäre. Es ist auch keineswegs leicht herauszufinden, welche offene Frage langfristig gesehen unser Weltbild prägen wird. Das Kriterium Relevanz ist daher genauso subjektiv wie jedes andere auch. Denn wer weiß, vielleicht baut man schon in 100 Jahren ein ökologisches Kraftwerk aus schnurrenden Katzen. Vor 250 Jahren hätte auch niemand gedacht, dass wir einmal in der Lage sein würden, ganz ohne Kerzen im Dunkeln draußen herumzulaufen, nur weil wir verstanden haben, warum Froschschenkel zucken.

Trotzdem: Mein Lieblingsthema fehlt

Geisteswissenschaftliche und historische Themen sind im Lexikon des Unwissens etwas unterrepräsentiert, weil sie unseren Anforderungen an sinnvoll zu erforschendes Unwissen (siehe oben) selten entsprechen. Die Frage, warum das Segelschiff Mary Celeste 1872 zwischen den Azoren und Portugal ohne Mannschaft im Atlantik treibend aufgefunden wurde, ist zwar ungeklärt, wird aber wohl auch nicht mehr zu beantworten sein. Und auch die Frage nach den Ursachen bestimmter Krankheiten kommt aus gutem Grund zu kurz. Schon bald nach Recherchebeginn stapelten sich auf unseren Schreibtischen die Berichte über Krankheiten unklarer Genese, und wir mussten einsehen, dass so gut wie kein Krankheitsauslöser als durch und durch verstanden gelten kann, abgesehen vielleicht von der Ursache des Beinbruchs (nämlich mechanische Gewalteinwirkung, oft durch am falschen Ort herumliegende Gegenstände). Vorschläge für neue Unwissensthemen, die wir in einer eventuellen Neuauflage ins Lexikon aufnehmen können, werden unter der Mail-Adresse *vorschlag@lexikondesunwissens.de* jedoch gern entgegengenommen.

Sind nicht vielleicht doch die Außerirdischen an allem schuld?

Erstaunlich viele offene Fragen in diesem Buch kann man mit Hilfe von Wesen aus dem All erklären. Kugelblitze zum Beispiel sind eventuell Raumschiffe aus fremden Welten. Mit Hilfe von halluzinogenen Substanzen nehmen Außerirdische Kontakt mit uns auf, das behauptet jedenfalls Rob McKenna. Und die Explosion von Tunguska hat natürlich auch etwas mit den Aliens zu tun, ganz zu schweigen vom Stern von Bethlehem. Christopher Chippindale, Archäologe und Autor von «Stonehenge Complete», führt die Alien-Spekulationen des 20. und 21. Jahrhunderts, Allzweckwaffe gegen Unwissen jeder Art, auf historische Vorbilder zurück. Lange Zeit nahmen die Bewohner von Atlantis die Rolle der Außerirdischen ein: Sie haben Amerika besiedelt, sie haben Stonehenge erbaut, und der Untergang ihres Reiches löst das Rätsel um die Fortpflanzung der Aale.

Vor dem Atlantis-Trend spielten die Phönizier eine wichtige Rolle bei der Erklärung des Unbekannten, Chippindale zufolge der Prototyp für die Außerirdischen von heute. Auch die Phönizier, immerhin ein echtes, historisch belegtes Volk, kommen in manchen Theorien als die ersten Bewohner Amerikas vor, und auch sie könnten Stonehenge erbaut haben. «Warum nicht?», fragt sich mancher, der verzweifelt nach Antworten ringt. «Warum nicht die Phönizier?» Genau hier liegt das Problem der Theorien aus der Halbwelt: Sie mögen überzeugend aussehen, lassen sich aber weder beweisen noch widerlegen, vor allem, weil man über die Außerirdischen (genauso wie über Atlantis und Phönizien) wenig bis gar nichts weiß. Sie sind weit weg, mächtig und mysteriös. Man erklärt etwas Unbekanntes einfach mit etwas ganz anderem Unbekanntem. Die Sache mit den Außerirdischen muss deshalb nicht falsch sein, man kann nur keine Aussage über ihren Wahrheitsgehalt treffen; die Theorie ist, wie der Physiker Wolfgang Pauli in ähnlichem Zusammenhang feststellte, «nicht einmal falsch». Das ist natürlich auch ein Wettbewerbsvorteil, denn so kann man die betreffende abseitige Lösung problemlos an ganz unterschiedliche Unwissensfragen anpassen. Eines Tages jedoch werden auch Außerirdische genauso aus der Mode kommen wie einst die Phönizier und durch etwas noch Exotischeres und Unverständlicheres ersetzt werden. Zum Beispiel Igel.

Warum sind ein bis zwei Fehler im Buch?

Das *Lexikon des Unwissens* enthält Fehler, weil Fehler für die menschliche Erkenntnis von großem Wert sind. Zwei Arten Fehler sind nicht vermeidbar. Zum einen handelt sich es sich dabei um Fehler durch Vereinfachung. Viele komplizierte Sachverhalte lassen sich nur verständlich darstellen, wenn man bildliche Vergleiche wählt, die streng genommen ungenau sind. Aber ohne solche Hilfsmittel wäre das Buch unlesbar. Zum anderen enthält dieses Buch mit großer Sicherheit Annahmen und Behauptungen, die man in naher oder ferner Zukunft als falsch erkennen wird. Von diesen Irrtümern ahnen aber heute weder wir noch die Experten etwas. Abgesehen von diesen zwei Ungenauigkeiten gibt es im Lexikon des Unwissens vermutlich aber auch richtige, echte Fehler, Dinge, die nicht wahrscheinlich falsch sind, sondern ganz sicher. Trotz sorgfältiger Kontrolle und Beratung durch Experten lassen sich solche Sachfehler nicht immer vermeiden, und sie sind allein unsere Schuld. Wir bitten vorsorglich um Verzeihung und außerdem um Benachrichtigung unter *korrektur@lexikondesunwissens.de*, sodass Fehler in künftigen Auflagen korrigiert werden können.

Aal

AALST (n.) One who changes his name to be further to the front
Douglas Adams: «The Meaning of Liff»

Aale schaffen es seit Jahrhunderten geschickt, ihre Lebensverhältnisse vor uns geheimzuhalten. Dabei kennt sie jeder, man kann sie an vielen Orten ansehen (zumindest geräuchert), und es gibt auch keinen Mangel an ambitionierten Aalforschern. Aristoteles zum Beispiel interessierte sich sehr für diese Fische, die zu seiner Zeit noch nicht mal als Fische galten, sondern als eine Art Würmer, die, so glaubte Aristoteles, aus dem Schlamm des Flussbodens schlüpfen. Bis weit in die Neuzeit hinein waren nicht wesentlich weniger absurde Theorien im Umlauf; so wurde noch 1858 behauptet, dass sich Aale bei der Fortpflanzung spindelförmig um einen Schilfhalm legen und sich durch dessen Schwingungen anregen lassen. Immerhin wusste man frühzeitig von der Aalwanderung: Erwachsene Aale schwimmen flussabwärts ins Meer, und junge kommen aus dem Meer nach, was den Schluss nahelegt, dass die Fortpflanzung im Meer stattfindet. Wo, wann und wie das geschieht, das sind die Fragen, die alle Aalinteressierten seitdem beschäftigen.

Mühsam kam die Aalforschung in den letzten dreihundert Jahren voran. Im Jahr 1777 entdeckte der Italiener Carlo Mondini die Eierstöcke des Aals und wies damit nach, dass das Aalweibchen wie jeder andere vernünftige Fisch zur Arterhaltung Eier legt. Knapp hundert Jahre dauerte es, bis die männlichen Geschlechtsorgane gefunden wurden. Der Triester Biologe Simon von Syrski spürte zwei dünne Lappenorgane auf und identifizierte sie korrekt als die Hoden des Aals. Rätselhaft jedoch für die damalige Forschung: Sie enthielten keinerlei Sperma. Mit den Hoden der Aale befasste sich in derselben Zeit auch Sigmund Freud, damals noch Student der Zoologie. Praktisch in Akkordarbeit zerschnitt Freud etwa 400 Aale auf der Suche nach dem männlichen Geschlechtsorgan. Manche glauben, dass er damit seine sexuellen Probleme bewältigte: Mit der Tötung des phallusförmigen Aals kastrierte Freud symbolisch nicht nur seine Konkurrenten, sondern auch (400-mal) den eigenen Vater – der unschuldige Aal als Opfer des Ödipuskomplexes. Für die Zoologie jedoch brachte Freuds Aalmassaker keine neuen Erkenntnisse.

Gegen Ende des 19. Jahrhunderts kam man einen Schritt weiter. Die Biologen Yves Delage und Giovanni Batista Grassi zeigten schlüssig, dass es sich bei einem durchsichtigen, flachen Meereslebewesen namens *Leptocephalus brevirostris*, bis dahin als eigenständige Art geführt, um die Larve des Flussaals handelt. Vor allem dem Dänen Johannes Schmidt ist die Aufklärung der Herkunft dieser Larven zu verdanken. In den ersten drei Jahrzehnten des 20. Jahrhunderts unternahm er aufwendige Expeditionen, die ihn hinaus in den Atlantik führten. Schmidt verfolgte die kleinen Aale rückwärts; er fuhr immer weiter Richtung Amerika und fand immer kleinere Larven, die allerkleinsten schließlich in der Sargassosee, südlich der Bermudainseln. Diese Tiefseegegend, auch als Bermudadreieck bekannt und berüchtigt für rätselhafte Schiffsuntergänge und Flugzeugabstürze, gilt seitdem als Geburtsort der Europäischen Flussaale. Seltsam genug, dass niemand je versucht hat, einen Zusammenhang zwischen Schiffsunglücken und Aalfortpflanzung herzustellen.

Hier nun alles, was wir über den Lebensweg des Aals heute zu wissen glauben: Geschlüpft in der Sargassosee, treiben und schwimmen die Larven des Europäischen Aals an der amerikanischen Küste entlang nach Norden und biegen schließlich, dem Golfstrom folgend, Richtung Europa ab. Dabei werden sie zunächst von den Larven des Amerikanischen Aals begleitet, die aus derselben Gegend stammen, es dann aber offenbar vorziehen, auf die anstrengende Atlantiküberquerung zu verzichten. Warum die europäischen Larven nicht auch einfach in Amerika bleiben, ist unbekannt, stattdessen quälen sie sich mehrere Jahre lang über den Atlantik. Beim Erreichen der europäischen Küsten verwandeln sich die Larven in sogenannte Glasaale, wobei unklar ist, was genau diese Metamorphose auslöst – möglicherweise ist es die Erleichterung, endlich einmal wieder Land zu sehen. Glasaale sind kleine, durchsichtige, wurmartige Dinger, die als Delikatesse gelten und in großen Mengen gefischt werden. Die Erfahrung, nach einer mehrjährigen Atlantiküberquerung auf dem Teller eines Spezialitätenrestaurants zu landen, darf man wohl getrost als antiklimaktisch, ja, enttäuschend bezeichnen.

Alle überlebenden Glasaale, und hier beginnt der schon lange bekannte Teil des Aallebens, entwickeln sich zu der adulten Form, Gelbaal genannt, und zwar in den Süßwasserflüssen Europas. (Dasselbe geschieht auf der anderen Seite des Atlantiks mit den kleinen amerikanischen Aalen.) An dieser Stelle kann man leicht viele Jahre Aalleben überspringen, weil nichts Besonderes passiert. Der erwachsene Aal lebt als Fisch unter Fischen, einige werden zwischendurch geräuchert, und wer davon verschont bleibt, den ruft, im Alter von 5, 10 oder auch 20 Jahren, eine mysteriöse Stimme zurück ins Meer. Auf dem Weg dorthin lässt er sich durch fast nichts aufhalten, nicht durch Dämme oder gar Land. Nur gegen die Turbinen der Wasserkraftwerke, die regelmäßig Aale in Fischhäppchen verwandeln, hat er noch kein Mittel gefunden. Während der Reise zum Ozean geschieht eine interessante Umwandlung, der Aal wird silbrig, seine Augen vergrößern sich, und, ganz entscheidend, der Verdauungstrakt verkümmert. Erreicht dieser sogenannte Silberaal das Meer, so ist sein Schicksal vorgezeichnet – er ist auf einer Selbstmordmission, deren Dauer durch seine Körperfettreserven bestimmt wird.

Es folgt der bis heute rätselhafte Teil des Aallebens. Aalexperte Friedrich-Wilhelm Tesch verfolgte die Aale in den Siebzigern immerhin bis zum Atlantischen Rücken, dann waren die Batterien der Sender leer, mit denen er sie ausgerüstet hatte. Andere Expeditionen entdeckten Silberaale in der Sargassosee, verloren sie jedoch schnell wieder aus den Augen. Irgendwie schaffen die Aale es anscheinend zurück zu ihrem Ursprungsort. Auf dem Weg dorthin produzieren die Männchen unter ihnen auch endlich das Sperma, das Sigmund Freud und andere so angestrengt suchten. Am Ziel angekommen, müssten die weiblichen Aale dann Laich ablegen, den die männlichen Aale befruchten, wodurch schließlich die Fortpflanzung zustande kommt. So jedenfalls die Theorie, denn trotz umfangreicher Anstrengungen hat diesen wichtigen Vorgang noch nie jemand in der Natur beobachtet. Außerdem ist unklar, was aus den Eltern wird, die eigentlich nicht anders können, als kurz nach der Atlantiküberquerung zu verhungern. Ihre Skelette allerdings wurden bislang nicht gefunden, und von Aalfriedhöfen ist nichts bekannt.

Niemand glaubt heute mehr, dass Aale einfach so aus dem Schlamm kriechen. Alle Forschungen zur Fortpflanzung von Tieren ergeben, dass eine gewisse räumliche Nähe zwischen Eltern und Kindern vorhanden sein muss, jedenfalls ganz am Anfang. Trotzdem fehlt bei Aalen jeder Nachweis einer Verbindung zwischen den Generationen. Die kleinen Aallarven entstehen scheinbar aus dem Nichts. Gleichzeitig verschwinden die erwachsenen Aale spurlos in der Sargassosee. Verwandeln sich die Eltern einfach wieder zurück in Larven? Ist der Aal somit unsterblich? Es ist ein großes Rätsel. Genau dasselbe Problem stellt sich übrigens bei den asiatischen Aalen. Man kennt oft die Herkunft der Aale, man kann nachvollziehen, wie die Larven ins Süßwasser kommen, man weiß, dass die Erwachsenen ins Meer und zu den Laichplätzen zurückkehren, aber der letzte Schritt, die eigentliche Fortpflanzung, die Verbindung zwischen Mutter, Vater und Larven, fehlt. Aalforscher müssen sich so ähnlich fühlen wie kleine Kinder, die zwar wissen, dass die Klapperstorchhypothese falsch ist, aber trotzdem keine Ahnung haben, wo die Babys herkommen.

Eine lange populäre Lösung des Problems bestreitet schlicht die Existenz europäischer Aale. Der britische Zoologe Denys W. Tucker spekulierte 1959, dass der Weg zurück in die Sargassosee viel zu weit sei und es daher keiner der in Europa lebenden Aale zurück zu den Laichgründen schaffen könnte. Stattdessen würden die Aale Europas von amerikanischen Kollegen abstammen, die sich ebenfalls in der Sargassosee fortpflanzen. Auch wenn diese Hypothese nach langen Diskussionen untergegangen ist – europäische und amerikanische Aale zeigen klare genetische Unterschiede und müssen daher als zwei verschiedene Arten betrachtet werden –, zog sie doch interessante Folgen nach sich: Eine Gruppe von «Ariosophen», Anhänger der These, dass die Arier von Atlantis abstammen, leitete aus der Tucker-Theorie den Schluss ab, dass Aale vormals in Atlantis an Land gingen und nicht in Europa. Erst nach dem Untergang von Atlantis landeten die Larven in Europa, konnten sich aber nie an den jetzt doppelt so weiten Rückweg gewöhnen. Das sagten jedenfalls die Ariosophen, die mit Hilfe der Aale ihre Heimat Atlantis wiederfinden wollten, ein Unterfangen, das noch aussichtsloser erscheint als die Suche nach sich fortpflanzenden Aalen.

Um herauszufinden, ob Aale in der Lage sind, den Atlantik zu überqueren, veranstaltete eine niederländische Forschergruppe vor kurzem ein Testschwimmen: Sie ließen eine Gruppe

Aale ein halbes Jahr lang in einem Wassertank Kreise ziehen, ohne Fütterung, ohne Werbepausen und ohne Energiedrinks. Obwohl sie ein Fünftel ihres Körpergewichts einbüßten, legten die Aale dabei eine Marathondistanz von 5500 km zurück, eine erstaunliche Leistung. Statt auf einem Siegerpodest landeten die Aale nach der Strapaze allerdings auf dem Seziertisch. Wie sie es schaffen, so ausdauernd zu schwimmen, ist unklar, dass sie es aber können, scheint damit bewiesen. Zudem gibt es Hinweise, dass Aale in der Lage sind, sich nach dem Erdmagnetfeld zu richten, was eine Möglichkeit wäre, sich im Meer zu orientieren. Auch ist es mittlerweile gelungen, Aale in Gefangenschaft beim Befruchten ihrer Eier zu beobachten – aber eben nicht in freier Wildbahn. Andererseits zeigt eine neuere Arbeit des Japaners Tsukamoto und seiner Kollegen, dass im Atlantik gesammelte Aale ihr ganzes Leben dort verbracht haben, was völlig rätselhaft ist, weil es die gesamte oben zusammengefasste Aalwanderungstheorie infrage stellt. Und weiterhin gibt es mittlerweile leise Zweifel, ob alle Süßwasseraale in Europa genetisch einwandfrei derselben Art angehören, sich daher alle untereinander paaren können und überhaupt dieselben Ziele im Leben anstreben, Laichgründe eingeschlossen, wovon man eigentlich seit hundert Jahren ausgegangen ist.

Nach wie vor also ist viel Raum für Fruchtbarkeitsmythen, Aalgötter und Spekulationen über Telekinese bei Fischen. Auftrieb könnte die Aalforschung in Zukunft durch den ebenfalls rätselhaften Niedergang der Glasaalpopulation erhalten. Immer weniger junge Aale kommen an Europas Küsten an; es könnte an Parasiten liegen, an der Meereserwärmung, Umweltgiften oder an ganz anderen Dingen. Aber weil Glasaale ein Wirtschaftsfaktor sind, besteht Hoffnung auf Rettung. Obwohl man es dem Aal zutrauen würde, eines Tages ohne jeden ersichtlichen Grund einfach so von der Erde zu verschwinden.

Amerikaner

Amerika ist kein junges Land. Es ist alt, dreckig und böse.
Das war es schon vor den Siedlern und vor den Indianern.
Das Böse ist immer da und liegt auf der Lauer.
William S. Burroughs: «Naked Lunch»

Nachdem die Urmenschen im warmen Zentralafrika laufen gelernt hatten, zogen sie hinaus in die kalte Welt. Zunächst in den Vorderen Orient, dann von dort aus nach Europa, Sibirien und Südostasien, von wo aus sie vor ungefähr 50 000 Jahren nach Australien übersetzten. Wie dieser großräumige Exodus genau ablief, wer wann wo eintraf und wie es ihm in der Fremde erging, ist alles andere als einvernehmlich geklärt, aber das soll uns hier nicht weiter interessieren. Fast alle Forscher sind sich immerhin darin einig, dass Amerika, ebenfalls ein schöner Erdteil, sehr spät besiedelt wurde. Unklar jedoch ist, wann die ersten Menschen den Kontinent betraten – die heute gängigen Theorien decken den Zeitraum von vor 60 000 Jahren bis vor 11 000 Jahren ab. Außerdem weiß niemand, aus welcher Richtung die ersten Amerikaner anreisten, wie sie im neuen Land zurechtkamen und was schließlich aus ihnen wurde. Kolumbus jedenfalls hat Amerika nicht entdeckt, es war jemand anderes. Vermutlich hatte er einen Speer in der Hand.

Amerika sah vor 10 000 Jahren ein wenig anders aus als heute. Gerade hatte man nach 20 000 Jahren des großen Frierens die letzte Eiszeit überstanden, deren Gletscher in ihrer maximalen Ausdehnung ungefähr die gesamte Landmasse von Kanada bedeckten – und Kanada ist ein großes Land. Die drastischen Klimaveränderungen am Ende der Eiszeit markieren auch das Ende einer geologischen Periode, die heute Pleistozän heißt, und den Beginn einer neuen, wesentlich besser klimatisierten Zeit, Holozän genannt. Beherrscht wurde Amerika im Pleistozän von einer eklektischen Sammlung von Riesentieren. Man stelle sich große Tiere von heute vor, betrachte sie durch ein starkes Vergrößerungsglas, und man hat etwa eine Ahnung von der eiszeitlichen Megafauna. So werden aus dem spielzeugartigen Elefanten die urzeitlichen Mastodons und Mammuts. Riesenelche gab es, Riesenschildkröten, Riesenbiber, Riesenlöwen, Säbelzahntiger, und als wäre das alles nicht genug, liefen Kurznasenbären frei herum, die moderne Grizzlybären um mehrere Bärenköpfe überragen. Man erzählt von einem Russen, dem man im Museum von Utah den Oberschenkelknochen eines solchen Megabären zeigte und der daraufhin verzweifelt fragte: «Warum müssen die Vereinigten Staaten von allem auf diesem Planeten das Größte haben?»

Wann also betraten die ersten Menschen diesen Abenteuerpark namens Amerika? Bis vor wenigen Jahren gab es darauf eine weitgehend akzeptierte Antwort, die ungefähr wie folgt lautete: Die ersten Amerikaner, Clovis-Menschen genannt, stießen vor rund 12 000 Jahren von Sibirien aus in Richtung Osten vor. Wegen der Gletscher lag der Meeresspiegel deutlich tiefer als heute, sodass Russland und Alaska durch eine Landbrücke verbunden waren. Trockenen Fußes also gelangten die Clovis-Menschen nach Amerika. Durch eine glückliche Fügung ging die Eiszeit gerade zu Ende. Die Gletschermassen zogen sich zurück und gaben dabei einen Korridor frei, durch den die Neuankömmlinge quer durch Kanada nach Süden vordrangen. In ihrer Freizeit beschäftigten sie sich damit, Großwild wie Mammuts, Bisons, Kamele und Pferde zu erlegen, wobei sie auf charakteristische Weise hergestellte Speere verwendeten, deren steinerne Spitzen zum Markenzeichen der ersten Amerikaner wurden. Clovis heißt die Stadt in New Mexico, wo Archäologen in den 1930er Jahren die ersten dieser Speerspitzen entdeckten. Bald stellte sich heraus, dass Hunderte Speerspitzen derselben Bauart über ganz Nordamerika verstreut herumliegen.

Die Clovis-Spitzen und die dazugehörigen Jäger breiteten sich offenbar rasend schnell über den Kontinent aus, «schnell» jedenfalls für eine Zeit, in der es an so grundlegenden Dingen wie Straßen und Bahnlinien mangelte. In weniger als tausend Jahren, so die Theorie, eroberten die Clovis-Leute den gesamten Kontinent und wanderten von Alaska bis zur Südspitze nach Feuerland. Jede Generation muss dazu etwa 500 Kilometer weiter in Richtung Süden vorgedrungen sein und sich gleichzeitig vorschriftsmäßig fortgepflanzt haben. Nahrung gab es zwar reichlich in diesem neuartigen Kontinent, leider war sie nur allzu oft mit großen Zähnen ausgestattet. Zeitgleich mit dem Eroberungsfeldzug der Clovis-Jäger kam es in Amerika zu einem seltsamen Massensterben, bei dem alle oben beschriebenen Riesentiere verschwanden. In der traditionellen Clovis-Theorie hängt beides, das Auftauchen der Menschen und das Verschwinden der Tiere, eng zusammen: In einer Art Blitzkrieg zogen die Clovis-Leute durchs Land und rotteten auf ihrem Weg die gesamte amerikanische Megafauna aus, sodass am Ende nur noch kleine, niedliche Tiere übrigblieben.

Diese Geschichte klingt zwar spektakulär, ist aber höchstwahrscheinlich falsch. Der entscheidende Fund, der letztlich zu ihrer Widerlegung führte, stammt aus dem Süden Chiles, genaugenommen von einer Stelle namens Monte Verde, wo der Amerikaner Tom Dillehay und sein Team seit den 1970er Jahren Ausgrabungen vornehmen. Was sie zutage förderten, war revolutionär: Feuerstellen, Reste einer Art Ansiedlung, uraltes Mastodonfleisch und von Menschenhand gefertigte Werkzeuge, die nicht nur anders aussahen als alles, was man von Clovis kannte, sondern zudem auch 12 500 Jahre alt waren. Sogar einen menschlichen Fußabdruck fand man im Boden, normalerweise ein recht eindeutiger Beweis für die Anwesenheit von Menschen. Nach dem Clovis-Paradigma hätten die Urmenschen von Monte Verde früher als bisher angenommen über die Landbrücke nach Amerika gelangen müssen, in einer Zeit, in der große Teile Nordamerikas noch von Eis bedeckt waren. Die Wanderer wären nur bis in die Gegend des heutigen Fairbanks gekommen und dann auf den unüberwindlichen Gletscher gestoßen. Es muss also einen anderen Weg nach Monte Verde gegeben haben – und damit eine Prä-Clovis-Besiedlung Amerikas.

Monte Verde war nicht der erste Ort Amerikas, an dem man Spuren der Clovis-Vorgänger fand, aber in allen anderen Fällen konnte sich die Archäologengemeinde nicht zu einer einigermaßen einheitlichen Meinung durchringen. Jahrzehntelange Kontroversen gab es zum Beispiel um die Ausgrabungsstelle Meadowcroft, eine Wohnhöhle in Pennsylvania, in der James Adovasio und seine Kollegen in den 1970er Jahren Speerspitzen und andere Werkzeuge freilegten, deren Alter teilweise auf 16 000 Jahre geschätzt wurde – deutlich vor der Clovis-Schwelle. Viele Jahre versuchte Adovasio vergeblich, die Kritiker von seinem Fund zu überzeugen. Strittig waren dabei vor allem die Altersangaben. Die wichtigste archäologische Methode zur Altersbestimmung misst den Gehalt an «C14», einem Isotop des Kohlenstoffs, das radioaktiv ist und im Laufe der Zeit zerfällt. Die Menge des heute noch vorhandenen C14 kann daher als eine Art Uhr eingesetzt werden – sofern es einem gelingt, in den jahrtausendealten Ausgrabungsstätten die Kontrolle über alle Atome zu behalten. Zum Beispiel muss sichergestellt sein, dass die alten Knochen nicht auf verschlungenen Wegen mit jüngeren Kohlenstoff-Atomen verunreinigt wurden. Trotz aller Probleme: Im Falle von Monte Verde einigte sich die Fachwelt nach mehr als zwanzig Jahren Debatte auf eine allgemeine Akzeptanz der Prä-Clovis-Daten. Im Jahr 1997 kontrollierte ein ausgewähltes Konsortium aus Experten, von Adovasio als «Paläopolizei» bezeichnet, den Ausgrabungsort und bestätigte Dillehays Ergebnisse. In den Worten eines anderen Experten, David Meltzer aus Dallas, der dem Gremium angehörte: «Monte

Verde war der Wendepunkt. Die Clovis-Latte war gerissen.» Seitdem herrscht wieder Ungewissheit über die Geschichte Amerikas.

Die Fundstücke aus dem Süden Chiles sind nicht das einzige Problem der Clovis-Theorie. So ist es zumindest zweifelhaft, ob die ersten Amerikaner wirklich alleine imstande waren, die Megafauna auszurotten. Heute geht man meist davon aus, dass entweder die extremen Klimaveränderungen am Ende der Eiszeit oder aber eingeschleppte Krankheitserreger den Urmenschen beim Kampf gegen die großen Felltiere zu Hilfe kamen. Andere Bedenken gegen das Clovis-Paradigma kommen von Linguisten, die seit langem klagen, dass 12 000 Jahre nicht dafür ausreichen, aus der Sprache der Clovis-Menschen die etwa 900 Indianersprachen zu entwickeln, die man zu Kolumbus' Zeiten in Amerika vorfand. Entweder müsse Amerika deutlich früher besiedelt worden sein oder aber nacheinander von verschiedenen Völkern. Zu einer ähnlichen Schlussfolgerung kommen Genetiker: Von bestimmten Genen weiß man ungefähr, wie oft sie sich durch Mutation verändern. So kann man durch Vergleich der Gene von Nordamerikanern und Asiaten abschätzen, wie lange es her ist, dass sie sich voneinander trennten. Auch hier erhält man Daten, die auf eine Besiedlung Amerikas vor 15 000 bis 30 000 Jahren hindeuten, in Übereinstimmung mit dem, was die anderen Wissenschaften sagen.

In der Archäologie kommen die entscheidenden Argumente jedoch immer aus dem Boden. Darum waren viele froh, als im letzten Jahrzehnt die Erkenntnisse von Monte Verde an Ausgrabungsstellen mit Namen wie Cactus Hill, Topper und Taima-Taima, verstreut über ganz Amerika, bestätigt wurden. Nachdem die Clovis-Latte einmal gerissen war, gab es kein Halten mehr – einige der neueren Funde sind womöglich 30 000 bis 50 000 Jahre alt. Anhaltende Streitigkeiten unter den amerikanischen Archäologen sind für die nähere Zukunft garantiert.

Im Mittelpunkt dieser Diskussionen steht seit Sommer 1996 das Gerippe eines Mannes, der vor etwa 9000 Jahren im Nordwesten der USA lebte, in der Nähe der Stadt Kennewick. Damit ist der «Kennewick-Mann» fast doppelt so alt wie der europäische Eiszeitmensch «Ötzi». Der arme Mann muss ein hartes Leben geführt haben; er überstand verschiedene Blessuren an Schädel und Rippen und trug eine Speerspitze in seiner Hüfte mit sich herum. Die Nachbildung seines Gesichts, die in den Zeitungen erschien, sieht für den Laien verdächtig europäisch aus; in Wirklichkeit hatte er wohl eher Ähnlichkeit mit den Ureinwohnern Japans. Auf keinen Fall jedoch sieht er so aus wie die modernen Indianer, die sich gern als «First Americans» bezeichnen. Woher er auch stammt, er lag auf (oder vielmehr unter) dem Land, das vormals die Umatilla-Indianer besiedelten, und zwar, wie deren Volksglauben sagt, «seit Anbeginn der Zeit» und nicht erst seit ein paar Jahrtausenden, wie die Wissenschaft behauptet. Nun räumt ein amerikanisches Gesetz den Indianern das Recht ein, Überreste ihrer Vorfahren zu bestatten, und zwar ohne die Knochen vorher nach allen Regeln der Kunst untersuchen zu lassen. Wenn der Kennewick-Mann auf Umatilla-Boden lebte, dann war er, so sagen die Indianer, ein Umatilla. Archäologen erwidern, es sei stark zweifelhaft, ob das urzeitliche Skelett irgendetwas mit den modernen Indianern zu tun hat, und sähen es lieber im Labor als begraben. Seit mehr als zehn Jahren liegt Mr. Kennewick mehr oder weniger tatenlos herum und wartet auf ein Ende der Gerichtsverhandlungen. Letztlich geht es hier nicht nur um ein paar alte Knochen oder um akademische Streitereien, sondern um die Frage, wem Amerika gehört.

Wer aber waren sie nun, die Ureinwohner Amerikas, und wo kamen sie her? Seit die Zweifel am Clovis-Paradigma unübersehbar sind, werden vielfältige Varianten diskutiert. Die beste Lösung wäre natürlich eine Abstammung von Außerirdischen, aber darüber äußern sich ernsthafte Archäologen nur selten. Eine populäre Theorie behauptet, die Besiedlung Amerikas sei ein ausgedehnter Bootstrip entlang der Pazifikküste gewesen – oder, wie Adovasio es nennt, «der Yachtclub des späten Pleistozäns». Möglicherweise sind Urjapaner während der Eiszeit nichtsahnend in Richtung Amerika aufgebrochen – mit Paddel- oder Segelbooten nach Norden bis zur Bering-Landbrücke und anschließend der amerikanischen Küste folgend bis weit in den Süden. Hilfreich dabei: Der Kontinent war nie komplett mit Eis bedeckt, denn an der Küste blieb jeweils ein schmaler Streifen eisfrei, über den vermutlich auch Braunbären nach Süden vordrangen. Zudem war fast die gesamte Küstenlinie mit Urwäldern aus Seetang ausgestattet, was zum einen Meerestiere anlockte, die man als Wegzehrung verwenden konnte, zum anderen aber auch das Meer beruhigte und so die Seefahrt vereinfachte. Ein weiterer Vorteil der Bootstheorie: Man muss nicht mühsam durch Wüsten und Urwälder wandern und dabei ständig neue Riesentiere totschlagen. Am Ende hat die Besiedlung Amerikas vielleicht sogar Vergnügen bereitet. Leider ist die Yachtclubtheorie schwer zu beweisen, weil alle infrage kommenden Siedlungsorte an der Küste heute wegen des gestiegenen Wasserspiegels überschwemmt sind. Zudem liegen einige alte Fundstellen auf der anderen Seite Nordamerikas, und um dort hinzukommen, hätte man doch wieder harte Gewaltmärsche absolvieren müssen.

Eine weitere Idee, die seit einigen Jahren durch die Archäologie-Journale geistert, klingt wesentlich spektakulärer als ein geruhsamer Segeltrip entlang der amerikanischen Westküste. Offenbar ähneln die Clovis-Speerspitzen denen, die von den europäischen «Solutreanern» hergestellt wurden – zumindest behaupten das Wissenschaftler wie Dennis Stanford vom Smithsonian Institute. Die Solutreaner lebten vor etwa 20000 Jahren an den Küsten Südeuropas und, so die Theorie, setzten von dort aus per Boot nach Amerika über, ein für diese Zeit einmalig waghalsiges Abenteuer. Menschen haben zwar schon weit früher Boote benutzt, aber gleich einen ganzen Ozean überqueren, mit Wind, Seekrankheit, Haifischen und allen möglichen anderen Unwägbarkeiten? Stammen die Amerikaner also von Europäern ab? Eine Hypothese, die in der Fachwelt mit gemischten Gefühlen betrachtet wird – einige halten sie vorsichtig ausgedrückt für Unfug, andere immerhin für plausibel. Die Besiedlung Amerikas könnte natürlich auch in mehreren Wellen erfolgt sein, zunächst per Boot aus Asien, dann per Schiff aus Europa, dann zu Fuß aus Asien oder umgekehrt oder ganz anders.

Wenn man den Atlantik überqueren kann, dann müssen auch andere Ozeane machbar sein. Deshalb schlagen einige Wissenschaftler Szenarien vor, in denen die Uramerikaner quer über den Pazifik entweder aus Asien oder aber aus Australien in ihre neue Heimat vordrangen. Unter anderem, um herauszufinden, ob großanlegte Seefahrtsabenteuer für Steinzeitmenschen prinzipiell infrage kamen, segelte der norwegische Abenteurer Thor Heyerdahl 1947 mit dem primitiven Floß Kon-Tiki von Südamerika nach Ozeanien. Letztlich hat er damit allerdings nur bewiesen, dass Thor Heyerdahl mit skurrilen Schiffen Weltmeere überqueren kann, über die Urmenschen sagt das wenig aus. Denn nicht alles, was machbar ist, wird von der Welt auch tatsächlich durchgeführt. Möglichkeiten für die Besiedlung Amerikas jedoch gibt es viele. Am Ende kamen «sie» gar aus der Antarktis: Schließlich ist es viel zu kalt dort und überdies die Hälfte des Jahres dunkel. Wer würde unter solchen Umständen nicht auswandern?

Anästhesie

Können Sie mir sagen, welches von diesen zwei Taschentüchern stärker nach Chloroform riecht?
Sam & Max, Freelance Police

Zum Glück braucht man in der Praxis nicht unbedingt zu wissen, warum etwas funktioniert, damit es funktioniert. Wäre es anders, könnte man ja keinen Kugelschreiber benutzen. Dass Narkosen sehr zuverlässig funktionieren, ist seit hundertfünfzig Jahren bekannt, aber warum sie funktionieren – lesen Sie an dieser Stelle nicht weiter, wenn Sie demnächst unters Messer müssen –, weiß niemand so genau. Klar ist, dass eine Vollnarkose das Rückenmark, das Stammhirn und die Großhirnrinde beeinflusst und so einen Zustand der Bewusstlosigkeit, Schmerzfreiheit und Muskelentspannung hervorruft, nach dessen Ende sich die meisten Patienten an nichts erinnern können. Beim Feintuning der erwünschten Narkose und der Unterdrückung unerwünschter Nebenwirkungen ist man inzwischen weit gekommen, eine eigentliche Erklärung der Anästhesie allerdings fehlt. Wir freuen uns zwar, dass es nicht umgekehrt ist, stehen damit aber heute wie vor hundert Jahren vor den Fragen: Wie und wo in der Zelle setzen Anästhetika an? Wie können die unterschiedlichsten Substanzen relativ gleichförmige Auswirkungen auf den Körper haben? Und wie kommt es von diesen Wirkungen auf die Zelle zu den komplexen Folgen für das Bewusstsein?

Anästhetika gibt es in großer Zahl – vom simplen Edelgas bis zum unübersichtlichen Molekülgestrüpp ist alles dabei. Weil die chemische oder physikalische Struktur der Stoffe so unterschiedlich ist, kann es kaum spezifische Rezeptoren für sie geben. Das heißt aber nicht, dass es gar keine Gemeinsamkeiten gibt. Um das Jahr 1900 entdeckten der Marburger Pharmakologe Hans Horst Meyer und der Zürcher Biologie-Privatdozent

Charles Ernest Overton mehr oder weniger gleichzeitig einen auffälligen Zusammenhang: Je fettlöslicher ein Anästhetikum ist, desto stärker seine Wirkung. Die nach den beiden benannte Meyer-Overton-Hypothese besagt, dass alle fettlöslichen Stoffe narkotisch auf die Zellen von Lebewesen wirken, und zwar insbesondere auf die Nervenzellen, da «in deren chemischem Bau jene fettähnlichen Stoffe vorwalten», wie Meyer schreibt. Man nahm an, dass sich das Narkosemittel in der Membran der Nervenzelle löst und so deren Eigenschaften verändert. Wie das funktionieren sollte, war unklar, und so brachte man einige Jahrzehnte mit vergeblichen Versuchen zu, diese «Lipidtheorie der Narkose» zu beweisen. Seit den 1970er Jahren wurde sie von der «Proteintheorie» abgelöst, die davon ausgeht, dass Anästhetika an Proteinen, also Eiweißen, in der Nervenzellmembran angreifen. Vereinfacht kann man sagen, dass die Kommunikation der Nervenzellen gestört wird, sodass sie – anstatt zum Beispiel eine Schmerzempfindung ordentlich adressiert weiterzuleiten – nur noch müde «Was? Wie war das?» murmeln. Die Proteintheorie ist in ihren Grundzügen mittlerweile gut belegt. Aber was genau stellen die Narkosemittel mit den Proteinen an?

Vor wenigen Jahren gelang dem deutschen Pharmakologen Uwe Rudolph durch Versuche an genetisch modifizierten Labormäusen der Nachweis, dass einige Anästhetika spezifisch auf bestimmte Ionenkanäle – eine Art Ventile in der Nervenzellmembran – wirken. Ein Stoff mit dem schönen Namen Gamma-Aminobuttersäure (GABA) steuert das Öffnen und Schließen dieser Ventile und hemmt so die Signalweiterleitung. Rudolphs «GABA-Hypothese» besagt, dass Anästhetika an denselben Stellen andocken, die normalerweise von der GABA genutzt werden, und daher zur selben Hemmung und – auf einem noch zu erforschenden Weg – zum kontrollierten Abschalten des Gehirns führen können. Allerdings gibt es eine Vielzahl unterschiedlicher GABA-Rezeptoren mit unterschiedlichen

Funktionen, die von den fraglichen Substanzen unterschiedlich beeinflusst werden, sodass bis zur endgültigen Klärung der Ionenkanalfrage wohl noch ein paar Doktoranden verschlissen werden müssen. Außerdem behandelt die GABA-Hypothese nur einige bestimmte Narkosemittel, die direkt in die Blutbahn injiziert werden; über die Angriffspunkte der Stoffe, die inhaliert werden, ist nach wie vor wenig bekannt. Man weiß zwar, dass sie auf viele Proteine in der Zelle irgendeine Wirkung ausüben, es ist aber umstritten, ob gerade dieses Flächenbombardement den Anästhesieeffekt hervorruft oder ob ein Großteil der so beeinflussten Eiweiße dafür völlig irrelevant ist.

Mit den neuen Erklärungsmodellen der letzten Jahrzehnte kam auch das Ende der «Einheitshypothese der Narkose», der zufolge alle Anästhetika im Wesentlichen gleich funktionieren. Mittlerweile weiß man, dass die Wirkung mancher Anästhetika auf mehreren voneinander unabhängigen Vorgängen beruht, während andere Stoffe nur an bestimmten Stellen anzugreifen scheinen. Es ist also, wie so oft, alles sehr unordentlich eingerichtet.

Trotz ihrer unterschiedlichen Vorgehensweisen im Hirn ähneln sich die Effekte der diversen Mittel verdächtig. Zwar liegt der Schwerpunkt mal mehr auf der Schmerzausschaltung, mal mehr auf der tiefen Bewusstlosigkeit oder der Muskelentspannung, aber man kommt nicht an der grundsätzlichen Frage vorbei, warum die Körperfunktionen im Verlauf einer Narkose in derselben Reihenfolge wie beim Einschlafen oder einer Ohnmacht abgeschaltet werden. Theoretisch wäre es ja durchaus denkbar, dass zuerst der Geschmackssinn ausfällt, dann das rechte Bein und schließlich das logische Denken, während die Fähigkeit, sich beim Arzt zu beschweren, die ganze Zeit erhalten bleibt. Schon Overton hatte festgestellt, dass die Narkose dem Schlaf so deutlich ähnelt, «dass man ganz unwillkürlich zu der Frage gedrängt wird, ob nicht der natürliche Schlaf durch eine von dem Organismus selbst producirte, narcotisch wirkende Substanz verursacht sein dürfte». Bisher ist es nicht gelungen, eine solche Substanz dingfest zu machen, aber es ist gut möglich, dass Anästhetika nur einen bereits existierenden, evolutionär entstandenen Mechanismus auslösen. Die Überlegungen, welcher Art dieser Mechanismus sein könnte, sind heute nicht viel weiter gediehen als zu Overtons Zeiten.

Erste Anhaltspunkte, was sich eigentlich im Gehirn während einer Narkose tut, hat man in den letzten Jahren durch verschiedene Experimente mit Verfahren wie der Magnetresonanz- und der Positronen-Emissions-Tomographie gefunden, bei denen man Bilder vom Inneren des Gehirns gewinnt, ohne es vorher in Scheiben zu schneiden. Steckt man Versuchspersonen in einen Tomographen und versetzt sie in Narkose, kann man beobachten, in welcher Reihenfolge die Hirnfunktionen heruntergefahren werden und in welchen Teilen des Gehirns der Stoffwechsel am stärksten herabgesetzt wird. So zeigt sich auch, dass unterschiedliche Anästhetika die Aktivität unterschiedlicher Teile des Gehirns bremsen: Das Narkosegas Halothan zum Beispiel reduziert vor allem die Aktivität in Thalamus und Mittelhirn, den Schaltstellen, die Informationen an die zuständigen Sachbearbeiter in der Großhirnrinde verteilen. Das gebräuchliche Injektionsanästhetikum Propofol dagegen wirkt stärker auf die Großhirnrinde selbst. Es sieht so aus, als gäbe es mehr als eine Möglichkeit, das Bewusstsein kontrolliert abzuschalten, und da die entsprechenden Experimente noch relativ neu sind, kann man bisher bestenfalls vorsichtig vermuten, auf welchem Weg dieser herabgesetzte Stoffwechsel einzelner Gehirnteile zu Bewusstlosigkeit, Schmerzfreiheit und Amnesie führt.

Dass die Forschung hier in hundertfünfzig Jahren recht überschaubare Fortschritte gemacht hat, liegt nicht – oder zumindest nicht in erster Linie – daran, dass Anästhesisten zu viel golfen und zu wenig forschen. Eigentlich müssten andere Fachbereiche erst einmal herausfinden, wie Bewusstsein, Schmerz und → Schlaf funktionieren. Aber vielleicht ist es ja auch umgekehrt, und die Forschungsarbeiten zur Frage, wie wir das Bewusstsein verlieren, werden dabei helfen, das Bewusstsein zu erklären. Mal sehen, wer schneller ist.

Dunkle Materie

Ein Kilo Dunkle Materie wiegt über zehn Tonnen.
Professor Farnsworth, Futurama

Nur ein geringer Bruchteil der Materie im Weltall ist sichtbar. Den Rest – und dabei sind nicht die Dinge gemeint, die unter dem Bett verschwunden sind – bezeichnet man als Dunkle Materie. Insgesamt gibt es sogar deutlich mehr Unsichtbares als Sichtbares im Universum – etwa fünf- bis zehnmal so viel. Worum es sich dabei handelt, ist bis heute unklar.

Man weiß von der Existenz der unsichtbaren Materie, weil sie sich indirekt durch ihre Masse bemerkbar macht: Massen ziehen sich gegenseitig an, behauptet das Gravitationsgesetz mit Recht, und daher beeinflusst die Dunkle Materie über die Gravitationskraft die Bewegung von sichtbaren Dingen wie Sternen, die man wiederum beobachten kann.

Die Beschäftigung mit dem Unsichtbaren ist ein wesentlicher Bestandteil der Arbeit von Astronomen. Wenn man sich die Abläufe am Himmel genau ansieht, passiert es häufig, dass man die Bewegungen von Himmelskörpern nur erklären kann, indem man das Vorhandensein von ganz anderen Himmelskörpern annimmt, die im Dunkeln bleiben, entweder weil sie wirklich unsichtbar sind (Schwarze Löcher beispielsweise) oder weil sie zu schwach leuchten, um mit den jeweils vorhandenen Fernrohren gesehen werden zu können. Je größer die Teleskope werden, desto mehr ehemals «Unsichtbares» wird plötzlich sichtbar. So schloss Friedrich Wilhelm Bessel im Jahr 1844 aus den Bewegungen des hellen Sterns Sirius, dass dieser von einem unsichtbaren Begleiter umkreist wird. Es dauerte 16 Jahre, bis Alvan G. Clark, ausgerüstet mit einem leistungsfähigeren Teleskop, den äußerst schwach leuchtenden Begleiter sehen konnte: Sirius B wurde schnell berühmt, weil es sich um eine heiße Sternenleiche handelte; er gehört zu einer Objektklasse, die man später als «Weiße Zwerge» bezeichnete. Ähnlich wie Sirius B wurden in den letzten zehn Jahren mehr als 100 Planeten außerhalb unseres Sonnensystems indirekt über ihre Schwerkraft gefunden: Man kann sie nicht sehen, aber sie ziehen und zerren so penetrant an ihren eigenen Sonnen, dass diese ein wenig hin und her zappeln. Es ist dieses Zappeln, das es uns ermöglicht, die für unsere gegenwärtige Technik unsichtbaren fremden Welten zu finden. Das eigentlich Geheimnisvolle an der Dunklen Materie ist darum nicht ihr Vorhandensein, sondern dass es so überraschend viel davon gibt.

Der Erste, der dies behauptete, war der Schweizer Astronom Fritz Zwicky im Jahr 1933. Er beobachtete die Bewegungen von Galaxien im Sternbild Coma Berenices, einer Himmelsgegend, in der es vor Galaxien nur so wimmelt. Fotografien dieser Gegend zeigen eine unüberschaubare Vielzahl von verwaschenen Nebelflecken, die sich bei näherer Betrachtung (mit größeren Teleskopen) als Galaxien erweisen, viele tausend Milchstraßen, bestehend aus jeweils vielen Millionen Sternen, ein Anblick, der verdeutlicht, dass das Universum nichts anderes vorhat, als uns zu demütigen. Zwicky fand heraus, dass die Galaxien in diesem Ameisenhaufen sich zu schnell bewegen: Die Masse der sichtbaren Materie reicht bei weitem nicht aus, um den

Galaxienhaufen zusammenzuhalten. Eigentlich hätte er sich schon vor Milliarden Jahren auflösen müssen – und wir könnten ihn heute nicht mehr sehen. Es muss eine Art zusätzlichen «Klebstoff» geben, die Schwerkraft der Dunklen Materie, der die Galaxien am Auseinanderfliegen hindert. Obwohl Zwicky es deutlich komplizierter formulierte, wurde seine Erkenntnis weitestgehend ignoriert. Es dauerte noch einmal fast vierzig Jahre, bis die Existenz der Dunklen Materie allgemein akzeptiert war, und seitdem hat sie Tausende Astronomen Tag und vor allem Nacht beschäftigt.

Der Durchbruch bei der Entdeckung der Dunklen Materie kam aus der Erforschung der Rotation von Galaxien. Genauso wie sich Planeten um die Sonne bewegen, drehen sich die Sterne in einer Galaxie um das Zentrum derselben. Die Sonne zum Beispiel tut dies mit einer beängstigend hohen Geschwindigkeit von etwa 250 km/s. Dabei wird sie zum einen vom Zentrum der Milchstraße via Schwerkraft angezogen. Zum anderen erzeugt die Rotation um dieses Zentrum die nach außen gerichtete Zentrifugalkraft, von deren Existenz man leicht erfährt, wenn man mit dem Auto zu schnell in die Kurve geht. Insgesamt führt das gleichzeitige Wirken von Zentrifugalkraft und Gravitationskraft dazu, dass die Sonne weder nach innen fällt noch nach außen wegfliegt, sondern sich folgsam um das Zentrum der Galaxie bewegt, wobei die Geschwindigkeit dieser Bewegung allein durch die Verteilung der Materie in der Milchstraße bestimmt wird. So kann man aus der Geschwindigkeit der sichtbaren Materie Rückschlüsse darauf ziehen, wie viel Masse innerhalb der Galaxie vorhanden ist und wo sie sich aufhält. Bei dieser Analyse kam man Anfang der 1970er Jahre zu einem deprimierenden Schluss: Objekte in den Außenbereichen der Galaxien, und zwar aller Galaxien (es gibt, wie oben erwähnt, sehr viele davon), bewegen sich viel zu schnell um das Zentrum herum, so schnell, dass sie, wie das Auto aus der Kurve, aus der Galaxie geschleudert würden – gäbe es nicht irgendetwas Schweres, aber Unsichtbares, das sie zurückhält: Dunkle Materie.

Mittlerweile ist Dunkle Materie an vielen verschiedenen Orten im Weltall «nachgewiesen» worden. Man fand sie in unserer Milchstraße, in elliptischen Galaxien, Zwerggalaxien, in Galaxienhaufen und in den noch größeren Superhaufen. Nirgendwo laufen die Dinge so ab, wie sie nach unserer Vorstellung ablaufen sollten, wenn es nur Sichtbares gäbe. Und neuerdings spekulieren einige auch über Dunkle Materie in unserer unmittelbaren Umgebung: Die Pioneer-Weltraumsonden Nr. 10 und 11, deren Hauptaufgabe darin bestand, die großen Planeten Jupiter und Saturn auszuspionieren, werden durch eine ominöse Kraft in Richtung Sonne gezogen und demzufolge immer langsamer. Das Phänomen ist bis heute ungeklärt; die möglichen Erklärungen reichen von einem Leck im Tank bis eben zur Dunklen Materie, die mit aller Macht an dem bedauernswerten Raumschiff zerrt.

Aber worum handelt es sich bei der Dunklen Materie? Ist dieses seltsame Zeug gefährlich? Kann es explodieren oder kann man es vielleicht essen? Auf besonders elegante Art und Weise wird man das Problem los, wenn man die Existenz Dunkler Materie leugnet und die oben beschriebenen Effekte erklärt, indem man kurzerhand das Gravitationsgesetz ändert. Alle Erscheinungen, die auf Dunkle Materie hindeuten, tun dies nur deswegen, weil wir von der Allgemeingültigkeit des Gravitationsgesetzes ausgehen. Vielleicht haben wir aber auch schlicht eine falsche Vorstellung von der Gravitation. Das ist die Grundidee hinter der Theorie von der «Modified Newtonian Dynamics», abgekürzt MOND, und artverwandten Gedankengebäuden. Im MOND-Szenario, vorgeschlagen im Jahr 1983 vom Kosmologen Mordehai Milgrom, verhält sich die Schwerkraft nicht mehr so kompromisslos, wie man sie von zu Hause kennt, sondern verändert ihre Wirkungsweise, wenn man Dinge betrachtet, die sehr weit voneinander entfernt sind, was im Universum recht häufig vorkommt. So kann MOND zum Beispiel die Rotationskurven von Galaxien erklären, wofür man ansonsten größere Mengen Dunkler Materie benötigt. Allerdings funktioniert das bei weitem nicht überall und wirft eine Reihe zusätzlicher Probleme auf. Bisher hat niemand eine abgeschlossene, modifizierte Gravitationstheorie erfunden, die man sowohl im Schlafzimmer, im Wohnzimmer als auch in der Küche des Weltalls ohne Schwierigkeiten einsetzen könnte. Darum geht die Suche nach der Dunklen Materie weiter.

Die Theorien zu ihrer Natur teilen sich in zwei Lager: Zum einen könnte es sich um schwere, aber nicht oder nur schwach leuchtende Dinge handeln, die aus denselben Bausteinen bestehen wie alles, was wir sonst so kennen. Man nennt dies «baryonische» Dunkle Materie, weil ihre Masse zum Großteil in den → Elementarteilchen Proton und Neutron steckt, die man auch Baryonen nennt. Gute Kandidaten für solche großen dunklen Körper sind die schon erwähnten Weißen Zwerge, außerdem die sogenannten Braunen Zwerge, von denen später noch die Rede sein wird, und Schwarze Löcher. Zusammengefasst werden diese dunklen Schatten oft unter der Abkürzung MACHO: «massive compact halo objects».

Zum anderen könnte die Dunkle Materie auch aus einer großen, sogar sehr großen Menge von Elementarteilchen bestehen, die nur schwach mit dem Rest der Welt wechselwirken und autistisch durch Mensch, Erde und Universum hindurchfliegen. Die ersten Theorien in diese Richtung gingen zunächst von «heißen», also energiereichen Teilchen aus. Der beste Kandidat dafür war lange Zeit das Neutrino, ein geistartiges Teilchen, das zum Beispiel in Atomkraftwerken oder bei Sternexplosionen freigesetzt wird und für dessen Nachweis man immerhin mehr als 25 Jahre brauchte. Mittlerweile jedoch scheint klar zu sein, dass die Masse des Neutrinos zu gering ist, um das Phänomen der Dunklen Materie zu erklären. Erfolgversprechender sind Modelle, die mit «kalter» Dunkler Materie arbeiten. Die infrage kommenden Teilchen führen abenteuerliche Namen, sie heißen Neutralino, Axion, Gravitino oder gar Wimpzilla, und alle existieren sie bisher nur in den Köpfen von Theoretikern. Keines von ihnen wurde bis heute zweifelsfrei nachgewiesen. Diese exotischen, hypothetischen Gestalten fasst man gelegentlich unter dem Begriff WIMPs zusammen – «weakly interacting massive particles» –, und spätestens hier wird deutlich, dass die Erforschung der Dunklen Materie auch ein Kampf um das beste Akronym ist: MOND, MACHO oder WIMP?

In den vergangenen drei Jahrzehnten haben sich die Fronten in der Erforschung der Dunklen Materie mehrfach verschoben. In den 1970ern ging man überwiegend davon aus, es mit baryonischer Materie zu tun zu haben, mit einer Klasse von Objekten also, die man später als MACHOs bezeichnete. In den 1980ern wendete sich das Blatt, jetzt wurden Neutrinos, anschließend «kalte» WIMPs und andere exotische Elementarteilchen populär. Anfang der 1990er kamen die MACHOs zunächst zurück, wurden dann aber in den Folgejahren durch neue Beobachtungen stark beschädigt. Ab und zu waren auch Hybridmodelle gebräuchlich: «Die Welt braucht sowohl MACHOs als auch WIMPs», behauptete etwa der englische Astrophysiker Bernard Carr 1994. Hoffnungsvoll nennen die Experten solche Ideen auch Szenarien mit «zwei Zahnfeen»: Verliert ein Kind nämlich einen Milchzahn, so legt man den Zahn abends unter das Kissen und wartet auf die Zahnfee, die ihn gegen eine Münze austauscht. Ob sich das Problem der Dunklen Materie mit zwei Zahnfeen, also zwei verschiedenen Teilchenarten, loswerden lässt, bleibt abzuwarten.

Ein schönes Beispiel für Modeströmungen in der Erforschung der Dunklen Materie sind die sogenannten Braunen Zwerge. Im Gegensatz zu Sternen besitzen diese Objekte keine innere Heizung. Während Sterne in ihrem Inneren über viele Millionen Jahre Wasserstoff zu Helium «verbrennen», sind Braune Zwerge zu klein, um die für diesen Prozess nötigen Temperaturen zu erzeugen. Daher leuchten sie nur schwach vor sich hin und sind entsprechend schwer zu finden. Wenn ein Stern eine Kerze ist, die beständig und zuverlässig leuchtet, so ist ein Brauner Zwerg ein glühendes Stück Metall, das allmählich immer kälter wird. Seit den 1960er Jahren spekuliert man über Existenz und Eigenschaften von Braunen Zwergen, nur sehen und untersuchen konnte man sie bis vor kurzem nicht, unter anderem, weil die Teleskope zu klein waren. Da man nichts über ihre Anzahl in der Milchstraße wusste, waren sie fast zwei Jahrzehnte lang erstklassige Kandidaten für Dunkle Materie. Noch im Jahr 1994, ein Jahr vor der Entdeckung des ersten Braunen Zwergs, eines Objekts mit der trostlosen Bezeichnung Gliese 229B, nannte Bernard Carr Braune Zwerge die «plausibelste» Erklärung für die große Menge an Unsichtbarem im Weltraum. Innerhalb von wenigen Jahren jedoch zerschlugen sich die hohen Erwartungen, die man in die zwielichtigen dunklen Sonderlinge gesetzt hatte; es wurden zwar zahlreiche Braune Zwerge entdeckt, aber bei weitem nicht genug, um auch nur eine Spur der Dunklen Materie zu erklären.

Ein ähnliches Schicksal wie die Braunen Zwerge erlitten auch die restlichen MACHO-Kandidaten und die Neutrinos: Es gibt diese Dinge zwar, aber rechnet man alles zusammen, so erhält man nur einen geringen Bruchteil der Dunklen Materie. Darum bleibt heute kaum noch ein anderer Ausweg, als an die Existenz von kalter Dunkler Materie in Form von WIMPs oder etwas Ähnlichem zu glauben – Elementarteilchen, die sich dem Rest des Universums fast ausschließlich über ihre Schwerkraft mitteilen. Worum es sich dabei genau handelt, weiß bisher niemand. Deshalb war es ein aufregendes Ereignis, als ein Forscherteam um Rita Bernabei Ende der 1990er Jahre zum ersten Mal Dunkle Materie auf der Erde nachgewiesen haben wollte. Mit Hilfe von schweren Salzkristallen, die man tief in den italienischen Apenninen vergrub, um sie vor störender Strahlung abzuschirmen, fand man ein Signal, das man auf den Einschlag von bislang unsichtbaren Teilchen in den Salzkristall zurückführte. WIMPs zum Anfassen, mitten in Europa? Leider überstand die sensationelle Meldung nicht die nachfolgenden kritischen Überprüfungen. So bleibt alles beim Alten, und der Begriff «Dunkle Materie» ist, wie der amerikanische Astronom David B. Cline zugibt, weiterhin ein inhaltsloser «Ausdruck für unser Unwissen».

Übrigens: Das Universum besteht, wie man mittlerweile weiß, nur zu etwa einem Viertel bis einem Drittel aus sichtbarer und Dunkler Materie. Den ganzen Rest bezeichnet man heute als «Dunkle Energie», nur um einen Namen zu haben, und meint damit eine mysteriöse Kraft, die die Expansion des Universums beschleunigt. Vielleicht ist es unnötig zu erwähnen, dass auch über die Natur der Dunklen Energie praktisch nichts bekannt ist.

Einemsen

> *Was innendrin ist in den Igeln*
> *Ist wie ein Buch mit sieben Siegeln.*
> Kathrin Passig

Als ob es nicht schlimm genug wäre, dass Tiere häufig so absurd aussehen, dass man den ganzen Tag vor ihrem Gehege stehen und mit dem Finger auf sie deuten möchte, legen sie dazu auch noch abwegige Verhaltensweisen an den Tag – wahrscheinlich nur, um uns zu verwirren. Dass in der Folge Forschungsgelder der Biologiefachbereiche sinnlos verschleudert werden müssen, ist ihnen natürlich egal. An über 250 Vogelarten lässt sich beispielsweise eine der rätselhafteren tierischen Angewohnheiten beobachten: das sogenannte Einemsen. Der schöne Fachbegriff wurde 1935 von dem deutschen Ornithologen Erwin Stresemann geprägt und beschreibt das Einreiben des Gefieders mit Ameisen, anderen Insekten, aber auch aromatischen Substanzen wie Mottenkugeln, rohen Zwiebeln, Seifenwasser, Apfelstücken, Essig, Zigarettenkippen und Zitrusfrüchten. Andere Vögel lassen sich passiv einemsen, indem sie sich mit ausgebreiteten Flügeln neben oder auf einen Ameisenhaufen legen. Zumindest bei zahm aufgezogenen jungen Krähen wurde das Einemsen auch beobachtet, ohne dass es ihnen von älteren Tieren vorher beigebracht wurde.

Aber nicht nur Vögel betreiben diesen albernen Sport, auch bei Eichhörnchen und insbesondere Igeln ist das Einemsen belegt. Der Igelforscher Martin Eisentraut beschrieb das Verhalten 1953 ausführlich: «Kommt ein Igel mit bestimmten, charakteristisch schmeckenden oder riechenden Stoffen, und besonders solchen, die ihm neu und ungewohnt sind, in Berührung, beginnt er, lebhaft interessiert, sie zu belecken und im gegebenen Falle mit dem Maul aufzunehmen und durchzukauen. Er steigert sich dabei in einen Erregungszustand und sondert reichlich Speichel ab, den er durch Kaubewegungen in eine schaumige Masse verwandelt. Nach geraumer Zeit wendet das Tier seinen Kopf unter eigenartigen Verrenkungen nach hinten und spuckt, oder besser schleudert mit der lang herausschnellenden Zunge den Speichel auf sein Stachelkleid.» Die Erregung klingt meist erst nach mehrmaligem Bespucken ab. Im Experiment ließen sich die Igel durch Leim, Tabak, Schweiß, Hyazinthen, Parfüm, Seife, Druckerschwärze, Baldriantinktur, faulende tierische Stoffe, Krötenhaut, andere Igel, Zigarrenrauch und Lackgeruch zum Einemsen verleiten. Schon ganz junge Igel legen dieses Verhalten an den Tag, das im Experiment schwer hervorzurufen ist – Eisentraut vermutet, die Igel müssten sich dazu «in einer bestimmten Stimmung befinden». Igel wie Vögel wirken dabei auf den Beobachter geradezu ekstatisch und kippen mitunter um vor Freude.

Und wozu das Ganze? Die hin und wieder vorgebrachte Hypothese, Ameisensäure helfe, Parasiten im Gefieder (beziehungsweise Stachelkleid oder Pelz) in Schach zu halten, wurde 2004 von den Ökologinnen Hannah Revis und Deborah Waller widerlegt: Die Ameisensäurekonzentration in den Körpern der Ameisen genügt offenbar nicht, um das Wachstum von Bakterien und Pilzen zu hemmen. Bis auf Weiteres müssen wir also davon ausgehen, dass Tiere sich nur zum Spaß immer dann einemsen, wenn zufällig Biologen mit Kameras in der Nähe sind. Schon o. k., die Tiere verstehen sicher auch nicht alles, worüber wir so vor Begeisterung umkippen.

Ejakulation, weibliche

Und sie spritzt doch!
oekonews.de: «ÖKO-TEST Feste Wandfarbe»

Einerseits ist es überraschend, dass über so elementare und vergleichsweise angenehm zu erforschende Angelegenheiten wie die weibliche Ejakulation und die Gräfenberg-Zone (alias G-Punkt) längst nicht alles bekannt ist. Andererseits wurde selbst die Klitoris erst im 16. Jahrhundert – also einige hundert Millionen Jahre nach ihrer Markteinführung – von der medizinischen Fachliteratur entdeckt. Man darf wohl davon ausgehen, dass sie bis dahin schon das eine oder andere Mal von interessierten Laien bemerkt wurde, jedenfalls kritisierte schon im 17. Jahrhundert der dänische Anatom Caspar Bartholin seine Vorgänger dafür, dass sie sich mit dieser angeblichen Entdeckung schmückten: Die Klitoris sei bereits den alten Römern bekannt gewesen. Das klingt nicht ganz unwahrscheinlich.

Auch die weibliche Ejakulation wurde im Kamasutra, von Aristoteles, anderen Griechen und in der pornographischen Literatur nicht selten beschrieben. Bis ins 18. Jahrhundert hinein vermutete man sogar, dass ohne den «weiblichen Samen» keine Befruchtung stattfinden könne. Selbst in sexualwissenschaftlichen Texten des frühen 20. Jahrhunderts, etwa bei Richard von Krafft-Ebing, Max Marcuse, Havelock Ellis und Magnus Hirschfeld, tauchen die «weiblichen Pollutionen» noch auf. Schon kurz danach kam die weibliche Ejakulation zumindest in der medizinischen Literatur jedoch aus der Mode und wurde einige Jahrzehnte lang einhellig als von männlichem Wunschdenken geprägter Mythos bezeichnet.

Generell ist die Sexualwissenschaft nach einer kurzen Blütezeit in den 1920er und 1930er Jahren nur schleppend vorangekommen, was unter anderem daran liegt, dass sich – in den USA wie in Europa – nörgelnde Stimmen erheben, wenn an Universitäten der Orgasmus erforscht werden soll. Der Steuerzahler vermutet ohnehin, dass an Universitäten zu viel am Orgasmus geforscht und zu wenig gearbeitet wird. So lässt sich vielleicht erklären, dass die meisten Mediziner bis heute von den hier behandelten Teilen und Funktionen des weiblichen Körpers eher weniger wissen als der durchschnittlich aufmerksame Pornographiebetrachter. Seit wenigen Jahren gilt die Existenz der weiblichen Ejakulation immerhin als einigermaßen unumstritten, aber die Details sind nach wie vor unklar. Beim Mann dagegen weiß man genau, wie, warum und mit Hilfe welcher Organe er eine Ejakulation zustande bringt.

Der holländische Anatom Regnier de Graaf war einer der Ersten, die sich der Frage nach den zuständigen Organen widmeten. 1672 schrieb er von einer «weiblichen Prostata», die wie beim Mann rings um die Harnröhre angebracht sei und deren Ausfluss «ebenso viel Wollust (verursache) wie der von den männlichen ‹prostatae›». Er zitierte den griechischen Anatomen Herophilos von Chalkedon (300 vor Christus) und den griechischen Arzt Galen (2. Jahrhundert), die ebenfalls von einer weiblichen Prostata berichteten, und vermutete selbst, dass die Sekretion dieser Prostata teilweise durch Öffnungen in die Harnröhre abgesondert wird. Der Leser möge an dieser Stelle nicht zu früh lachen, denn schon wenige Absätze später könnte es ihm leidtun.

1880 beschrieb der schottische Gynäkologe Alexander Skene die nach ihm benannten (auch als Paraurethraldrüsen bekannten) Skene-Drüsen neben der weiblichen Harnröhre, deren Funktion ihm aber unbekannt war. 1926 äußerte sich dann der niederländische Gynäkologe Theodoor Hendrik van de Velde in seinem Bestseller «Die vollkommene Ehe» ausführlich zur Möglichkeit einer weiblichen Ejakulation. «Dass es dazu kommt, jedenfalls bei einem Teil der Frauen, ist nicht zweifelhaft», heißt es darin. Den Ursprung der Flüssigkeit vermutete er in den Bartholinschen Drüsen, die auch für die Befeuchtung des Scheideneingangs zuständig sind. Die Skene-Drüsen seien, so van de Velde, zu klein, «um eine Ansammlung von Sekret, das ausgespritzt werden kann, zu ermöglichen».

Der deutsche Gynäkologe Ernst Gräfenberg beschrieb 1950 schließlich eine «erogene Zone in der vorderen Vaginalwand, entlang der Harnröhre», deren Existenz er aus seiner eigenen «Erfahrung mit zahlreichen Frauen» bestätigte. Aus dem Artikel geht recht klar hervor, dass Gräfenbergs Daten im privaten Umfeld gewonnen wurden – solche Offenheit in sexualwissenschaftlichen Texten ist seither selten geworden. Bei einigen Frauen, so Gräfenberg, spritzten im Moment des Orgasmus größere Mengen einer klaren Flüssigkeit aus der Harnröhre, bei der es sich nicht um Urin handle (was er allerdings wohl nicht im Labor untersucht hatte). Seiner vorsichtig geäußerten Hypothese zufolge habe man es wahrscheinlich mit Sekretionen der Drüsen innerhalb der Harnröhre zu tun, die mit der beschriebenen erogenen Zone zusammenhänge. Eine Funktion als Gleitmittel komme nicht infrage, da die Flüssigkeit dann nicht erst beim Orgasmus abgesondert würde. 1953 erschien Gräfenbergs Aufsatz überarbeitet als Kapitel eines sexualwissenschaftlichen Fachbuchs. Von persönlicher Anschauung war nun nicht mehr die Rede; der Abschnitt über die weibliche Ejakulation wurde aus unbekannten Gründen getilgt.

Gräfenbergs Aufsatz blieb zunächst weitgehend unbeachtet. Der Sexualforscher Alfred Kinsey und seine Mitarbeiter erwähnten 1953 in ihrem einflussreichen Werk «Das sexuelle Verhalten der Frau» lediglich, dass «die auf den Orgasmus folgenden Muskelkontraktionen der Vagina (…) etwa Genitalsekrete herauspressen (können) und sie in einigen wenigen Fällen mit einer gewissen Kraft herausstoßen». Dass Gräfenbergs «Zone» bei Kinsey nicht mehr auftaucht und das Scheideninnere als empfindungslos dargestellt wird, liegt wohl vor allem daran, dass Kinsey die von Freud entscheidend mitgeprägte Vorstellung eines «vaginalen Orgasmus» aus der Welt schaffen wollte. Wissenschaftlich war das zwar nicht ganz sauber, aber viele Frauen dürften Kinsey dankbar gewesen sein: Jahrzehntelang hatte man von ihnen erwartet, dass sie im Laufe ihrer «psychosexuellen Reifung» auf den klitoralen Orgasmus zugunsten des «reiferen» vaginalen Orgasmus verzichten lernten.

Nach Kinsey passierte erst mal 25 Jahre lang bis auf ein, zwei zaghafte Erwähnungen des Themas in der Fachliteratur nicht viel. Auch die Sexualforscher William Masters und Virginia Johnson bezeichneten in ihrer bahnbrechenden Studie «Die sexuelle Reaktion» von 1966, für die erstmals Labordaten zum menschlichen Sexualverhalten aufgezeichnet worden waren, die weibliche Ejakulation als «irrtümliches, wenn auch weitverbreitetes Konzept». Später räumten Masters und Johnson ein, dass es bei manchen Frauen zu einer sexuellen Reaktion kommen könne, die einer Ejakulation ähnele, erklärten das Phänomen aber für Harninkontinenz und empfahlen, einen Arzt aufzusuchen.

Erst Ende der 1970er Jahre wurde die weibliche Ejakulation im Zuge der Frauenbewegung wiederentdeckt und in den folgenden zehn Jahren in einigen Studien und Befragungen belegt. 1982 veröffentlichten die Psychologen und Sexualberater Alice Kahn Ladas, Beverly Whipple und John D. Perry das Buch «The G-Spot and Other Recent Discoveries About Human Sexuality», das den heute gebräuchlichen, wenn auch irreführenden Ausdruck «G-Punkt» für die von Gräfenberg beschriebene Zone populär machte. Erstmals entspann sich eine ausführliche Diskussion der Gräfenberg-Zone in Fachkreisen. Hin und wieder wird heute noch eingewendet, es sei bisher nicht gelungen, an der beschriebenen Stelle der Vaginalwand zahlreiche Nervenenden oder sonstige anatomische Besonderheiten nachzuweisen. So war die These aber schon von Gräfenberg nicht gemeint – die Zone sei vielmehr deshalb erogen, weil sich dort das hinter der Vaginalwand gelegene sensible Drüsengewebe um die Harnröhre stimulieren lasse.

Seit den 1980er Jahren wurde das umstrittene Phänomen der weiblichen Ejakulation gelegentlich unter Laborbedingungen untersucht. Leider ist es nicht einfach, die aufgefangene Flüssigkeit separat von anderen bei sexuellen Tätigkeiten anfallenden Flüssigkeiten zu gewinnen. Bei der Analyse fand sich jedenfalls – oft, aber nicht immer – im Vergleich zum Urin eine erhöhte Konzentration einer Substanz namens «prostataspezifische saure Phosphatase» (PAP) sowie Fruktose – beides charakteristisch für das männliche Prostatasekret. Die Konzentration der wichtigen

Urinbestandteile Harnstoff und Kreatinin waren dagegen meist niedrig. Später wurde PAP allerdings auch im Vaginalsekret nachgewiesen, zudem tauchte die Frage auf, ob die Flüssigkeit nicht doch wenigstens teilweise aus der Blase stammt und sich in der Harnröhre lediglich mit Drüsensekreten mischt. Erschwerend kam hinzu, dass unterschiedliche Frauen womöglich sowohl individuell als auch je nach Zyklusphase unterschiedlich zusammengesetzte Flüssigkeiten produzierten – mal sah das aufgefangene Sekret weißlich aus, mal transparent, mal fanden sich mehr Ähnlichkeiten mit Urin, mal weniger, auch die in der Literatur beschriebene Menge schwankt zwischen 10 und 900 Millilitern. Gegen die Urin-Theorie spricht, dass der charakteristische Spargelgeruch des Urins, der sich genetisch bedingt bei etwa der Hälfte aller Menschen nach dem Spargelverzehr einstellt, beim weiblichen (und übrigens auch männlichen) Ejakulat fehlt. Ein – bisher nicht reproduziertes – Privatexperiment einer Studentin des kanadischen Forschers Edwin Belzer ergab außerdem, dass sich das Ejakulat kaum von einem Medikament beeindrucken lässt, das den Urin kräftig blau färbt.

Ende der 1980er Jahre ergaben zwei großangelegte Studien aus den USA und Kanada, dass 39,5 Prozent der befragten Frauen schon einmal oder mehrmals Flüssigkeit ejakuliert hatten. 65,9 Prozent berichteten von einem sensiblen Bereich in der Vagina, von denen wiederum 72,6 Prozent durch Stimulation dieses Bereichs zum Orgasmus kommen konnten, davon über die Hälfte ohne zusätzliche Klitorisstimulation. In dieser Untergruppe waren es sogar 82,3 Prozent, die eigene Erfahrungen mit der weiblichen Ejakulation hatten.

Man nahm daher vorerst an, dass 10 bis 40 Prozent aller Frauen wenigstens manchmal ejakulierten, bis der Sexualwissenschaftler Francisco Cabello Santamaría 1996 Urin von Frauen auf das sogenannte prostataspezifische Antigen (PSA) analysierte, das, wie der Name schon andeutet, eigentlich nur von der männlichen Prostata produziert wird. Er stellte fest, dass sich in 75 Prozent der Proben nach dem Orgasmus eine höhere PSA-Konzentration fand als vorher. Cabello Santamaría zieht daraus den Schluss, dass zwar alle Frauen zur Ejakulation fähig sind, die so produzierte Flüssigkeit aber in den meisten Fällen in der Blase landet – ein Phänomen, das auch bei Männern vorkommt und als «retrograde Ejakulation» bekannt ist. In einem 2001 durchgeführten Experiment des Sexualwissenschaftlers Gary Schubach stellte sich heraus, dass ejakulationserfahrene Testpersonen, deren Blasen vor dem Orgasmus mit einem Katheter entleert wurden, beim Orgasmus noch 50–900 Milliliter Flüssigkeit produzierten. Diese Flüssigkeit wurde ebenfalls durch einen Blasenkatheter aufgefangen und kam daher eindeutig aus der Blase. Der Harnstoff- und Kreatiningehalt der Flüssigkeit war deutlich niedriger als im Urin. Da der Blasenkatheter die Blase gegen die Harnröhre abdichtet, konnte die aufgefangene Flüssigkeit nicht aus den in die Harnröhre mündenden Drüsen stammen. Wie sich in einer gerade frisch geleerten Blase in kurzer Zeit wieder so viel Flüssigkeit mit für Urin eher untypischen Eigenschaften sammeln kann, bleibt aber in dieser Untersuchung ungeklärt. Schubachs vorsichtige Schlussfolgerung lautet, dass sexuelle Erregung Einfluss auf die Zusammensetzung der Flüssigkeit in der Blase hat.

Wirklich geklärt ist also wenig. Immerhin ist mittlerweile unumstritten, dass es um die weibliche Harnröhre herum nicht nur bei manchen, sondern bei allen Frauen Drüsengewebe gibt, das in Aufbau und Funktion der männlichen Prostata ähnelt und dessen Gänge teils in, teils am Ausgang der Harnröhre münden. Dieses Drüsengewebe ist funktionstüchtig und nicht, wie man noch Ende der 1980er Jahre glaubte, lediglich ein verkümmerter Überrest.

Viel weiter ist die Forschung bisher nicht gekommen. Unklar ist nach wie vor, ob die «weibliche Prostata», also das Drüsengewebe um die Harnröhre, die Gräfenberg-Zone zu einer erogenen macht, und ob diese Drüsen nicht doch zumindest bei manchen Frauen größer oder produktiver sind als bisher angenommen, womit sich die teils großen Flüssigkeitsmengen erklären ließen. Herauszufinden wäre auch, ob die Ejakulation Bestandteil der sexuellen Reaktion ist – und wenn ja, welchem Zweck sie dienen könnte – oder ob es sich eher um einen Nebeneffekt handelt. Falls die Flüssigkeit tatsächlich ganz oder teilweise aus der Blase herrührt, stellt sich die Frage, ob und wie sich der Blasenschließmuskel überhaupt aufgrund von Stimulation des Harnröhrenbereichs öffnen kann. Wie die meisten Männer aus eigener Erfahrung wissen, trägt sexuelle Erregung nämlich keineswegs zur Öffnung des Blasenschließmuskels bei, im Gegenteil. Es spricht wenig dafür, dass es sich bei Frauen umgekehrt verhält. Statt aber erst mal den G-Punkt genauer zu erforschen, werden immer neue Punkte auf den Markt geworfen, so der K-Punkt (die gar nicht so neue Klitoris), der U-Punkt (die Harnröhrenmündung) und zuletzt 2003 der A-Punkt, der sich zwischen G-Punkt und Gebärmutterhals befinden soll. 22 Punkte zwischen B und Z sind noch frei, auch hier ist also noch viel Platz für Forscher, die sich einen Namen machen wollen.

Wenn endlich geklärt werden könnte, woraus das Ejakulat denn nun genau besteht und wo es produziert wird, wäre das unter anderem auch deshalb von Nutzen, weil die Ergebnisse Einfluss auf die Arbeit der englischen Zensurbehörde «British Board of Film Classification» hätten: In England sind alle Darstellungen verboten, die mit Urinspielen beim Sex zu tun haben, und die weibliche Ejakulation gilt beim BBFC lediglich als verharmlosende Bezeichnung für derlei illegale Schweinigeleien.

Interessant ist auch, dass in der Fachliteratur des 20. Jahrhunderts, soweit sie auf Befragungen von Frauen beruht wie zum Beispiel Shere Hites Bestseller «Der Hite-Report», für den knapp 2000 Frauen zu ihren sexuellen Erfahrungen befragt wurden, die weibliche Ejakulation keine Rolle zu spielen scheint. Stellt dagegen heute jemand in Internetforen oder auf Mailinglisten eine Frage danach, melden sich sofort zahlreiche Frauen zu Wort, die das Phänomen aus eigener Anschauung kennen. Solange es die weibliche Ejakulation offiziell nicht gab, wurde sie also entweder nicht bemerkt, für nicht erwähnenswert gehalten oder – wegen der Harninkontinenztheorie – aus Scham verschwiegen. So lässt die Wissenschaft gelegentlich ganz neue Geschlechtsorgane sprießen.

Elementarteilchen

> *Glaube ich alles nicht. Quarks sind Unfug.*
> Steven Weinberg, Physik-Nobelpreisträger

Seit langer Zeit ist bekannt, dass die Welt aus vielen kleinen Teilchen besteht. Mehrfach schon in der Geschichte der Teilchenentdeckung glaubte man, endlich die kleinstmöglichen Bausteine der Materie gefunden zu haben, nur um ein paar Jahre später zu erfahren, dass man nicht genau genug hingesehen hatte.

Vor etwa 2500 Jahren nahm die moderne Materieforschung ihren Anfang, als der griechische Philosoph Demokrit den Begriff «Atom» – «Unteilbares» – einführte. Demokrit zufolge sind Atome winzige, unzerstörbare Teilchen, die komplett mit Masse ausgefüllt sind und aus denen alle Materie besteht. Weitgehend ungeprüft überstand dieses Postulat mehr als zwei Jahrtausende, bis man im 19. Jahrhundert negative Atombestandteile – Elektronen genannt – außerhalb von Atomen antraf: Kaum legt man elektrische Spannung an ein Stück Metall und erhitzt es, schon wird es in Scharen von Elektronen verlassen. Aus war es mit der Unteilbarkeit des Unteilbaren.

Verglichen mit der schneckenartigen Entwicklung der Vorstellungen von Elementarteilchen in den vergangenen Jahrtausenden, ging im 20. Jahrhundert alles plötzlich sehr schnell, und ganze Regalwände voller Nobelpreise wurden für Erkenntnisse über den Aufbau der Materie vergeben. Zunächst erkannte der englische Physiker Ernest Rutherford, dass Atome im Wesentlichen leer sind. Das danach entwickelte «Planetenmodell» der Atome beruht auf der Vorstellung, dass sich im Atomkern positiv geladene Protonen befinden, um die Elektronen kreisen wie Planeten um die Sonne. Etwa zur selben Zeit revolutionierte die Quantenphysik unser Weltverständnis. Man nahm allgemein davon Abstand, Elementarteilchen genauso zu behandeln wie Himmelskörper, weil die Welt auf atomaren Maßstäben nach anderen Regeln funktioniert. Von Hendrik Kramers, einem der Entdecker dieser Regeln, stammt die Feststellung, man sei geneigt, sich einige Monate über die neue Quantenmechanik zu freuen, bevor man in Tränen ausbricht. Teilchenphysik, bis dahin eine Art Billardspiel mit extrem kleinen Kugeln, verwandelte sich in eine fremdartige Landschaft, die mit gesundem Menschenverstand kaum noch zu erfassen ist.

Wie jedes fremde Land ist auch die Welt der kleinsten Teilchen mit exotischen Tieren besiedelt. Bald tauchten die ersten Antiteilchen in Labors auf: Sie sehen genauso aus wie ihr zugehöriges «normales» Exemplar, nur die Ladung ist umgekehrt. Das Antiteilchen zum Elektron beispielsweise heißt Positron, ist positiv geladen und wurde erstmals im Jahr 1932 nachgewiesen. Im selben Jahr entdeckte der Engländer James Chadwick das Neutron, das etwa genauso schwer ist wie das Proton, aber keine Ladung besitzt. Einige Jahre später fand man die Myonen, eine Art übergewichtige Elektronen, weitere zehn Jahre später die Pionen, und spätestens in den 1950er Jahren wurde die Lage unübersichtlich, als neuartige Wesen wie Kaon, Hyperon und diverse Neutrinos im Zoo der Elementarteilchen einzogen. Schließlich kam es 1968 zur nächsten Revolution: Man fand heraus, dass Protonen ebensowenig «elementar» sind wie Atome – die Welt wurde ein weiteres Mal in noch kleinere Teile zerlegt.

Unsere Erkenntnisse über Elementarteilchen stammen größtenteils aus Experimenten, in denen man mit einer Sorte Teilchen auf eine andere Sorte schießt. Rutherford zum Beispiel feuerte Helium-Atome auf Gold-Atome, und seine Projektile flogen in den meisten Fällen ungehindert durch das Gold hindurch. Auf demselben Prinzip beruhte das Experiment, das zur Entdeckung der Quarks führte: Mit Hilfe des Teilchenbeschleunigers der Universität Stanford brachte man Elektronen auf große Geschwindigkeiten und ließ sie dann mit Protonen zusammenstoßen. Aus der Art und Weise, wie die Projektile abgelenkt wurden, konnte man schließen, wie das Proton im Innern aussieht. Es besteht aus drei «Quarks», ein Name, der einem skurrilen Gedicht von James Joyce entnommen wurde, in dem es heißt: «Three quarks for Muster Mark!»

So konnte es nicht weitergehen. Um die zunehmende Vielfalt an Teilchen und Antiteilchen in den Griff zu bekommen, entstand Anfang der 1970er Jahre das sogenannte Standardmodell der Teilchenphysik: Es brachte nicht nur Ordnung in den Teilchenzoo, sondern stellte endlich auch klare Regeln für das Zusammenleben der kleinen Biester auf. Im Standardmodell besteht die Welt aus zwölf verschiedenen «Fermionen» (das sind Elektron, Myon, Tauon, drei Neutrino- und sechs Quarkarten), ihren zwölf Antiteilchen und verschiedenen «Eich-Bosonen», die dafür verantwortlich sind, Grüße und Botschaften zwischen Teilchen zu übermitteln, meistens «Ich finde dich anziehend» und ab und zu auch ein «Ich finde dich abstoßend». Das Photon ist so ein Postboten-Boson, es übermittelt elektromagnetische

Kräfte, etwa die Anziehung zwischen gegensätzlich geladenen Teilchen. Ein anderes ist das Gluon, das die Quarks im Atomkern zusammenklebt.

Das Standardmodell rechtfertigte bisher in vielerlei Hinsicht seinen anmaßenden Namen. Es sagte zum Beispiel die Existenz verschiedener neuer Teilchen und ihre Eigenschaften voraus, bevor sie entdeckt wurden, was ein großer Fortschritt war, denn endlich hinkte man der Natur nicht mehr hinterher, sondern wusste schon vorher, was ihr nächster Schachzug war. Aber ganz so leicht gibt sich der Gegner nicht geschlagen. Einige fundamentale Probleme bleiben auch im Standardmodell ungelöst. So wurde trotz großer Anstrengungen das Higgs-Boson nicht gefunden, das letzte noch fehlende Teilchen des Standardmodells. Das Higgs-Boson ist dafür zuständig, den anderen Teilchen mitzuteilen, welche Massen sie haben (irgendjemand muss es ja tun). Die Theorie kann weiterhin viele Eigenschaften der Welt, zum Beispiel eben die Massen der Teilchen, aber auch die Anzahl der Dimensionen des Universums nicht vorhersagen. Und obwohl es drei fundamentale Kräfte beinhaltet – die vierte wichtige Wechselwirkung, die Gravitation, deren grundlegende Natur in der Allgemeinen Relativitätstheorie beschrieben ist, steht bisher draußen vor der Tür und darf nicht mitspielen. Das Eich-Boson der Gravitation, ein Teilchen, das Massen von der Anwesenheit anderer Massen wissen lässt, damit sie sich dementsprechend benehmen, und das man schon mal vorsorglich Graviton getauft hat, blieb bislang ebenfalls unentdeckt. An all diesen Problemen wird derzeit hart gearbeitet.

Zwei der führenden Kandidaten für eine allmächtige Theorie jenseits des Standardmodells, die endlich alle unsere Probleme löst, heißen Supersymmetrie und Stringtheorie. Für ein tiefgehendes Verständnis dieser überaus komplexen Gedankengebäude muss man sich leider mit unhandlichen Abhandlungen und abschreckendem Formelwerk befassen. Supersymmetrie ist ein hoffnungsvoller Ansatz, bei dem jedem Teilchen des Standardmodells ein «Superpartner» zugeordnet wird, der sich vom Original nur durch den genau entgegengesetzten Drehimpuls unterscheidet. Wenn ein Teilchen also rechtsherum rotiert, dann dreht sich sein Superpartner linksherum. Durch die Verdoppelung der Teilchenarten lässt sich eine Reihe von Problemen lösen, und man erhält außerdem vielversprechende neue Teilchenkandidaten für die noch zu erklärende → Dunkle Materie. Keinen der Superpartner hat man bisher gefunden, und es ist mysteriös, warum sie überhaupt so wenig in Erscheinung treten in den bisher untersuchten Teilen der physikalischen Welt.

Die Stringtheorie wiederum verändert das Standardmodell, indem Elementarteilchen nicht mehr als Punkte betrachtet werden, sondern als «Fäden» – sie verfügen daher plötzlich über eine Dimension statt gar keiner. Die verschiedenen Stringtheorien haben die praktische Eigenschaft, die Anzahl der Dimensionen im Universum vorhersagen zu können – das Standardmodell kann das, wie erwähnt, nicht. Je nach Spielart erhält man 10 oder 11 oder gar 26 Dimensionen, Zahlen, die so verwirrend unterschiedlich sind, dass man nicht genau einzuschätzen vermag, ob das jetzt besser ist, als es überhaupt nicht zu wissen. In jedem Fall sind die meisten dieser Dimensionen viel zu klein, um im normalen Leben eine Rolle zu spielen, sie sind «kompaktifiziert» in der Welt der Quanten. Bislang widersetzen sich die Stringtheorien hartnäckig jeder klaren experimentellen Bestätigung, weshalb sich manche Forscher heute zu fragen beginnen, ob man mit den ganzen Fäden nicht seine Zeit vergeudet.

Jenseits all dieser Bemühungen um die Welttheorie ist es weiterhin auch möglich, dass wir die Elementarteilchen – die echten, kleinsten Bestandteile der Materie – immer noch nicht gefunden haben. Nur wenig jünger als das Standardmodell sind verschiedene Theorien, nach denen Elektronen und Quarks wiederum aus noch kleineren Teilchen bestehen, die meist

Preonen genannt werden, manchmal aber auch Pre-Quarks, Rishons, Tweedles oder Maons. Warum, so fragen Physiker wie Haim Harari, der das Modell vom Rishon erfand, sollten ausgerechnet wir die Generation sein, die an die fundamentale Grenze, die kleinsten Teilchen, gestoßen ist? (Sofort könnte man auch fragen, warum ausgerechnet Hararis neue Elementarteilchen die endgültig kleinsten sein sollen.) Und warum, so argumentiert Harari weiter, sollte die Welt aus so vielen elementaren Teilchen zusammengesetzt sein, wie es das Standardmodell und seine Erweiterungen vorsehen? Seine Rishons immerhin kommen nur in zwei verschiedenen Typen vor und lassen, so Harari am Ende der Publikation, in der er das Modell präsentiert, «viele, viele Fragen offen».

Vielleicht sind offene Fragen einfach die Grundbausteine der Materie.

Erkältung

Auch wenn das Gehirn des Menschen einigermaassen rein und gesund ist, dringen doch bisweilen die Wirbel der Luft und der andern Elemente ein und lassen verschiedenartige Säfte ein- und ausfliessen und erzeugen im Nasen- und Kehlwege einen nebelhaften Dunst, so dass dort ein schädlicher Eiter wie Dunst von nebligem Wasser sich zusammenzieht.
Hildegard von Bingen: Vom Schnupfen

Im Vergleich zum, sagen wir, Tausendfüßler *Illacme plenipes*, von dem im letzten Jahrhundert ganze 13 Exemplare gesichtet wurden, ist die Erkältung ein relativ bequem zu erforschendes Phänomen, denn man braucht sie zumindest nicht lange zu suchen. Erwachsene erkranken im Schnitt weltweit zwei- bis fünfmal jährlich daran; Schulkinder fünf- bis siebenmal. Auch wenn der Forschungsdruck auf diese nicht gerade exotische Krankheit entsprechend hoch ist, wissen wir bis heute nicht, wann und warum Menschen sich erkälten. Und das, obwohl in der langen Forschungsgeschichte einiges herausgefunden wurde.

Bekannt ist zum Beispiel, dass 30–50 Prozent der Erkrankungen bei Erwachsenen von Rhinoviren ausgelöst werden, den Rest teilen sich ein paar andere Viren, darunter das erst 2001 entdeckte Metapneumovirus, sowie beträchtliche Mengen bisher unbekannter Erreger. Die typischen Symptome – Schnupfen, leichtes Fieber, Halsschmerzen – verdanken wir dabei nicht den Erregern, sondern indirekt der Reaktion unseres Immunsystems. Nach überstandener Erkältung stellt sich Immunität gegen den Auslöser ein, man erkrankt also nur einmal an einem bestimmten Virus. Da es aber um die 100 bis 200 infrage kommende Erreger gibt, ist die Auswahl groß genug, um sich lebenslänglich jedes Jahr mit neuen Viren zu infizieren. Der Nachweis der Erreger ist einerseits nicht ganz einfach, andererseits können zahlreiche andere Tierchen die Symptome einer Erkältung auslösen, was die Arbeit der Erkältungsforscher nicht gerade erleichtert. Viele Studien sind daher nur beschränkt aussagefähig, weil die angeblich untersuchten Fälle nicht klar genug von ähnlichen Erkrankungen wie Heuschnupfen oder Grippe abgegrenzt wurden.

Wie aber, lautet das große Rätsel, handelt man sich die Erreger ein? Zweifelsfrei erwiesen ist nur, dass in Laborversuchen 95 Prozent aller Testpersonen, die Rhinoviren direkt in die Nase geträufelt bekommen, sich auch infizieren. Doch wie gelangen die Erreger zu uns, wenn man keine Pipette zu Hilfe nimmt? In einem klassischen Experiment steckte man gesunde und erkältete Testpersonen für zwei Stunden in einen Raum, trennte sie durch einen Vorhang voneinander und verabreichte den Erkälteten nach einer Stunde zur Sicherheit eine Dosis Niespulver, damit sie nicht etwa aus falscher Bescheidenheit alle Erkältungsviren für sich behielten. In der Folge erkrankten nur um die 10 Prozent der gesunden Testpersonen, was nicht komplett gegen die Luftübertragung als Hauptansteckungsweg spricht, aber eben auch nicht sehr stark dafür.

Um herauszufinden, ob die Anwesenheit der Infizierten überhaupt genügte, um nennenswerte Mengen Erreger im Raum zu verteilen, befestigte man in einem anderen Experiment einen dünnen Schlauch in der Nase eines gesunden Freiwilligen, aus dem ihm – ganz wie bei einer echten Erkältung – eine farblose Flüssigkeit aus der Nase tropfte, die mit einem Fluoreszenzmarker versehen war. Nach einigen Stunden, in denen der falsche Kranke mit anderen Versuchsteilnehmern redete und Karten spielte, war der ganze Raum samt Spielkarten und Möbeln mit Leuchtfarbe bekleckert, einschließlich der Nasen der anderen Testpersonen. Einerseits will man so genau gar nicht wissen, wie es um die Verteilung von Körperflüssigkeiten zum Beispiel in U-Bahn-Waggons bestellt ist, andererseits scheint uns diese Allgegenwart der Erreger nicht sonderlich zu schaden: Mütter stecken sich keineswegs zuverlässig bei ihren erkälteten Kindern an, Ehegatten infizieren sich nicht besonders häufig gegenseitig, und selbst das Küssen Erkälteter gilt als unbedenklich. Offenbar ist der Ansteckungsprozess selbst schon ein komplizierter Vorgang.

Aber nicht einmal die grundlegende Aussage «Eine Erkältung bekommt man, indem man sich bei anderen Erkälteten ansteckt» ist unumstritten, auch wenn einiges dafür spricht: Solange die Dörfer auf Grönland und Spitzbergen nur per Schiff zu erreichen waren, blieb die Bevölkerung in den Wintermonaten, in denen man von der Außenwelt abgeschnitten war, von Erkältungen verschont; nach Ankunft des ersten Schiffs im Frühjahr allerdings brach unweigerlich das große Husten und Niesen aus. Dieser Sachverhalt ist gut dokumentiert, aber bis heute ist nicht hinreichend erklärt, warum sich die Erkältung in der Arktis so eindeutig als von außen eingeschleppte Infektionskrankheit gebärdet, während sich in mehreren großen Studien zeigen ließ, dass die Erkältungsepidemien der Nordhalbkugel sich nicht etwa nach und nach durch die Bevölkerung ausbreiten, wie man es von einer ordentlichen Infektionskrankheit erwarten sollte. Die großen Erkältungswellen treten vielmehr in allen untersuchten Gegenden gleichzeitig auf, und zwar mit Jahresmaxima im Januar, September und November. (Typisch für die Erkältungsforschung: Auch hier gibt es mehr als eine sorgfältig durchgeführte Studie, aus der das Gegenteil hervorgeht.)

Diese gleichzeitigen Erkältungswellen versucht man zu erklären, indem man annimmt, dass wir die entsprechenden Viren als «kommensale Organismen» mit uns herumtragen, die Infektion somit immer in uns schlummert. Allerdings braucht man jetzt wieder einen äußeren Reiz, um diese Infektion auszulösen. Die Art dieses Reizes ist unklar – klimatische Faktoren wie Wind, Feuchtigkeit, plötzliche Erwärmung oder Abkühlung der Umwelt oder des Körpers etwa werden seit der Antike genannt und spiegeln sich in vielen indoeuropäischen Worten für «Erkältung» wider. Da auf der Nord- wie auf der Südhalbkugel die Erkältungshäufigkeit in der kalten Jahreszeit deutlich größer ist, liegt es nahe, nach einem Zusammenhang zwischen Klima und Erkältung zu suchen – gefunden hat man ihn bisher noch nicht. Häufig hört man die Begründung, dass wir uns im Winter dicht gedrängt in schlecht gelüfteten Räumen aufhalten. Tatsächlich aber sitzen wir auch im Sommer die meiste Zeit in denselben Räumen herum, was die These etwas unglaubhaft wirken lässt. Trockene Zentralheizungsluft kann ebenfalls kaum der Verursacher sein, denn die Nasenschleimhäute kommen mit trockener Luft gut zurecht. Im Experiment und in der Wüste zeigt sich, dass sie auch bei extrem niedriger Luftfeuchtigkeit weiterhin problemlos funktionieren. Zudem beginnt die Heizperiode in vielen Ländern erst deutlich später als die herbstlichen Erkältungswellen. Spielt ein «geschwächtes

Immunsystem» bei der Infektion eine Rolle? Schützen Glück, positives Denken oder Kniebeugen am offenen Fenster? Nichts davon ist bisher erwiesen – das heißt, jeder dieser Effekte wurde bereits nachgewiesen, aber ebenso viele Studien ergeben das Gegenteil oder gleich gar nichts.

Liegt es vielleicht nicht so sehr an der Umgebungstemperatur, sondern an der Auskühlung des Körpers? Zahlreiche Experimente, bei denen wenig beneidenswerte Freiwillige in nassen Badehosen auf zugigen Fluren herumstehen mussten, verliefen unbefriedigend. Auch die erwähnten Studien aus Grönland und Spitzbergen sprechen gegen einen solchen Zusammenhang, da die Epidemien dort zwar mit der Ankunft des ersten Schiffs, jedoch nicht im Geringsten mit Temperatureinflüssen zu tun haben. Besonders perfide wäre die denkbare, aber schwer zu untersuchende Variante, in der die Infektion und die Auskühlung des Körpers zu unterschiedlichen Zeitpunkten stattfinden müssen, damit es zu einer Erkrankung kommt. Untersuchungen an Bord von Schiffen und insbesondere U-Booten ergeben übrigens, dass die vom Rest der Welt isolierten Besatzungen auf See zum Teil sogar öfter als der Bevölkerungsdurchschnitt unter Erkältungen leiden – und das, wie im U-Boot, auch in einer Umgebung ohne Wettervariablen, Sonne, Temperaturveränderungen oder Wind. Und schließlich erschien 2005 eine Studie des «Common Cold Centre» in Cardiff, die erstmals seit langer Zeit dann doch wieder einen Zusammenhang zwischen akuter Abkühlung durch kalte Fußbäder und nachfolgendem «Auftreten von Erkältungssymptomen» nachweisen konnte. Die Frage, ob diese Symptome auch mit einer tatsächlichen Infektion in Zusammenhang stehen, wäre – so die Autoren der Studie – noch zu untersuchen.

Erstaunlich genug, dass die üblichen Erklärungsmodelle rätselhafter Phänomene – Außerirdische, Antimaterie, Erdstrahlen, Nikola Tesla ist an allem schuld – im Zusammenhang mit Erkältungen bisher ausgeblieben sind. Vielleicht muss man die

Forscher erst durch Publikation absurder Hypothesen aufstacheln, damit die Erkältungserkenntnis Fortschritte macht. Ein Vorschlag wäre, einmal die Fortpflanzungsgewohnheiten von Taschentüchern genauer zu erkunden: Am Ende sind es diese so unschuldig aussehenden kleinen weißen Kreaturen, die im Verborgenen dafür sorgen, dass die Erkältung nicht ausstirbt.

Gähnen

> *Bei Ermüdung und Schlafbedürfnis ist das Gähnen eine natürliche Äußerung, die nicht unangenehm ist. (…) Bei wirklicher Ermüdung gebe man nach und lege sich hin.*
> Dr. med. Anna Fischer-Dückelmann: «Die Frau als Hausärztin»

Um es gleich vorwegzunehmen: Gähnen ist nicht zwangsläufig auf Langeweile oder Müdigkeit zurückzuführen. Bei Olympischen Spielen kann man oft beobachten, dass Spitzensportler unmittelbar vor dem entscheidenden Wettkampf ausgiebig gähnen. Und das, obwohl es garantiert nicht langweilig ist, vor einem Millionenpublikum um die Wette zu laufen, so hört man jedenfalls. Einig sind sich alle Experten nur darin, dass Gähnen ansteckend ist. Warum das so ist und warum wir überhaupt gähnen, ist unbekannt. Alle Leser, bei denen die folgenden Ausführungen zu einem Gähnen führen, sollten sich darum als Probanden eines Experiments im Rahmen der weltweiten Gähnforschung begreifen.

Gähnen oder allgemeiner ein gelegentliches Mundaufsperren ist eine verbreitete Angewohnheit. Bei vielen Wirbeltieren hat man es beobachtet, unter anderem bei Fischen, Vögeln, Schlangen, Elefanten, und zahllosen anderen Tierarten. Menschen beginnen damit bereits im Mutterleib, in einem Alter, in dem sie ansonsten noch fast gar nichts können. Ausgelöst wird der Gähnprozess offenbar durch einen ganzen Cocktail aus Hormonen, denen man hilflos ausgeliefert ist. Menschen mit Krankheiten wie Schizophrenie gähnen einzelnen Berichten zufolge wesentlich seltener als normal, andere Krankheiten führen dagegen zu einer erhöhten Gähnrate. Gesunde Menschen gähnen am häufigsten kurz nach dem Aufwachen und kurz vor dem Einschlafen. Andere Lebewesen, männliche Ratten etwa, entwickeln beim Gähnen ab und zu eine Erektion. Wieder andere gähnen, so liest man manchmal, vorzugsweise in Gesellschaft. Gähnen in Verbindung mit dem Zeigen der Zähne gilt unter Affen als Drohgeste, was schon Charles Darwin auffiel. Wie bereits erwähnt, ist Gähnen ansteckend, nicht nur bei Menschen, sondern zumindest auch bei Schimpansen und Makaken, allerdings nicht bei Säuglingen. Männer gähnen wahrscheinlich häufiger als Frauen, und in Ausnahmefällen kann zu ausgiebiges Gähnen zu einer schmerzhaften Ausrenkung des Kiefergelenks führen. Langweilig ist die Gähnforschung jedenfalls selten.

Oft hört man, die Ursache des Gähnens sei Sauerstoffmangel. Angeblich, so der Volksglaube, gähnen Menschen, wenn sie in schlecht durchlüfteten Räumen sitzen, und zwar, um durch das weite Aufsperren des Mundes an mehr Luft zu kommen. Dieser Gedankengang ist vermutlich zu simpel, um wahr zu sein. Schon einfache Plausibilitätsüberlegungen erwecken leise Zweifel: Warum gähnen Löwen beim Herumliegen in der Savanne? Sauerstoffmangel etwa? Warum gähnen ungeborene Babys im Mutterleib, wo sie doch durch die Nabelschnur (und nicht durch den Mund) mit Sauerstoff versorgt werden? Warum gähnt man dann nicht viel häufiger bei sportlichen Aktivitäten, wenn man also viel Sauerstoff verbraucht? Aufgabe der Wissenschaft sollte es sein, für klare Verhältnisse zu sorgen, und genau das hat der Psychologe Richard Provine mit seinen Mitarbeitern Ende der 1980er Jahre getan: Die Forscher maßen, ob die vermehrte Zufuhr von Sauerstoff das Gähnen reduziert und ob die Zufuhr von «verbrauchter», also mit Kohlendioxid angereicherter, Luft zu mehr Gähnen führt. Und schließlich überprüften sie auch, ob sportliche Aktivität zum Gähnen anregt. Das Ergebnis war in allen Fällen eindeutig negativ – «schlechte Luft» und Sauerstoffmangel sind möglicherweise Ursachen von Müdigkeit, aber wahrscheinlich eher nicht Auslöser des Gähnens. So wünscht man sich Forschung – Theorie, Experiment, Theorie widerlegt, fertig.

Provine, der sein Gähninteresse als «pervers» bezeichnet, zeigte sich zunächst überrascht von seinen Ergebnissen. Er glaubt seitdem, dass Gähnen nichts mit der Atmung zu tun hat, sondern mit einer Änderung des Wachheitszustandes, dass es also dann auftritt, wenn Menschen entweder müde werden oder munter. Sein Kollege Ronald Baenninger liefert für den zweiten Fall einige experimentelle Belege. Er bat Testpersonen, den ganzen Tag bewegungsempfindliche Armbänder zu tragen und diesem Gerät per Knopfdruck jedes Gähnen zu melden. Dabei kam heraus, dass Gähnen typischerweise Phasen hoher Aktivität vorausgeht. So ähnlich verhalten sich womöglich auch einige Tiere: Der männliche Siamesische Kampffisch zum Beispiel sperrt vor dem Angriff ausgiebig sein Maul auf, ein Vorgang, der dem Gähnen zumindest ähnlich sieht, obwohl es auch etwas ganz anderes darstellen könnte. Das Problem: Siamesische Kampffische lassen sich keine Armbänder anlegen.

Vielleicht erklärt dieser Ansatz die seltsame Gähnhäufigkeit bei Marathonläufern kurz vor dem Start, bei Fallschirmspringern vor dem Sprung und Studenten vor dem Examen: Sie werden gerade richtig wach. Es kann sein, dass beim Mundaufsperren ein zusätzlicher Schub Blut ins Hirn gepumpt und so irgendwie die Aufmerksamkeit erhöht wird. Wenn das stimmt, wäre Gähnen eine Art Kickstart des Gehirns. Aber warum gähnen wir dann auch beim Müdewerden, wie jeder bestätigen kann? Dient Gähnen in diesem Fall als ein Alarm, um dem Körper klarzumachen, dass es so nicht weitergeht?

Übrigens kann man Gähnen auslösen, wenn man es sich nur vorstellt beziehungsweise angestrengt darüber nachdenkt. Deshalb ist es auch ganz normal, wenn man beim Lesen über die Gähnforschung häufig gähnend innehält. Seit einigen Jahren nutzen Gähnforscher die modernen Verfahren der Neurologie und erzeugen Bilder der Hirnaktivität während des Gähnvorganges: Man steckt Probanden in eine Metallröhre (den MR-Scanner) und zeigt ihnen Gähnvideos – nicht etwa ausgesucht langweilige Filme, sondern Filme von gähnenden Menschen. Eine deutsch-finnische Arbeitsgruppe fand dabei 2005 Hinweise auf die Ursache des ansteckenden Gähnens: Es handelt sich dabei, ihren Ergebnissen zufolge, nicht einfach um eine Imitation des Verhaltens anderer. Genauer: Es ist kein Lernprozess in dem Sinne, dass wir uns ansehen, was der andere tut, und es dann nachmachen. Die für solche Lernvorgänge verantwortlichen Hirnareale, Spiegelneuronen genannt, werden nämlich durch Gähnvideos nicht stärker aktiviert als durch vergleichbare Videos ohne Gähnen. Wir müssen also nicht verstehen, wie ein anderer gähnt, um es selbst zu tun, es geschieht vollkommen automatisch. Deshalb wird spekuliert, es handele sich beim Gähnen um einen uralten Mechanismus, der eventuell zur Kommunikation in einer Gruppe und zur Synchronisation von Gruppenverhalten eingesetzt wird. «Los, Angriff!» oder «Achtung Feind!» oder aber auch «Gehen wir schlafen!» könnte die Nachricht sein, die dahintersteckt. Möglicherweise war Gähnen also ehemals eine schnelle und effektive Methode, die lebensnotwendigen Dinge ohne viel Gerede zu klären.

Der Hirnforscher Steven Platek und seine Gruppe dagegen kommen im Rahmen ihrer Gähnexperimente zu einem anderen Schluss. Nach ihrer These ist die Gähnansteckung ein Akt des Mitgefühls, eine Ansicht, die schon in den 1970er Jahren geäußert wurde. Um ihre Theorie zu testen, verglichen Platek und Kollegen im Jahr 2003 das Gähnverhalten von Menschen, bei denen durch Persönlichkeitstests entweder eine besonders hohe oder besonders niedrige Empathiefähigkeit festgestellt wurde. Auch hier wurden Gähnvideos vorgeführt, und tatsächlich zeigte sich der erwartete Effekt: Probanden, die sich gut in andere Menschen hineinversetzen können, waren leichter zum Gähnen zu bringen als weniger einfühlsame Testpersonen. Um das Ergebnis zu überprüfen, griffen Platek und Co. wiederum zu hirnabbildenden Verfahren. In der Tat werden beim Gähnen bestimmte Hirnareale aktiviert, von denen man annimmt, dass sie eine Rolle bei der Ausbildung von Mitgefühl spielen. Eventuell bedeutet das Mitgähnen also gar nicht «Mir ist auch langweilig», sondern stattdessen «Ich leide mit dir». Ob dieses Mitgefühl die Langeweile lindert, sei dahingestellt.

Das große Problem sind die stark unterschiedlichen Kontexte, in denen Gähnen auftritt. Zum einen gibt es vermutlich eine rein körperliche Komponente, man gähnt entweder, um tief einzuatmen, den Kreislauf anzuregen oder einfach als Dehnübung der Gesichtsmuskeln. Außerdem öffnet Gähnen die Verbindung zwischen Mundhöhle und Ohr, die eustachische Röhre, und sorgt so für Druckausgleich im Mittelohr, zum Beispiel bei Erkältungen oder bei der Flugzeuglandung. Gähnen ist daher gesund, darüber sind sich die Experten einig. Zum anderen aber scheint Gähnen eine soziale, kommunikative Komponente zu haben, ob es nun aus Mitleid geschieht oder um Handlungen zu synchronisieren. In diesem Rahmen spielt das ansteckende Gähnen wahrscheinlich eine große Rolle. Es klingt erschreckend, aber offenbar führen wir unbewusste Gähngespräche unklaren Inhalts. Das können wir übrigens auch nicht verhindern, indem wir uns die Hand vor den Mund halten. Das Gehirn ist schlau genug, trotzdem zu erkennen, dass der andere gähnt.

Egal, warum man letztlich gähnt, der eigentliche Vorgang des Mundaufsperrens sieht trotz der vielfältigen Ursachen auf bewundernswerte Weise immer genau gleich aus. Die komplexe Bedeutung des Gähnvorgangs ist einzigartig, vor allem, wenn man bedenkt, dass andere unfreiwillige Anstrengungen des Körpers wie Niesen, Husten oder Lachen viel weniger vielseitig einsetzbar sind. Das Gähnen scheint eine Allzweckwaffe zu sein, von der Evolution erdacht, um unserem ohnehin schon bizarren Dasein eine neue, absonderliche Komponente hinzuzufügen.

Geld

Geld macht reich.
Süddeutsche Klassenlotterie

Eigentlich ist das Geld eine einfache Sache: Hat man welches, kann man es in Kaugummiautomaten oder Aktienmärkte stecken. Hat man keines, muss man Pfandflaschen in Parks einsammeln. Verständnisprobleme im Umgang mit Geld sind in Laienkreisen selten – abgesehen von der schwer zu klärenden Frage, wieso es einem immer so schnell durch die Finger rinnt.

Unter Fachleuten sieht es anders aus. Der französische Finanzjournalist Marcel Labordère schrieb in den 1920er Jahren: «Es liegt auf der Hand, dass der Mensch niemals wissen wird, was Geld ist, genauso wenig wie er jemals wissen wird, was Gott in der spirituellen Welt ist.» Vielleicht wird man beides eines Tages herausfinden; bisher sind allerdings nur bescheidene Fortschritte zu verzeichnen. Insbesondere die grundlegenden Fragen «Was ist Geld?», «Wie viel gibt es davon?» und «Welche

Auswirkungen hat Geld?» führen immer wieder dazu, dass VWL-Professoren einander hässliche Dinge sagen.

Geld, so glauben die meisten Finanztheoretiker, hat drei Funktionen: Es dient als Tauschmittel, zur Wertaufbewahrung und als Wertmaßstab. Man kann also damit einkaufen, man kann es herumliegen lassen, und man braucht es, weil man sonst nicht wüsste, wie viel die 55-Cent-Briefmarke wert ist. In seinem Lehrbuch «Geldtheorie» erklärt der Volkswirt Hans-Joachim Jarchow: «Ganz allgemein kann man unter Geld oder Zahlungsmitteln alles verstehen, was im Rahmen des nationalen Zahlungsverkehrs einer Volkswirtschaft generell zur Bezahlung von Gütern und Dienstleistungen akzeptiert wird.» Karl Kraus hat denselben Sachverhalt noch prägnanter zusammengefasst: «Für Geld kann man Waren kaufen, weil es Geld ist, und es ist Geld, weil man dafür Waren kaufen kann.»

Wie es dazu kam, dass es Geld gibt, ist eine Frage, um die sich die Experten gern herummogeln. Es ist nun mal da – wen kümmert es da, warum Menschen sich irgendwann dazu bereitfanden, Waren gegen Metallstückchen und bedrucktes Papier einzutauschen? Intuitiv ist man geneigt, anzunehmen, Geld sei einfach eine besonders praktische, transportfähige und haltbare Ware und daher als Tauschmedium deutlich besser geeignet als zum Beispiel Gurken. Das ist aber durchaus nicht unumstritten; manche Fachleute glauben, Geld sei (in Form von Gold und anderem Gepränge) für symbolische Kulthandlungen wie Opfergaben an Götter oder Priester entwickelt worden und habe sich erst später als Hilfsmittel im Alltag etabliert. Andere gehen davon aus, dass Geld durch Belastung von Eigentum entstanden ist, also zunächst ein Schuldschein war, den man vorweisen musste, um verpfändetes Eigentum wiederzubekommen.

Insbesondere seit dem Ende der Golddeckung sind die Verhältnisse noch weniger intuitiv begreifbar als früher. Vorher entsprach jedem Geldschein immerhin eine bestimmte Menge

Gold im Besitz des Staates, und der Staat durfte nicht nach Gutdünken mehr Geld drucken, nur weil er gerade ein paar teure neue Flugzeugträger kaufen wollte. Nach dem Zweiten Weltkrieg blieben nur noch die USA bis 1968 und die Schweiz bis 1999 bei einer goldgedeckten Währung, aber da die Golddeckungspflicht schon seit den 1930er Jahren eher dekorative Funktion gehabt hatte, merkt man heute allgemein nicht viel davon, dass sie abgeschafft wurde. Außer eben, wenn es darum geht, das Phänomen Geld zu verstehen.

Um eine undurchsichtige Angelegenheit noch komplizierter zu gestalten, gibt es aber nicht nur eine Sorte Geld, sondern deren viele: Neben dem Bargeld hätten wir da (hoffentlich) das Geld auf dem Konto. Man kann es überweisen, aus dem Kontoautomaten ziehen oder auf seine Geldkarte laden; es verhält sich in vieler Hinsicht genau wie Bargeld, muss also wohl Geld sein. So weit, so gut – aber wenn das Geld auf dem Girokonto Geld sein darf, warum dann nicht auch das für einen Monat festgelegte Geld? Und wieso bei einem Monat aufhören? Man könnte noch die längerfristig festgelegten Gelder, die Wertpapiere und die Einlagen bei Versicherungen mitzählen. Genau das geschieht auch – so entstehen diverse Geldmengen, die man mit M0 bis M3 bezeichnet. Leider befinden sich jetzt am äußersten Rand dieses Spektrums Angelegenheiten, die mit dem Geld, wie wir es aus dem Portemonnaie kennen, nicht mehr viel zu tun haben, etwa Aktien. Die Deutsche Bundesbank schreibt: «Was man sinnvollerweise zum Geld rechnet, ist … keine Frage, die sich mit wissenschaftlicher Exaktheit ein für allemal klären ließe, sondern eine Zweckmäßigkeitsfrage. (…) Für die Europäische Zentralbank steht die weit abgegrenzte Geldmenge M3 im Vordergrund ihrer monetären Lageeinschätzung.» In den USA wiederum hält man M3, die am weitesten gefasste Geldmenge, für «keine hilfreiche Angabe» und veröffentlicht sie seit 2006 gar nicht mehr. «Der Versuch, die Geldmenge zu definieren», meint der Volkswirt Paul A. Samuelsen, «treibt akribische Experten an den Rand der Verzweiflung, denn es gibt keine klare Trennungslinie im Kaleidoskop der Anlagen, die es ermöglichen würde, genau den Punkt festzulegen, an dem sich Geld von anderen Anlagen scheidet.»

Kritiker der verschiedenen Ms wenden ein, es sei ungefähr so sinnvoll, Geld und Guthaben zusammenzuzählen, wie Äpfel zu Abbildungen von Äpfeln zu addieren, die man anderen geliehen hat. Geld sei ein für alle Mal nur das, was per Gesetz als Zahlungsmittel akzeptiert werden muss, also Banknoten und Münzen. Entsprechend umstritten ist auch, ob die Banken durch Geldverleih Geld schaffen, das vorher nicht da war. Wenn jemand 100 Euro auf die Bank trägt, verleiht die Bank dieses Geld an andere Kunden, und zwar nicht nur einmal, sondern so oft, dass insgesamt um die 900 Euro daraus werden. Das ist die sogenannte Giralgeldschöpfung, aber die Frage, ob dabei tatsächlich, wie der Name suggeriert, Geld geschöpft wird, bietet Wirtschaftswissenschaftlern immer wieder Anlass zu langwierigen Nein!-Doch!-Nein!-Doch!-Debatten.

Wie viel Geld es gibt, ist nicht nur eine spitzfindige Definitionsfrage, denn die Notenbanken versuchen die Geldmenge zu steuern, um so dafür zu sorgen, dass die Kaufkraft stabil bleibt. Alan Greenspan, der langjährige Vorsitzende der US-Notenbank, erklärt in einem Interview: «Das Hauptproblem ist die Definition, welcher Teil unserer Liquiditätsstruktur wirklich Geld ist. Wir versuchen seit Jahren, Indikatoren dafür ausfindig zu machen. Dabei legen wir den Maßstab an, dass sich mit Hilfe eines solchen Indikators die Entwicklungsrichtung von Wirtschaft und Finanzen vorhersagen lassen sollte. Leider ist das bisher mit keinem der von uns entwickelten Indikatoren gelungen (…). Das heißt nicht, dass wir Geld für unwichtig halten; es heißt nur, dass unsere Messverfahren unzureichend waren. (…) Man kann nichts managen, das man nicht definieren kann.»

Selbst wenn man sich auf das reine Bargeld beschränkt, wissen die Notenbanken zwar, wie viel sie davon herausgegeben haben, aber nicht, wie viel davon tatsächlich im Umlauf ist. Der Sachbuchautor Helmut Creutz schätzt, dass in den 1990er Jahren nur ein knappes Drittel der herausgegebenen DM-Menge zirkulierte. Der Rest steckt anscheinend in Sparschweinen und Schwarzgeldkassen oder im Ausland: Zu DM-Zeiten soll sich in der Türkei zeitweise mehr deutsches Bargeld aufgehalten haben als in Deutschland selbst. Und fünf Jahre nach der Euro-Umstellung fehlen immer noch 14 Milliarden DM, die vermutlich nicht komplett in Gullys, Waschmaschinen oder glückbringenden Brunnen verschwunden sind.

Auch wenn wir annehmen, man wüsste, wie Geld entsteht, was es ist und wie viel davon zirkuliert, bleibt immer noch die Frage, wie sich das Vorhandensein von Geld auswirkt. Im 19. Jahrhundert herrschte kein Zweifel daran, dass Geld nur ein neutraler Faktor, ein «Schleier» vor der Produktion und dem Tausch von Gütern sei. Dann fiel jedoch auf, dass es einen Zusammenhang zwischen der Höhe der Zinsen und dem Verlauf der Konjunktur gab – ganz ohne Einfluss konnte das Geld also nicht sein. Ab 1936 dominierte die These des britischen Wirtschaftswissenschaftlers John Maynard Keynes, es gebe keine Trennung zwischen Wirtschaft und Geld. Im Keynesianismus und Postkeynesianismus nimmt man an, dass Geldpolitik eindeutige und nachhaltige Auswirkungen auf die reale Wirtschaft hat. In den 1950er Jahren schließlich begründete Milton Friedman den Monetarismus: Geld übe, wenn überhaupt, nur kurzfristig Einfluss auf die Wirtschaft aus. Zur Illustration erfand er das leider hypothetische «Hubschrauberbeispiel», in dem Geld vom Himmel geworfen wird, sodass sich die umlaufende Geldmenge über Nacht verdoppelt. In der Folge steigen lediglich die Preise auf ein höheres Niveau, sonst ändert sich gar nichts. Für die Geldpolitik folgt daraus, dass man einfach alles möglichst stabil halten sollte, während Keynesianer auf eine antizyklisch steuernde Geldpolitik setzen. An eine völlige Neutralität des Geldes glaubt heute niemand mehr – leider aber aus unterschiedlichen Gründen und mit unterschiedlichen Schlussfolgerungen.

Einerseits muss man sich wundern, dass trotz der mysteriösen Natur des Geldes letztlich alles ganz gut funktioniert und es hin und wieder sogar gelingt, offene Rechnungen pünktlich zu bezahlen. Andererseits wenden Kritiker unseres Geldwesens ein, wir hätten die schädlichen Folgen der derzeitigen Geld- und Zinspraktiken nur aus dem Blick verloren, weil wir sie für selbstverständlich und unvermeidlich hielten. Wenn man nur an ein paar Stellschräubchen drehen würde, könnten Ausbeutung, ungerechte Verteilung von Reichtum und sogar der Krieg in ihre Schranken gewiesen werden. Vielleicht werden wir es eines Tages herausfinden. Analog zur alten Faustregel «Erst Zimmer aufräumen, dann Schweinesystem abschaffen» schadet es aber sicher nicht, sich um eine Klärung der offenen Geldfragen zu bemühen, bevor man die Weltwirtschaft umkrempelt.

Halluzinogene

> *Wenn Gott LSD nimmt, sieht er dann Menschen?*
> Steven Wright, US-Komiker

Das menschliche Gehirn lässt sich so leicht und gern von allem Möglichen verwirren, dass man es der Evolution hoch anrechnen muss, dass sie uns in die Lage versetzt hat, wenigstens ab und zu Kraftfahrzeuge zu führen. Schließlich gibt sich die Natur alle Mühe, unsere Umwelt mit optischen Täuschungen und chemischen Stoffen anzureichern, die unsere Wahrnehmung aus der Kurve tragen. Tauchen dabei weiße Mäuse auf, wo nach allgemeiner Übereinkunft keine sind, nennt man das eine Halluzination. Halluzinogene (also «Halluzinationen erzeugende Substanzen») tragen daher ihren Namen nicht ganz zu Recht, da sie lediglich die Wahrnehmung des Vorhandenen verändern, indem sie etwa statt anwesender weißer Mäuse farbige auf den Plan treten lassen. Einige Experten plädieren deshalb für die Umbenennung dieser Stoffe in «Psychedelika» (also «die Seele offenbarende Substanzen»), aber solange nicht geklärt ist, ob die Seele wirklich ein Fell und vier Beine hat, bleiben wir erst mal bei der Bezeichnung «Halluzinogene».

Solche Substanzen kommen nicht nur in mehreren hundert Pflanzen und vielen Pilzen, sondern auch in einigen Kröten- und Fischarten vor – immerhin sind bisher keine halluzinogenen Steine bekannt geworden. Neben den klassischen Halluzinogenen wie LSD, Psilocybin und Meskalin gibt es eine Vielzahl von natürlichen und synthetischen Stoffen, die auf unterschiedlichen pharmakologischen Wegen eine relativ ähnliche Wirkung entfalten: Zu den körperlichen Folgen gehören Schwindel, Schwäche, Benommenheit und Sehstörungen. Die Wahrnehmung verändert sich, auf Farben und Formen ist kein Verlass mehr, und es können sich Synästhesien einstellen, also die Wahrnehmung farbiger Töne oder viereckiger Gerüche. Hinzu kommt das Gefühl zu träumen, eine teils drastisch veränderte Zeitwahrnehmung und im Extremfall der Eindruck, die ganze Persönlichkeit löse sich auf wie ein Zuckerwürfel im Kaffee.

Obwohl Halluzinogene zum Teil seit vielen Jahrhunderten in Religion und Freizeit im Einsatz sind, wissen wir nicht viel darüber, was sie mit dem Gehirn anstellen. Bekannt ist, dass sie allesamt an Rezeptoren für Neurotransmitter im Gehirn andocken. Neurotransmitter sind Botenstoffe, mit denen der Spalt zwischen den Ausläufern zweier Nervenzellen überbrückt wird.

Anstelle dieser Botenstoffe schalten sich die Halluzinogene ein und benehmen sich wie pflichtvergessene Postboten, die jeden Brief öffnen und mit verstellter Handschrift ganz andere Dinge hineinschreiben. Seit den 1970er Jahren sind einige Fortschritte in der Identifikation der zuständigen Rezeptoren gemacht worden, aber wie es durch diesen Vorgang zu den beschriebenen Wirkungen auf das Gehirn kommt, ist nicht besonders gründlich erforscht.

Interessant an den Halluzinogenen ist jedoch nicht nur, dass wir wenig über sie wissen, sondern auch, warum das so ist. Nachdem Albert Hofmann 1943 versehentlich das LSD entdeckt hatte, folgten zwei fruchtbare Jahrzehnte, in denen einige tausend wissenschaftliche Veröffentlichungen über die Wirkungsweise und die therapeutischen Anwendungsmöglichkeiten der Halluzinogene erschienen. Ab Mitte der 1960er Jahre verschlechterte sich der Ruf dieser Substanzen in der Presse drastisch, was nicht zuletzt damit zu tun hatte, dass sich ihr Konsum zum Massenphänomen auswuchs und die durchschnittliche auf der Straße erhältliche LSD-Dosis damals etwa zehnmal so hoch lag wie heute. Die Konsumenten wurden daher häufig einem unerwarteten psychischen Vollwaschgang einschließlich Schleudern unterzogen. US-Politiker vermuteten zudem einen Zusammenhang zwischen dem zunehmenden Drogenkonsum und den neuen Gewohnheiten ihrer Staatsbürger, die plötzlich lange Haare tragen, Flaggen verbrennen und homosexuell sein wollten.

Im Laufe der 1960er Jahre wurden die gebräuchlichsten Halluzinogene zunächst in den USA immer strenger reguliert und 1970 schließlich ganz verboten; die meisten westlichen Länder zogen mal mehr, mal weniger freiwillig nach. Fachleute mussten sich entscheiden, ob sie auf Kosten der wissenschaftlichen Karriere weiter an den Halluzinogenen forschen oder lieber unauffällig das Thema wechseln wollten. Wahlweise konnte man es auch halten wie die US-Psychiater Jerome Levine und Arnold M. Ludwig, deren Studien in den 1960er Jahren LSD-freundliche, nach dem Wandel der öffentlichen Meinung aber LSD-kritische Ergebnisse erbrachten. Bis Mitte der 1990er Jahre wurden kaum Genehmigungen für neue Studien erteilt, erst dann kam wieder etwas Schwung in die Halluzinogenforschung. Heute gilt als gesichert, dass die gebräuchlichen Halluzinogene weder zu Organschäden noch zu körperlicher oder psychischer Abhängigkeit führen.

Diese schwierige Situation erklärt auch, warum in den letzten Jahrzehnten so wenig am Menschen und so viel an Ratten geforscht wurde. Das ist zwar vermutlich weniger anstrengend, als Halluzinogen-Experimente am Menschen durchzuführen, weil die Ratten dabei nicht die ganze Zeit herumkichern und über Gott reden wollen. Dafür können Ratten aber auch keine Auskunft über die Art der Drogenwirkung geben. Für die meisten heute bekannten synthetischen Halluzinogene existieren nur genauere Angaben zur Wirkungsweise, weil ihr Entdecker, der US-Chemiker Alexander Shulgin, sie in einer langen Reihe von Selbstversuchen getestet und beschrieben hat.

Übrigens nehmen Labortiere im Unterschied zu vielen Menschen nicht gern Halluzinogene ein, wenn man ihnen die Wahl lässt – und das, obwohl sie vor Drogen ohne halluzinogene Wirkung wie Kokain, Heroin, Amphetaminen, Nikotin und Alkohol nicht zurückschrecken. Man braucht, so die Vermutung, ein hochentwickeltes Gehirn, um das unterhaltsam zu finden, was Halluzinogene im Kopf anstellen. Den Ratten verdanken wir jedenfalls einige neue Erkenntnisse über die beteiligten Rezeptoren. Viele halluzinogene Substanzen ähneln in ihrer Struktur offenbar dem Serotonin, einem der wichtigsten Nervenbotenstoffe im Gehirn. Es gibt zahlreiche verschiedene Serotonin-Rezeptoren, wobei die halluzinogene Wirkung wahrscheinlich vor allem durch Aktivierung des sogenannten Serotonin-2A-Rezeptors zustande kommt. Irritierend ist dabei, dass speziell LSD diesen Rezeptor ziemlich unbeeindruckt lässt, trotzdem aber schon in kleinster Dosierung dramatische Wahrnehmungsveränderungen auslöst und erheblich stärker wirkt als andere Halluzinogene. Daher sind vermutlich noch andere Rezeptoren im Spiel, darunter solche für den Nervenbotenstoff Dopamin.

Leser, die jetzt nicht so ganz nachvollziehen können, wie diese Vorgänge an Rezeptoren dazu führen, dass das Gehirn vom normalen Wachbewusstsein in einen anderen Bewusstseinszustand umschaltet, befinden sich in guter Gesellschaft, denn das geht Fachleuten nicht wesentlich anders. In den letzten Jahren sind aber gewisse Fortschritte zu verzeichnen: Neueren Studien zufolge wirken Halluzinogene vor allem auf das Stirnhirn und den Thalamus, das «Tor zur Wahrnehmung». Stirnhirn und Thalamus gelten als die wahrscheinlichsten Orte, an denen aus äußeren Reizen Bewusstsein gemacht und Realität konstruiert wird, wobei man davon ausgeht, dass es keinen klar umrissenen «Sitz» des Bewusstseins im Gehirn gibt. Eine Erklärung lautet, dass Halluzinogene den Thalamus daran hindern, die auf uns einströmenden Informationen vorzusortieren. Alle Wahrnehmungen dringen jetzt weitgehend ungefiltert ins Stirnhirn vor und benehmen sich dort wie ein Sack Flöhe. Eine 2002 erschienene Studie der University of Utah (überraschenderweise aus dem Fachbereich Mathematik) deutet darauf hin, dass geometrische visuelle Halluzinationen wie Schachbrettmuster, Spinnweben, Tunnels und Spiralen durch die Verwirrung einer spezifischen Gehirnregion entstehen könnten, die ansonsten für die Verarbeitung von Kanten und Umrissen zuständig ist. Auch die Veränderungen der Zeitwahrnehmung werfen interessante Fragen auf, denn wie Zeit im menschlichen Gehirn wahrgenommen und verarbeitet wird, ist alles andere als abschließend erforscht, ob mit oder ohne Drogen. Klar ist jedenfalls, dass die von halluzinogenen Substanzen am stärksten beeinflussten Regionen im Gehirn gleichzeitig die sind, für die sich Bewusstseinsforscher am meisten interessieren. Falls es gelänge, mehr darüber herauszufinden, wie Halluzinogene in die Schaltkreise unseres Gehirns eingreifen, wäre man vermutlich einer Antwort auf die Frage näher, wie aus Gehirnzuständen Bewusstsein werden kann.

Allerdings halten keineswegs alle Fachleute es für selbstverständlich, dass das Bewusstsein durch das Zusammenspiel verschiedener Bereiche eines puddingartigen grauen Organs entsteht. Womöglich ist das Gehirn nur eine Art Fernseher und das Bewusstsein das außerhalb und unabhängig von diesem Empfangsgerät existierende Fernsehprogramm? Zudem darf auch hier die obligatorische Alien-Theorie nicht fehlen: Dem Ethnopharmakologen und Philosophen Terence McKenna zufolge sollten wir nicht darauf hoffen, dass außerirdisches → Leben ausgerechnet mit Hilfe der von uns dafür vorgesehenen technischen Mittel Kontakt zu uns aufnimmt. Vielmehr handelt es sich, so McKenna, beim Psilocybinpilz um eine außerirdische Bewusstseinsform, die im Kontakt mit Planetenoberflächen ein Myzel-Netzwerk ausbildet, sich aber durch den Rest der Galaxie in Form von Sporen verbreitet. Wer mit Außerirdischen sprechen will, braucht daher kein teures Radioteleskop, sondern nur ein paar Fruchtkörper dieses Myzels im Tee.

Auch wenn man solche Vorstellungen für Hippiekram hält, darf man sich die Frage stellen, warum Menschen unter dem Einfluss halluzinogener Substanzen so häufig von den gleichen Ideen heimgesucht werden, die man aus den großen Religionen kennt: die mystische Einheit mit Gott und dem Universum, das menschliche Dasein als Illusion. Kommt der Mensch grundsätzlich immer nur auf dieselben paar Ideen? Oder entspringen Religion und Drogenideen denselben Prozessen im Gehirn? Der Neurowissenschaftler und Verhaltensbiologe Roland Griffiths sagt über eine 2006 an der Johns-Hopkins-Universität durchgeführte Studie über spirituelle Erlebnisse unter dem Einfluss von Psilocybin: «Wir haben dazu noch keine Daten erhoben, aber es gibt gute Gründe für die Annahme, dass tiefen religiösen Erfahrungen ähnliche Mechanismen zugrunde liegen, unabhängig davon, wie diese Erfahrungen zustande kommen (etwa durch Fasten, Meditation, Kontrolle der Atmung, Schlafentzug, Nahtoderfahrungen, Infektionskrankheiten oder psychoaktive Substanzen wie Psilocybin). Die Neurologie des Religionsempfindens heißt heute Neurotheologie und macht als neues Forschungsgebiet von sich reden.» Der US-Psychiatrieprofessor und ehemalige stellvertretende Direktor des Office of National Drug Control Policy (ONDCP), Herbert Kleber, rechtfertigte diese Studie übrigens folgendermaßen vor der Presse: Man habe früher die Jugend nicht durch wissenschaftliche Veröffentlichungen auf dumme Ideen bringen wollen, im Internetzeitalter sei aber so viel Information über Drogen und ihre Verwendung verfügbar, dass eine Studie mehr oder weniger kaum großen Schaden anrichten könne.

Ein Glück, dass es das Internet gibt. Der Pharmakologe David E. Nichols, der am Heffter Research Institute den medizinischen Nutzen der Halluzinogene erforscht, kündigte 1998 an: «So viel ist sicher: Wenn es uns gelingt, unserer Forschung weiterhin die Finanzierung zu erhalten, stehen uns die spannendsten Entwicklungen in der medizinischen Chemie psychedelischer Substanzen noch bevor.» An freiwilligen Versuchspersonen für diese Forschung herrscht jedenfalls kein Mangel. Und das ist auch gut so, denn man muss schließlich auch an die Laborratten denken, die – im Unterschied zu über zwei Dritteln der Versuchspersonen in Roland Griffiths' Studie – hinterher höchst selten angeben, ein Halluzinogenexperiment habe zu den fünf bedeutsamsten Ereignissen in ihrem Leben gehört.

Hawaii

Steig hinab, kühner Wanderer, in den Krater Snæfellsjökull,
welchen der Schatten des Skartaris vor dem ersten Juli liebkoset,
und du wirst zum Mittelpunkt der Erde gelangen; das habe ich vollbracht.
Arne Saknussemm
Jules Verne: «Reise zum Mittelpunkt der Erde»

Seit einigen Jahren ist wieder unklar, warum es Hawaii gibt. Schlimmer noch: Wir wissen auch nicht, wo Island herkommt, welche Vorgänge uns die Azoren beschert haben und warum die Pukapuka-Inseln aus dem Südpazifik ragen.

Mehrere tausend Jahre lang hielt sich unter Medizinmännern auf Hawaii die folgende Arbeitshypothese: Pele, die nymphomane Göttin des Feuers, befand sich auf der Flucht vor ihrer wütenden Schwester Na-maka-o-kaha'i, deren Mann sie verführt hatte. Sie landete auf einer unbewohnten Insel, aber gerade als sie mühsam mit ihrem Grabestock eine Wohnhöhle ausgehoben hatte, überflutete die Schwester, von Beruf Göttin des Meeres, die Insel. Also zog Pele zum nächsten Eiland, wo sich dasselbe Familiendrama abspielte. Auf dem Weg nach Südosten hinterließ sie eine Kette aus Inseln mit großen Löchern. Pele rettete sich letztlich auf den Berg Mauna Loa, der zu hoch für die schwesterliche Flutwelle war, und verbringt seitdem ihre Zeit damit, Hawaii mit Lava zu bewerfen. Diese Theorie gilt heute als falsch.

Seit den 1970er Jahren bevorzugen die meisten Geologen stattdessen die Hypothese von den Mantelplumes. «Plume», ein englisches Wort, das sich am ehesten mit «Rauchschlot» übersetzen lässt, nennt man einen Strom heißen Materials, der aus den Tiefen der Erde nach oben drängt. Viele vulkanische Inseln wie Hawaii, Island und die Azoren entstehen in diesem Modell ungefähr wie folgt: Die heiße Plume ist ortsfest im Erdmantel angebracht und befeuert von unten eine bestimmte Stelle auf der Erdoberfläche. Letztere jedoch ist gemeinerweise beweglich, weil sich die Platten der Erdkruste langsam, aber sicher verschieben (→ Plattentektonik). Daher wandert die durch die Plume erzeugte heiße Stelle im Laufe von ziemlich viel Zeit über die Erdoberfläche, befördert heißes, flüssiges Material nach oben und wirft es in hohem Bogen ans Tageslicht. Oben angekommen, erstarrt das Gestein und bildet eine Insel mit Palmen und Menschen in albernen, bunten Hemden rings um den von der Mantelplume beheizten Vulkan. Schon wenige Millionen Jahre später ist die Plume weitergezogen, der Vulkan stirbt, aber die Insel bleibt. So falsch war die Geschichte von Pele, der Feuergöttin, dann auch wieder nicht.

Um die Entstehung Hawaiis durch eine Plume zu veranschaulichen, nehme man einfach ein Feuerzeug, halte es unter ein Blatt Papier und bewege das Papier langsam über die Flamme. Wenn man es richtig macht, also genauso wie die Erde, entsteht eine Kette aus schwarz geränderten, erloschenen Papiervulkanen. Hawaii wird oft als Musterbeispiel für eine Mantelplume genannt. Wie viele es insgesamt geben könnte, ist umstritten; die Schätzungen aus den letzten Jahrzehnten schwanken zwischen einer Handvoll bis etwa fünftausend. Die eleganten Plumes erklären einwandfrei eine ganze Reihe von Dingen, zum Beispiel viele Eigenschaften der hawaiianischen Inselkette: Die nämlich liegt quer im Pazifik, und je weiter man von der praktisch brandneuen «Big Island» im Südosten in Richtung Nordwesten vordringt, desto älter werden die Inseln, bis man am Ende der Kette etwa bei einem Alter von 50 Millionen Jahren angelangt ist. Ungefähr stimmen Position und Alter der Inseln mit der Bewegung der pazifischen Platte überein, durch die sich die mutmaßliche Plume hindurchbrennt. Besonders schön an den Mantelplumes: Sie entstehen im Erdmantel, vielleicht sogar im Erdkern, also Hunderte, vielleicht mehrere tausend Kilometer unter der Oberfläche. Weil man diese Regionen ansonsten nur besichtigen kann, wenn man in einem Buch von Jules Verne mitspielt, könnten tief verwurzelte Plumes uns wichtige Dinge aus dem Herz der Finsternis mitteilen – falls es sie denn gibt.

Denn das ist mittlerweile nicht mehr so klar. Obwohl sich die elegante Plume-Hypothese über die Jahrzehnte in den meisten Lehrbüchern (und daher Köpfen) eingenistet hat, gab es immer einige renitente Zweifler, zum Beispiel Don Anderson, Geologe vom California Institute for Technology. In den letzten zehn Jahren jedoch ist die Zahl der Kritiker, ihre Lautstärke und ihre Publikationsrate beachtlich angestiegen. Konferenzen werden abgehalten, die sich ausschließlich damit befassen, warum es Plumes nicht gibt, vorzugsweise an Orten vulkanischen Ursprungs. Und schließlich errichtete Gillian Foulger von der Universität in Durham, eine der prominentesten Plume-Gegnerinnen, ein spezielles Internetportal, das den Erdinteressierten mit zahllosen Details über seismische Aktivität, Temperaturanomalien und lithosphärische Ablösung bombardiert. Wem das zu viel ist, für den seien hier einige Argumente für und wider die Plume-Hypothese zusammengefasst.

Zum Beispiel ist die Magmaproduktion der hawaiianischen Vulkane keinesfalls konstant, sondern stark veränderlich. Es kann sich also, so sagen die Kritiker, nicht um einen ordentlichen Plume-Schlot handeln, der unbeirrbar Lava nach oben pumpt. Allein in den letzten 5 Millionen Jahren hat sich der Lavaausstoß verzehnfacht: Jedes Jahr strömen etwa hundert Millionen Kubikmeter Gestein aus dem Erdinnern in die Welt hinaus. Plumisten halten das nicht für ein Problem und argumentieren andersherum: Ohne Mantelplume hätte man enorme Schwierigkeiten, die Herkunft dieser großen Mengen Magma zu erklären.

Das nächste Argument der Plume-Gegner ist der «Imperatorrücken», eine Kette aus alten, erloschenen Vulkanen, die sich nordwestlich an die hawaiianische Inselkette anschließt und durch dieselbe Plume erzeugt worden sein müsste. Hawaiiinseln und Imperatorrücken gehen allerdings nicht einfach so ineinander über, sondern bilden einen Winkel von etwa 60 Grad – ein deutlicher Knick in der Vulkankette. Gäbe es eine ortsfeste Plume, die zunächst die Imperatorinseln, dann Hawaii gebildet hat, so müsste die pazifische Platte vor rund 50 Millionen Jahren plötzlich scharf abgebogen sein. Erdplatten haben jedoch genauso wie Güterzüge und Finanzämter ihre Probleme mit abrupten Richtungsänderungen. Es ist jedoch durchaus möglich, antworten Plumisten, dass die Plume durch Strömungen im Erdmantel abgelenkt wird und sich der «heiße Fleck» auf der Erdoberfläche bewegt – eine Mantelplume mit losem Ende.

Die Verteidiger der Plumes hätten es leichter, sich gegen ihre Kritiker zu behaupten, wenn sie ein Bild einer Mantelplume vorzeigen könnten. Im Idealfall sollte man darauf eine Plume sehen, die sich von den unteren Regionen des Erdmantels wie eine Made im Apfel knapp dreitausend Kilometer quer durch die Erde frisst. Ein solcher direkter, unumstrittener Nachweis fehlt jedoch bisher. Die Methode dafür ist schon erfunden: Mit zahlreichen, überall auf der Erde verstreuten Messgeräten vollzieht man nach, wie sich Erdbeben im Innern der Erde ausbreiten, und errechnet daraus, wie es dort unten aussieht. Bis heute ist es allerdings nicht gelungen, eine Mantelplume zweifelsfrei bis in die Tiefen des Erdmantels zu verfolgen.

Viele Alternativen zur Plume-Hypothese wurden mittlerweile vorgeschlagen. Eine davon erklärt Hawaii auf «oberflächliche» Art und Weise, nämlich mit den Eigenschaften der Erdkruste. Der Boden unter unseren Füßen ist keinesfalls so stabil, wie er sich oft anfühlt. Die Kruste bricht manchmal entzwei, deformiert sich und legt sich Risse und Spalten zu. Außerdem ist die Erde von Pickeln und Mitessern geplagt: Temperatur und Zusammensetzung der Platten sind nicht immer und überall gleich, sondern verändern sich ständig durch die Bewegung der Platten. Es bilden sich Sollbruchstellen, an denen eklige Substanzen austreten und ganze Südseeparadiese verwüsten beziehungsweise erst mal entstehen lassen. In diesem Szenario benötigt man keine Plume, die sich aus dem Erdkern nach oben bohrt. Alles, was man zum Verständnis der Hawaiientstehung braucht, findet in den obersten Schichten des Erdmantels statt. Gillian Foulger und andere Plume-Gegner sind davon überzeugt, dass diese Theorie die Eigenschaften Hawaiis und anderer Gegenden deutlich besser erklärt als die Geschichte von der Mantelplume.

Die Debatten zwischen Plumisten und Plume-Gegnern, teilweise öffentlich im Internet ausgetragen, sind sicherlich nicht nur deswegen so erhitzt, weil es um heiße Lava geht. Es könnte sein, dass ein Paradigmenwechsel in der Hawaiifrage bevorsteht, vielleicht aber auch nicht. Wenn Jules Verne uns in der «Reise zum Mittelpunkt der Erde» nicht so schamlos angelogen hätte, wüssten wir mehr.

Herbstlaub

> *Denkt nur an die Kastanie, die auf die Üppigkeit des Sommers einen provozierend kargen Nude Look folgen lässt!*
> Hilfscheckerbunny

Die Frage, warum sich Bäume im Herbst verfärben, ist ein Dauerbrenner in allen Sammlungen häufig gestellter Kinder-, aber auch Erwachsenenfragen. Die Antwort lautet normalerweise: Wenn das Chlorophyll, der grüne Blattfarbstoff, abgebaut wird, treten die bisher überdeckten anderen Blattfarbstoffe in den Vordergrund. Für die Carotinoide, die für gelbe und orange

Farben zuständig sind, stimmt diese Erklärung zwar, aber die im Herbstlaub vieler Bäume ebenfalls vertretenen roten Farbstoffe – die Anthocyane – werden erst zum Zeitpunkt der Verfärbung gebildet. Damit drängt sich die Frage auf, wozu der Baum sich diese Mühe macht. Denn die Natur ist faul und rührt ohne guten Grund keinen Finger – ganz anders als die eifrigen Biologen, denen die zahlreichen offenen Fragen im Jahr 2001 Anlass genug für ein Symposium zum Thema «Why Leaves Turn Red» waren.

Fangen wir bei den bekannten Fakten an: Die Blätter vieler Laubbäume in gemäßigten Breiten verfärben sich im Herbst. Wenn die Tage kürzer werden und die Temperaturen sinken, beginnen die Bäume, Nährstoffe, die sie im Frühling wieder brauchen, von den Blättern in tiefergelegene Rindenschichten und in die Wurzeln zu verlagern. Besonders leuchtende Laubfarben entstehen, wenn es kalt ist und gleichzeitig die Sonne scheint, also zum Beispiel morgens nach klaren Nächten. Ist der Herbst neblig und verregnet, kann mangels Gelegenheit zur Photosynthese nicht genug Zucker gebildet werden, der für die Anthocyanproduktion benötigt wird. Unterschiedliche Arten haben unterschiedliche Vorlieben, was das Verfärben angeht: Birken und Buchen werden gelb, Eichen rötlich braun, Ahornbäume gelb, orange und rot, und die Nadelbäume geht – mit ein paar Ausnahmen – die ganze Geschichte überhaupt nichts an.

Die Anthocyane wurden erstmals 1835 von dem deutschen Apotheker Ludwig Clamor Marquart in seiner Abhandlung «Die Farben der Blüthen» beschrieben: «Anthokyan ist der färbende Stoff in den blauen, violetten und rothen und vermittelt ebenfalls die Farbe aller braunen und vieler pomeranzenfarbigen Blumen.» Zunächst hielt man das im Herbstlaub vorkommende Anthocyan für ein Abfallprodukt des Chlorophyllabbaus, später stellte sich jedoch heraus, dass die Anthocyanproduktion oft schon anläuft, bevor das Chlorophyll verschwindet. Im späten

19. Jahrhundert beobachteten Botaniker, dass die Produktion der Anthocyane sowohl bei niedrigen Temperaturen als auch bei starker Lichteinstrahlung zunimmt. In der Folge ging man davon aus, dass die Anthocyane die Blätter vor Licht und Kälte schützen. Mitte des 20. Jahrhunderts wurde entdeckt, dass auch UV-Strahlung die Anthocyanproduktion ankurbelt. Anthocyane, so vermutete man jetzt, bewahren die Pflanzen vor Schädigung durch UV-Licht. Leider merkte man in den 1980er Jahren, dass Anthocyane gerade im besonders schädlichen UV-B-Spektrum kaum Schutz bieten und zudem im Inneren der Blätter gebildet werden – das ist etwa so sinnvoll, als würde man Sonnenmilch trinken, anstatt sich damit einzucremen. Ebenfalls in den 1980er Jahren tauchte die mittlerweile zu den Akten gelegte Vermutung auf, dass die Bäume im Herbst noch schnell Schadstoffe in die Blätter auslagern, um sie loszuwerden, eine Art Müllabfuhr also.

In den letzten Jahrzehnten gelang es durch verbesserte Messmethoden, mehr über die Blattverfärbung herauszufinden. Die alte Lichtschutzthese wurde in den 1990er Jahren wiederbelebt, als der Tropenbotaniker David Lee und der Physiologe Kevin Gould belegen konnten, dass rot pigmentierte Blätter besser mit sehr starker und schwankender Lichteinstrahlung zurechtkommen als grüne. Photosynthese nämlich funktioniert dann am besten, wenn es gleichmäßig hell ist und sich der Photosyntheseapparat an genau diese Lichtbedingungen anpassen kann. Mehrere Studien belegten in den nächsten Jahren, dass ältere Blätter anfälliger für eine Hemmung der Photosynthese durch zu viel Licht sind als jüngere. Vielleicht brauchen sie deshalb in ihren letzten Lebenstagen besonderen Schutz, den die Anthocyane liefern.

Aber Anthocyane können noch mehr: Füttert man Mäuse mit Heidelbeeren oder Menschen mit Rotwein – beides schön bunte Lebensmittel mit hohem Anthocyangehalt –, dann werden zwar nur die Menschen betrunken, aber im Blut von Mann und Maus steigt der Gehalt von Antioxidantien, die freie Radikale binden. Freie Radikale sind Atome oder Moleküle, die eins ihrer Elektronen verloren haben oder einfach nur gern eins mehr hätten als bisher und deshalb aggressiv ein neues Elektron an sich reißen wollen – aus der DNA, den Zellmembranen oder irgendwelchen wichtigen Proteinen. Es ist sinnvoll, sie daran zu hindern, denn solche Schäden können unter anderem zu Krebs führen. Um zu untersuchen, ob diese Funktion auch den Blättern lebender Pflanzen zugute kommt, piekte Kevin Gould mit seinen Studenten Löcher in rote und grüne Blätter einer neuseeländischen Pflanze. Die freien Radikale, die an den verletzten Stellen entstehen, verschwinden in roten Blättern sehr viel schneller wieder als in grünen. Aber wie schützen die Anthocyane die Pflanze vor Schäden? «Das ist ein ziemlich rätselhaftes Phänomen», geben Lee und Gould zu, denn die Anthocyane stecken größtenteils in den Zellvakuolen – großen, mit Flüssigkeit gefüllten Blasen –, während die freien Radikale ihr Werk ganz woanders im Blatt verrichten.

Verschiedene Schutzfunktionen der Anthocyane sind jedenfalls mittlerweile gut belegt, wenn auch nicht ganz so gut erklärt. Trotzdem bleibt offen, warum Bäume so viel Energie in den Schutz von Blättern investieren, die ohnehin demnächst abfallen. Wozu mühsam ein Auto umlackieren, das nur noch drei Tage TÜV hat? Vielleicht sorgen die Anthocyane für eine koordinierte Zerlegung und Einlagerung des komplexen Photosyntheselabors. Vielleicht geht es aber auch um die Rückgewinnung des in diesen Photosynthesegerätschaften gebundenen Stickstoffs, der sonst einfach vom Baum fallen würde; Pflanzen trennen sich aber vom mühsam erwirtschafteten Stickstoff ähnlich ungern wie Menschen von Geld.

Ein anderes Erklärungsmodell stammt von dem amerikanischen Biologen Frank Frey, der 2005 Salatsamen mit Extrakten aus gelben, grünen und roten Blättern übergoss: Mit dem Extrakt aus roten Ahornblättern behandelte Samen keimten und wuchsen deutlich schlechter. Bäume mit besonders anthocyanreichem Herbstlaub, so Freys Hypothese, vergiften den Boden für andere Arten, wenn die Anthocyane aus dem Laub ins Erdreich wandern. Vom Walnussbaum, der Kastanie, dem Apfelbaum und der Kiefer ist bekannt, dass sie die Konkurrenz mit ähnlich unfairen Techniken unterdrücken.

Ausgehend von einer Idee des Evolutionstheoretikers William D. Hamilton, entwickelten die Biologen Archetti und Brown seit 2000 die «Signaltheorie» des Herbstlaubs, nach der gesunde, widerstandsfähige Bäume besonders auffällige Herbstfarben anlegen. So teilen sie Schädlingen, insbesondere Blattläusen, mit, dass sie sich teure Farben leisten können und daher auch bei der Verteidigung nicht sparen werden – denjenigen Menschen nicht unähnlich, die durch ihre Hautfarbe zu erkennen geben, dass sie immerhin genug Geld fürs Solarium haben. Kluge Blattläuse lassen sich dann den Winter über in weniger resistenten Bäumen nieder. Die Signaltheorie beruht bisher auf rein theoretischen Überlegungen, und gegen sie spricht ein Zusammenhang zwischen Anthocyan-Konzentration und der Konzentration bestimmter Abwehrstoffe, den der Biologe Martin Schaefer nachgewiesen hat. Der Baum hat demzufolge kein Interesse an der Kommunikation mit Blattläusen – kluge Blattläuse könnten aber womöglich von sich aus einen Zusammenhang zwischen Farbe und Gift erkennen.

2004 veröffentlichten israelische Biologen um Simcha Lev-Yadun die These, dass unterschiedliche Laubfärbungen generell dazu dienen, Insekten die Tarnung nicht allzu leicht zu machen. So werden grüne Blattfresser im Herbst noch schnell ihren Fressfeinden preisgegeben. Weil die Herbstverfärbung nur kurz andauert, ist der Selektionsdruck zur Anpassung auf die Insekten nicht sehr groß – jedenfalls war bisher kein grünes

Insekt raffiniert genug, sich mit dem Herbstlaub zu verfärben. Und die Physiologin Linda Chalker-Scott entwickelte die These, dass Anthocyane als Frostschutzmittel dienen: Im Gegensatz zu Chlorophyll und vielen anderen Farbstoffen sind sie nämlich wasserlöslich, und → Wasser, in dem Substanzen gelöst sind, gefriert bei niedrigeren Temperaturen als normales Wasser. Denkbar wäre aber auch, dass Anthocyane das Wachstum bestimmter Pilze hemmen. Diese Hypothese entstand, als man in den 1970er Jahren beobachtete, dass pilzzüchtende Ameisen darauf achten, keine roten Blätter an ihre Pilze zu verfüttern. Vielleicht haben die Ameisen dafür tatsächlich bessere Gründe als eine Abneigung gegen die Farbe Rot, denn eine Studie der Universität Freiburg ergab ebenfalls, dass Anthocyanextrakte das Pilzwachstum in Früchten hemmen.

Insgesamt sind in den letzten zehn Jahren große Fortschritte in der Herbstlaubangelegenheit zu verzeichnen. Noch offen sind aber beispielsweise die Fragen: Welche Funktion hat die Rotverfärbung, die man manchmal bei jungen Blättern findet? Warum sind manche Pflanzen ganzjährig rot? Warum verfärben sich eng benachbarte Bäume derselben Art im Herbst oft sehr unterschiedlich? Oder verfärben sie sich in Wirklichkeit gar nicht? Vielleicht sind es ja nur unsere Augen, die sich auf den Herbst vorbereiten.

Indus-Schrift

Nachdem sie dies getan hatten, brachten sie die Opfer dar, wie es der Sitte entsprach, um nicht fehlender Frömmigkeit geziehen zu werden.
Allzweck-Übersetzung lateinischer Inschriften, aus Henry Beard: «The Complete Latin For All Occasions»

Das Indus-Tal gilt als eins der Zentren früher Schriftkultur, seit britische Archäologen 1872 im heutigen Grenzgebiet zwischen Pakistan und Indien die ersten Siegel der 5000 Jahre alten Harappa-Kultur fanden. Heute sind insgesamt vier- bis fünftausend beschriftete Gefäße, Tonscherben, Siegel aus Stein und Metall, Amulette, Kupfertafeln, Waffen und Werkzeuge bekannt. Die Schrift selbst aber bleibt unentziffert, die verwendete Sprache unbekannt. Es gibt über hundert veröffentlichte Entschlüsselungsversuche, und für jede widerlegte Theorie wächst eine neue nach.

Falls es gelingt, die Indus-Schrift zu entziffern, wird die Welt der Literatur kaum reicher sein, denn die längste bekannte Indus-Inschrift ist gerade mal 17 Zeichen lang, und die durchschnittliche Inschrift hat keine fünf Zeichen, was bestenfalls für Erzählungen vom Format «boy meets girl» reicht. Trotzdem wäre es von großem Interesse, in welcher Sprache hier geschrieben wurde. Falls es sich überhaupt um eine Sprache handelt: Der Historiker Steve Farmer, der Indologe Michael Witzel und der Linguist Richard Sproat vertreten wegen ebenjener Kürze der Inschriften die These, dass die Indus-Symbole eher als Wappen, Eigentumsnachweis oder Gutschein, also schlicht zur Identifikation dienen. Hätte man es mit einer echten Schrift zu tun, müssten in den Inschriften mehr Symbolwiederholungen auftauchen, so kennt man das zumindest aus Aufzeichnungen in anderen Schriften.

Für die traditionelle Schriftthese spricht andererseits die Anordnung der Symbole in Zeilen und nicht etwa in einem hübschen Muster oder dort, wo gerade Platz ist. Gegen Ende der Zeile wird es manchmal eng, so als habe der Schreiber ein Wort nicht trennen wollen. Nach Ansicht der Schriftverteidiger sind die überlieferten Texte nur deshalb so kurz, weil längere Texte auf Material niedergelegt wurden, das die 5000 Jahre nicht überdauert hat. Farmer, Witzel und Sproat weisen wiederum darauf hin, dass alle bekannten antiken Schriftkulturen längere Texte auf haltbaren Materialien hinterlassen haben, auch die, von denen wir überwiegend kurze Notizen kennen. (Wenn allerdings nicht bald Geräte auf den Markt kommen, die Festplatten-Backups auf Tontafeln brennen, werden wir womöglich einst selbst zu den Kulturen gehören, von denen nur einige rätselhaft beschriftete Jackenknöpfe bleiben.)

Steve Farmer hat im Jahr 2004 einen Preis von 10000 US-Dollar für denjenigen ausgesetzt, der die erste Indus-Inschrift von über 50 Zeichen Länge findet. Es reicht allerdings nicht, beim nächsten Pakistanurlaub eine Tafel aus dem Schutt zu ziehen oder die Symbole eigenhändig in einen Stein zu ritzen, denn das Beweisstück muss aus einer offiziellen Ausgrabung stammen und von Fachleuten als echt anerkannt werden.

Falls die Skeptiker recht haben und die Indus-Symbole tatsächlich nur «Hier absolutes Halteverbot» oder «Zertifizierte Qualität aus Harappa» bedeuten, gibt es für Freunde der Denksportaufgabe aber noch genügend unentschlüsselte Schriften zur Auswahl: Linear A, Meroitisch, die protoelamische Bilderschrift, etwa 25 Rongorongo-Tafeln von den Osterinseln, um die 13000 etruskische Inschriften, der «Diskos von Phaistos» und, reizvoll für Fortgeschrittene, der als hoffnungslose Aufgabe geltende «Block von Cascajal». Alles, was man braucht, sind solide Kenntnisse einiger ausgestorbener Sprachen und etwas Geduld.

Klebeband

Das Tier klebt nur infolge des Luftdrucks an dem Gegenstande, den es beklettert.
Brehms Tierleben: Der Gecko

Fragt man Fachleute, warum Klebeband eigentlich klebt, erhält man verdächtig ausweichende Antworten. Wenige geben es offen zu, aber augenscheinlich ist diese für den Fortbestand der Zivilisation so wesentliche Frage nicht abschließend geklärt. Man nähert sich dem Problem meist von der praktischen Seite: Hauptsache, es klebt.

Zwischen zwei Oberflächen wirken unterschiedliche Adhäsionskräfte – und zwar je nach Klebstoff und Differenzierungsfreude des jeweiligen Fachmanns zwei bis sieben verschiedene. Bei aushärtenden Klebstoffen aus der Tube kommen einige Varianten zum Tragen: Die mechanische Adhäsion, so nimmt man an, verankert den Klebstoff ähnlich wie mit den Häkchen eines Klettverschlusses an der Oberfläche. Bei der Adhäsion durch Diffusion vermischen sich die obersten paar hundert Moleküle von Klebstoff und Oberfläche. Chemische Bindungen zwischen den verklebten Materialien sind eine weitere Möglichkeit. Welche Rolle diese unterschiedlichen Adhäsionskräfte spielen, ist weder allgemein noch für spezielle Oberflächen und Materialien abschließend geklärt. Auch sind einige Klebeleistungen der Natur noch unverstanden, so weiß man etwa bisher nicht genau, wie Muscheln sich auf nassen Oberflächen oder gleich unter Wasser – ein Härtefall für jeden Klebstoff – festzementieren.

Vor anderen Fragen steht man bei den sogenannten Haftklebstoffen, wie man sie auf Klebeband oder Post-it-Notizzetteln vorfindet. Sie kleben sofort, ohne erst trocknen oder abbinden zu müssen. Diese Wirkung führt man vor allem auf Van-der-Waals-Kräfte zurück. Dabei handelt es sich um sehr schwache Kräfte, die auf der elektrischen Anziehung von positiven und negativen Ladungen in einzelnen Atomen oder Molekülen beruhen und deshalb nur auf kurze Entfernung wirken können. Sie sind darauf angewiesen, dass sich die beiden zu verbindenden Seiten sehr nahe kommen, was man beispielsweise durch extrem glatte Oberflächen erreichen kann. Ein Klebstoff, der willig in alle Vertiefungen fließt, bringt auch unebene Oberflächen auf diese Art miteinander in Kontakt. Solche Bindungskräfte nutzen sich nicht ab, deshalb kann man Fensterklebebilder oder Frischhaltefolie beliebig oft auf Glas aufkleben und wieder abziehen.

Van-der-Waals-Kräfte sind bei Klebstoffexperten besonders beliebt, weil man zu ihrer Erforschung einen Gecko ins Labor gestellt bekommt. Der Gecko nämlich beherrscht das Kleben, Abziehen und Wiederankleben beneidenswert gut, er kann sich an nur einer Zehe von der Decke baumelnd halten und sich im Sturz noch mit einem einzigen Fuß abfangen. Nach zweihundertjährigem Geckopfotenstudium, davon die letzten dreißig auf der richtigen Fährte, weiß man heute ziemlich sicher, dass sich der Gecko vor allem durch Van-der-Waals-Kräfte mit ein wenig Unterstützung durch Kapillarkräfte an der Decke halten kann. (Die Kapillarkräfte beruhen in diesem Fall darauf, dass sich in winzigen Hohlräumen zwischen Geckomolekülen und Wandmolekülen Wasser befindet; dazu reicht schon eine etwas höhere Luftfeuchtigkeit.) Weil beide Kräfte so schwach sind, würde man jeden auslachen, der auf die Idee käme, einen Gecko zu erfinden, aber zum Glück gibt es den Gecko ja bereits. Und durch geschickte Vergrößerung der Pfotenoberfläche vermittelst spezieller Fußhaare gelingt es ihm, diese schwachen Kräfte sehr oft zu bemühen, ungefähr so, als ließe man Ameisen einen in kleinste Teile zerlegten Lkw hochheben.

Aber genügen Van-der-Waals-Kräfte zur Erklärung der Klebrigkeit von Klebeband? Der französische Klebstoffspezialist Cyprien Gay jedenfalls bezweifelt das. Wenn man ausmisst, wie viel Energie zum Ablösen von Aneinandergeklebtem erforderlich ist, stellt sich Gay zufolge heraus, dass der Klebstoff etwa zehntausendmal besser haftet, als man mit Van-der-Waals-Kräften begründen kann. Eine Möglichkeit, die Situation zu retten, ist die sogenannte Viskoelastizität: Die langen Klebstoffmoleküle benehmen sich zwar nicht geschmacklich, aber sonst in vielerlei Hinsicht wie Spaghetti, sie lassen sich nur mit großer Mühe und Geduld voneinander trennen. Wenn Viskoelastizität und Van-der-Waals-Kräfte zusammenarbeiten, muss man immerhin hundertmal mehr Arbeit aufwenden, um zwei aneinandergeklebte Dinge zu trennen, als bei Van-der-Waals-Kräften allein. Doch damit sind immer noch nur etwa 1 Prozent der «Klebeenergie» erklärt. Welche Kraft sorgt für die verbleibenden 99 Prozent? Und warum ist zum Ablösen von Klebeband zuerst ein kräftiger Ruck und dann gleichmäßiger Zug erforderlich? Bei einer Messung der aufzuwendenden Kraft ergibt sich eine ungefähr sesselförmige Kurve – zunächst benötigt man für kurze Zeit viel Kraft (Lehne), dann längere Zeit wenig (Sitzfläche). Warum die Kurve so und nicht anders aussieht, lässt sich mit Van-der-Waals-Kräften nicht erklären.

Die Kavitationstheorie, die Cyprien Gay 1999 gemeinsam mit Ludvik Leibler vorstellte, soll beide Fragen beantworten. Sie besagt, dass sich im Klebstoff von Klebeband und Post-it-Zetteln zahlreiche Bläschen verbergen, die sich wie lauter kleine Saugnäpfe gegen das Abziehen sträuben. Falls die Kavitationstheorie stimmt, leisten die Bläschen wegen des entstehenden Unterdrucks anfangs Widerstand gegen das Abreißen, bis sie sich vergrößern und zusammenfließen. Dann muss nur noch der Widerstand der Klebstofffäden überwunden werden. Wenn es sich wirklich so verhält, müsste Klebeband sich auf hohen Bergen wegen des geringeren Luftdrucks messbar leichter abziehen lassen. Dieses Experiment wurde schon im Ursprungsjahr der Theorie angekündigt, scheint aber bisher nicht durchgeführt worden zu sein. Vielleicht ist es doch schwerer als gedacht, ein Klebstofflabor auf einen hohen Berg zu transportieren.

Warum bauen Klebstoffhersteller nicht einfach den Gecko nach? Die Frage drängt sich umso mehr auf, als Geckos nur einen Bruchteil ihrer theoretischen Klebkraft zu nutzen scheinen. Der US-Biologe Kellar Autumn berechnete, dass ein an einer Wand sitzender Tokeh-Gecko 140 Kilo Gewicht tragen könnte. Er will nur nicht. Aber Geckofüße sind Nanostrukturen und als solche etwas knifflig zu basteln. Zudem sorgt der Gecko dafür, dass seine Hafthaare sauber bleiben, während Kunstgeckos bisher noch schnell verschmutzen und ihre Haftkraft verlieren. Vermutlich möchte der Konsument auch gar nicht, dass seine Notizzettel im Büro an Wänden und Decken herumhuschen und Fliegen fangen. Es ist auch so schon schwer genug, den Überblick zu behalten.

Kugelblitze

> *Und schon ein luminöser Knatterkranz!*
> *Das ist der schlagende Beweis.*
> Daniel Düsentrieb

Kugelblitze erfreuen schon seit vielen Jahrhunderten die Menschheit mit ihrer Rätselhaftigkeit. Mehrere tausend Seiten ließen sich füllen mit Beschreibungen von Kugelblitzbeobachtungen, dazugehörigen Theorien, Experimenten und Mythen. Im Spektrum der Erklärungsversuche sind die Übergänge zwischen Wissenschaft, Science-Fiction, Esoterik und Spinnerei fließend, wobei sich ernsthafte Theorien meist durch eine entmutigende Komplexität auszeichnen, was weniger ernsthafte Theorien schamlos ausnutzen. Zudem wird immer wieder behauptet, der Kugelblitz sei kein Naturphänomen, sondern lediglich Einbildung. Eine allgemein akzeptierte Erklärung für Entstehung und Verhalten von Kugelblitzen fehlt jedoch bis heute.

Die Erforschung von Kugelblitzen basiert im Wesentlichen auf Augenzeugenberichten. Seit mehr als 500 Jahren sind Kugelblitzbeobachtungen dokumentiert, eine russische Datenbank enthält allein etwa 10 000 Vorfälle aus den letzten Jahrzehnten. Trotzdem handelt es sich wohl um ein seltenes Phänomen. Nur wenige Menschen dürfen das wundersame Ding jemals selbst erleben. Der Journalist Graham K. Hubler beschreibt ein typisches Ereignis: «Ich saß mit meiner Freundin in einem Pavillon in einem New Yorker Park. Es regnete ziemlich stark. Ein gelblich weißer Ball, etwa von der Größe eines Tennisballs, erschien links von uns, ungefähr 30 Meter entfernt. Der Ball schwebte zweieinhalb Meter über dem Erdboden und bewegte sich langsam in Richtung Pavillon. Als der Ball den Pavillon erreichte, fiel er plötzlich zu Boden und kam in etwa einem Meter Entfernung an unseren Köpfen vorbei. Er glitt über den Boden, verließ den Pavillon, stieg zwei Meter nach oben, bewegte sich zehn Meter weiter, fiel wieder zu Boden und verschwand ohne Explosion.»

So oder ähnlich lesen sich viele Berichte. Aus der Vielzahl der Beschreibungen, einige sehr präzise und ausführlich, andere eher konfus, entsteht ein nur teilweise konsistentes Bild der Eigenschaften von Kugelblitzen, das die Grundlage für alle Erklärungsversuche darstellt: Die meisten Kugelblitze werden in Gewittern beobachtet, allerdings nicht alle. Oft, aber nicht immer, geht ihnen ein sichtbarer, normaler Blitz voraus. Vielfach erscheint die Kugel einige Meter über dem Erdboden, manchmal auch direkt am Boden, seltener fällt sie scheinbar vom Himmel. Der Durchmesser der Kugel liegt irgendwo zwischen ein paar Zentimetern und einem Meter, typisch ist ungefähr die Größe eines Fußballs. Die meisten Kugelblitze sind gelb, weiß oder rötlich, die Helligkeit entspricht in etwa der einer schwachen Glühbirne. In Größe und Leuchterscheinung ähneln sie einem Kinderlampion, nur ohne aufgemaltes Gesicht. Manche Kugelblitze schweben, andere fallen nach unten. Sie können zischen, nach Schwefel stinken oder Wasser zum Sieden bringen. Ab und zu springen sie am Boden auf und ab wie ein Gummiball. Meist lösen sich Kugelblitze nach wenigen Sekunden auf, manchmal aber auch erst nach etwa einer Minute. Einige von ihnen fühlen sich kalt an, andere sehr heiß. Mehreren Beobachtungen zufolge dringen sie scheinbar ungehindert durch Wände oder Glasscheiben, ein schwieriges Kunststück, das eine besondere Herausforderung für jede Theorie darstellt. So drang im Jahr 1638 ein Kugelblitz in eine Kirche in der englischen Grafschaft Devon ein, vier Menschen starben, sechzig wurden verletzt. Selten benimmt sich ein Kugelblitz derart ungehörig, meist erscheint er ruhig und bedächtig und verschwindet friedlich, obwohl auch extrovertierte Exemplare mit Funkenflug und kleineren Explosionen beobachtet wurden. Offenbar entstehen sie zwar meist im Freien, manchmal aber auch in geschlossenen Räumen. Einige erscheinen gar in U-Booten und Flugzeugen. Ein Horrorszenario: In einer stürmischen Gewitternacht im Flugzeug taucht auf dem Nachbarsitz ein schwebender, leuchtender Ball auf – niemandem kann man es übelnehmen, wenn er in einer solchen Situation die Vernunft über Bord wirft und anfängt, an Seltsames zu glauben. Kaum verwunderlich also, dass man Kugelblitze bis vor etwa hundert Jahren prinzipiell für eine übernatürliche Erscheinung hielt.

Die im letzten Jahrhundert angesammelten Erklärungsversuche lassen sich grob in drei Kategorien einteilen: Kugelblitze sind entweder ein seltenes Phänomen in der Erdatmosphäre oder etwas vollkommen Absurdes oder es gibt sie gar nicht. Bei der letztgenannten Variante wird die Entstehung des Kugelblitzes einfach ins Auge oder Hirn des Beobachters verlegt – der

Kugelblitz wird so zur optischen Täuschung oder, noch einen Schritt weiter, zur Wahnvorstellung. Dies ist durchaus eine legitime Möglichkeit, das Problem zu lösen: Wenn man eine Wahrnehmung nicht verstehen kann, ist vielleicht die Wahrnehmung an sich falsch. Wir «sehen» ja auch bewegte Bilder, sogenannte Filme, obwohl sich in Wirklichkeit gar nichts bewegt und es sich lediglich um eine Vielzahl unbewegter Einzelbilder handelt.

Bis in die 1970er Jahre hinein wurden seriöse Gedankengebäude entwickelt, bei denen im Hirn eine kugelblitzartige Leuchterscheinung entsteht, beispielsweise infolge eines «Nachglühens» der Netzhaut nach Beobachtung von echten Blitzen. Jedoch sind alle diese Modelle problematisch; keines kann die umfangreichen Beobachtungsfunde einwandfrei erklären. Die Theorie mit dem «Nachglühen» krankt zum Beispiel daran, dass die Beobachter von Kugelblitzen nicht immer direkt vorher in einen Blitz sahen. Zudem ist nicht klar, woher die interessanten Geräusche und Gerüche stammen sollen, die manche Kugelblitze absondern. Trotzdem sind solche Hypothesen auch heute noch nicht tot, und so ist es immer noch nicht völlig abwegig, die Existenz des mysteriösen Feuerballs abzustreiten. Die Vielzahl der dokumentierten Beobachtungen sowie die wenigen Fotografien, die es mittlerweile von Kugelblitzen gibt, deuten jedoch ziemlich sicher darauf hin, dass wir es mit einem Phänomen außerhalb unseres Kopfs zu tun haben. Wirklich bewiesen ist die Existenz von Kugelblitzen aber wohl erst dann, wenn es gelingt, einen einzufangen, zu zähmen und auf Fachkonferenzen herumzuzeigen.

Die meisten Erklärungen des Phänomens beruhen heute auf der Annahme, dass der Feuerball aus Plasma besteht. Plasma bildet sich, wenn man Gase so lange aufheizt, bis die einzelnen Gasteilchen vor lauter Hitze verzweifelt damit anfangen, Elektronen von sich zu werfen. Die Sonne zum Beispiel besteht im Wesentlichen aus so einem elektrisch geladenen Gas. Plasma allein kann allerdings den Kugelblitz nicht erklären, unter anderem, weil die heiße, elektrisch geladene Luftblase nach oben aufsteigen sollte, was Kugelblitze selten tun. Zudem sollte ein Plasmaball nach Bruchteilen von Sekunden verlöschen, Kugelblitze dagegen leben deutlich länger. Die vom Kugelblitz abgestrahlte Energie kann demnach nicht allein aus dem Plasma stammen. Man braucht irgendeine zusätzliche Heizung, um langlebige, stabile Feuerbälle zu produzieren.

Diese Überlegungen führten über viele Zwischenstufen zu einem heute populären Modell, das mit sogenannten Aerosolen zu tun hat, also einer Ansammlung von schwebenden Teilchen: Im Jahr 2000 stellten die Neuseeländer John Abrahamson und James Dinniss eine Theorie vor, der zufolge Kugelblitze entstehen, wenn normale Blitze ins Erdreich einschlagen. Die hohe Energie des Blitzes heizt die Erde auf und wirbelt winzige Staubteilchen in die Luft, die durch chemische Prozesse zu einem komplizierten Netzwerk zusammenwachsen, einem flauschigen Erdball mit der Konsistenz einer Staubmaus. Dieses schwebende Geflecht umgibt und durchdringt die heiße Luftblase und bildet so den Kugelblitz. In diesem Szenario wird die Energie des normalen Blitzes im Staubball in chemischer Form gespeichert, ähnlich wie in einer Batterie. Langsam und allmählich glüht die Blase vor sich hin und setzt die Energie des Blitzes frei.

Der Aerosolansatz ist in der Kugelblitzforschung nicht neu, aber das von Abrahamson und Dinniss vorgelegte Modell kann zumindest in der Theorie viele Beobachtungen erklären. Im wahren Leben sieht es etwas anders aus. Die bisher besten Kugelblitzimitate auf der Basis von Aerosolen präsentierte im Januar 2007 ein brasilianisches Forscherteam um Antônio Pavão und Gerson Paiva. Sie stellten Siliziumscheiben zwischen zwei Elektroden, verdampften Teile des Siliziums und sorgten anschließend für einen künstlichen Blitz zwischen den Elektroden. Das Resultat: Leuchterscheinungen, die in Farbe und

Lebensdauer echten Kugelblitzen ähneln, auch wenn sie noch etwas klein und unscheinbar ausfallen. Ob es sich dabei wirklich um die ersten künstlich erzeugten Kugelblitze handelt, wäre noch zu klären.

Andere Experten beschreiben das Phänomen als Folge von elektrischen Entladungen über Wasseroberflächen. Im Gegensatz zur Aerosoltheorie schlägt der Blitz in diesem Fall nicht in den Erdboden ein, sondern in einen See, ein Gefäß mit Wasser oder auch eine Pfütze, wie sie im Zusammenhang mit Gewittern recht häufig vorkommen. Eine Arbeitsgruppe in St. Petersburg im Jahr 2002 konnte auf diese Weise im Labor eine Art Kugelblitze herstellen. Vier Jahre später gelang es deutschen Wissenschaftlern um den Plasmaphysiker Gerd Fußmann, dieses Ergebnis zu reproduzieren: Mit Hilfe von Hochspannungsentladungen in salzhaltigem Wasser – eine ziemlich realitätsnahe Anordnung – erzeugten sie Leuchtbälle von immerhin 10–20 Zentimeter Durchmesser, deutlich größer als die Aerosolbälle aus Brasilien. Dafür wiederum überleben die künstlichen Kugelblitze von Fußmann nur Bruchteile einer Sekunde, eindeutig zu kurz, um mit den echten Exemplaren mithalten zu können.

Die dritte wichtige Theorie in der modernen Kugelblitzforschung wurde bereits in den 1950er Jahren von dem sowjetischen Physiker Pjotr Kapitza vorgeschlagen. Auch sie beruht auf der Annahme, dass ein Kugelblitz ein Ball aus Plasma ist, nur lässt Kapitza seine Plasmakörper von außen aufheizen: durch starke Mikrowellen, die während des Gewitters in der Umgebung von normalen Blitzen entstehen sollen. Demnach wäre der Kugelblitz ein Ball aus extrem heißer Luft, der, von Mikrowellen aufgespießt, im Gewitter hängt und leuchtet. Auch im Labor kann man mit Mikrowellen schöne Leuchteffekte erzielen: So stellten die Japaner Ohtsuki und Ofuruton im Jahr 1991 künstliche Feuerbälle her, die durch Wände und gegen den Wind schwebten, genau wie es von einigen Beobachtern beschrieben wurde. Allerdings stimmen weder Lebensdauer noch Größe mit den echten Kugelblitzen überein. Ähnliches gelang im Jahr 2006 den israelischen Forschern Eli Jerby und Vladimir Dikhtyar: Sie leiteten Mikrowellen über einen Metallstab in eine Glaskugel, wo eine heiße Stelle mit geschmolzenem Glas entstand. Durch Entfernen des Metallstabs «zogen» sie den heißen Fleck von der Glaskugel weg und erzeugten so schwebende, stabile Plasmabälle. Leider sind diese Versuchsanordnungen etwas realitätsfern, denn selten begegnet man im Gewitter einer Glaskugel. Das Experiment aus Israel immerhin funktioniert mit handelsüblichen Mikrowellengeräten, und weil man die genaue Anleitung im Internet finden kann, steht es heute jedem selbst frei, eigene Kugelblitzimitationen in der heimischen Küche herzustellen. In einer nicht allzu fernen Zukunft wird man sicher leuchtende Plasmabälle als Bestandteil moderner Küchenbeleuchtung zu schätzen wissen.

Abgesehen von den aktuellen Erfolgsgeschichten mit Aerosolen, Wasserpfützen und Mikrowellen gab es in der Vergangenheit nicht wenige Versuche, Kugelblitze künstlich herzustellen. Beinahe legendär sind die Experimente des Physikgenies Nikola Tesla, der mit Hilfe von komplizierten elektrischen Schaltkreisen zwar auch irgendwelche Feuerbälle produzierte, aber ziemlich sicher nicht das, was wir Kugelblitz nennen. Ausgehend von diesen Experimenten, baute Tesla kurz vor seinem Tod 1943 angeblich an einer Todesstrahlmaschine, die großes Interesse bei der CIA hervorrief. So wie Tesla erging es vielen: Sie erzeugten zwar Feuer und Spektakel, konnten aber nicht letztgültig beweisen, dass das etwas mit dem gesuchten Phänomen zu tun hat. Tragisch endete ein Hasardeur namens Richmann in St. Petersburg, der 1753 einen echten Blitz in sein Labor leitete, um damit herumzuspielen. Aus seiner Apparatur sprang Richmann ein faustgroßer, wütender Kugelblitz an, der Mann war sofort tot.

Insgesamt gibt es mit jedem der beschriebenen Ansätze einige Probleme. Aerosole, Wasser und Mikrowellen sind zwar imstande, schöne Leuchterscheinungen zu produzieren, aber bisher kann keine der Theorien alle beobachteten Eigenschaften von Kugelblitzen, insbesondere Form, Farbe, Größe, Lebensdauer, erklären. Problematisch sind auch die Kugelblitze, die in Gebäuden oder sogar in Flugzeugen auftauchen, wo es gemeinhin weder Erde noch Wasserpfützen gibt. Zum Glück bleiben eine Vielzahl von alternativen Erklärungsversuchen, die das Problem zwar genausowenig lösen können, sich dafür aber durch bemerkenswerten Einfallsreichtum auszeichnen.

Seit den 1990er Jahren etwa erwähnen der Kosmologe Mario Rabinowitz und seine Mitarbeiter immer wieder, dass sich im Innern von Kugelblitzen möglicherweise winzige Schwarze Löcher verbergen, Miniaturversionen der extrem schweren Himmelskörper, die beim Todeskampf von Riesensternen entstehen. Die Existenz von mikroskopisch kleinen Schwarzen Löchern ist jedoch bisher unbewiesen. Andere Experten erklären Kugelblitze als Folge des Eindringens von Antimaterie in die Erdatmosphäre: Die Erde wird andauernd von normaler Materie aus dem All beschossen, von kleinen bis mittelgroßen Meteoriten, deren Verglühen man in klaren Nächten als Sternschnuppen beobachten kann. Man weiß auch, dass es zu jedem → Elementarteilchen, etwa zum Elektron oder Proton, ein Antiteilchen aus Antimaterie gibt. Wenn es komplette Meteoriten aus Antimaterie gäbe, würden sie in der Atmosphäre verschwinden, denn Anti- und richtige Materie halten nicht viel voneinander und vernichten sich daher gegenseitig beim Zusammenstoß. Dabei, so die Theorie, könnte kugelblitzähnliches Leuchten entstehen. Für die Existenz von Antimateriefelsen im All fehlen jedoch bisher überzeugende Beweise.

Im Jahr 2003 schlug der Physiker John J. Gilman vor, dass Kugelblitze aus extrem hochenergetischen Atomen bestehen, geradezu irrsinnig an- und aufgeregten Atomen, die durch Hineinpumpen von Energie auf eine gigantische Größe – mehrere Zentimeter Durchmesser – aufgebläht sind. Vielleicht ist das aber auch Unsinn, und Kugelblitze sind «elektromagnetische Knoten» (Antonio F. Rañada und Jose L. Trueba, 1996), «Schockwellen, die durch Punktexplosionen in der Atmosphäre entstehen» (Vladimir K. Ignatovich, 1992), oder gar «brennende Wirbelstürme» (Peter F. Coleman, 1993). Es herrscht kein Mangel an interessanten Vorschlägen, von denen allerdings kein einziger so gut ausgedacht ist, dass er die Mehrheit der Kugelblitzforscher überzeugt.

Vielleicht handelt es sich am Ende doch um UFOs, wie eine nicht vernachlässigbare Anzahl von Zeitgenossen behauptet. Warum sollten Außerirdische nicht in glühenden Feuerbällen die Erde erkunden? Das ist ihr gutes Recht, und vielleicht mögen sie stürmische Gewitternächte. Zudem ersparen sie uns damit die Mühe, das Phänomen mit komplizierten Dingen wie Mikrowellen und Aerosolen zu erklären. Man muss allerdings anmerken, dass die Existenz von UFOs deutlich unbewiesener ist als die Existenz von Kugelblitzen. Unbekanntes mit etwas anderem Unbekannten zu erklären, wird in Wissenschaftlerkreisen meist als schlechter Stil abgetan. Skeptiker glauben darum, es verhalte sich genau andersherum und viele unerklärte UFO-Sichtungen seien in Wahrheit Kugelblitze. Auch Kornkreise lassen sich so eventuell als Folge von Kugelblitzerscheinungen erklären.

Sind UFOs also Kugelblitze oder sind Kugelblitze UFOs? Wir werden vermutlich noch mehr als einmal lesen, das Phänomen Kugelblitz sei jetzt aber endgültig geklärt.

Kugelsternhaufen

Wer einen Apfelkuchen ganz ohne Fertigzutaten machen will, muss als Erstes das Universum erschaffen.
Carl Sagan: «Cosmos»

Nehmen wir einmal an, jeder Stern am Himmel ist ein einzelnes, beleuchtetes Haus. Dann muss man Galaxien wie unsere Milchstraße als Großstädte bezeichnen, in denen mehrere hundert Millionen Häuser sich in überwiegend sinnvollen Strukturen anordnen. In diesem Bild sind Kugelsternhaufen die Vorstädte: Sie liegen verstreut in der näheren Umgebung der Galaxie und bestehen selbst aus zigtausend Häusern. Die Milchstraße zum Beispiel verfügt über einen Halo aus etwa 150 Kugelsternhaufen. Weil sie aber alle weit weg sind, sehen selbst die größten von ihnen mit dem Fernglas nur wie verwaschene, runde Nebelflecken aus. Je größer aber das Fernrohr wird, mit dem man den Himmel betrachtet, umso deutlicher erkennt man, womit man es zu tun hat: mit einer überdimensionalen Wunderkerze voller Sterne nämlich. Warum Galaxien von Kugelsternhaufen umgeben sind und wie diese großen Sternansammlungen entstehen, das ist trotz großer Fortschritte in den letzten Jahren bis heute nicht aufgeklärt.

Sobald man nah genug dran ist, um einzelne Sterne erkennen zu können, kann man das Alter der Kugelsternhaufen zuverlässiger bestimmen als das von Tierheimhunden. Man findet heraus, dass die meisten von ihnen vor rund 10–14 Milliarden Jahren entstanden sind, was erstaunlich ist, wenn man bedenkt, dass das gesamte Universum nach aktuellen Erkenntnissen auch nicht älter ist. Damit wären Kugelsternhaufen so etwas wie das Stonehenge des Universums: Überreste aus einer Zeit, von der wir ansonsten wenig wissen. Sie sind so antik, dass man hofft, mit ihrer Hilfe mehr über die Kindheit des Weltalls herauszufinden, über die Zeit, in der die ersten Sterne und Galaxien entstanden.

Frühe Theorien zur Entstehung von Kugelsternhaufen gingen oft davon aus, dass es sich bei ihnen um die Vorläufer von Galaxien handelt – erste zaghafte Versuche des Universums, seine frischgebackenen Sterne ordentlich anzuordnen. Erst danach, so diese «primären» Szenarien, seien die Kugelhaufen von den später entstandenen Galaxien einverleibt worden. Seit den 1980er Jahren nimmt man immer mehr Abstand von solchen Modellen, weil sich herausstellte, dass Kugelsternhaufen und Galaxien nicht zufällig zusammengewürfelt sind, sondern sich offenbar schon länger kennen. So entdeckte man unter anderem einen Zusammenhang zwischen der chemischen Zusammensetzung der Sterne in den Haufen und der Gesamthelligkeit ihrer jeweiligen Muttergalaxie, was auf eine gemeinsame Vergangenheit hindeutet. Seitdem glaubt man, dass die Haufen entweder gleichzeitig mit den Galaxien entstanden oder später in der schon fertigen Galaxie. Man hofft daher, mit Hilfe der Kugelhaufen herausfinden zu können, wie Galaxien geboren werden und wie sie ihre Kindheit verbringen – zwei weitere große Probleme der Astronomie.

Auch mit den besten Teleskopen ist das Gewimmel im Zentrum von Kugelsternhaufen kaum überschaubar. Mehrere hundert Sterne sind dort in einem Kubiklichtjahr zusammengepfercht, ein astronomisch betrachtet winziges Volumen. Zum Vergleich: Der nächste Nachbar der Sonne ist mehr als vier Lichtjahre entfernt. Das allgemeine Prinzip der Entstehung von solchen Sternenansammlungen ist uns immerhin bekannt: Sie bilden sich aus einer riesigen Wolke aus Gas und Staub. Stabil ist so eine Wolke, wenn die eigene Schwerkraft, die danach strebt, alles auf möglichst kleinem Raum zusammenzupressen, durch andere Kräfte ausgeglichen wird. Eine dieser anderen Kräfte ist die in der Wolke gespeicherte Hitze; wird das Material wärmer, dehnt es sich aus und wirkt daher der Schwerkraft entgegen. Bringt man dieses schöne Gleichgewicht durcheinander, zum Beispiel, indem man die Wolke plötzlich komprimiert, dann gewinnt die Schwerkraft, und die Wolke kollabiert unter ihrem eigenen Gewicht – es entstehen Ansammlungen von Sternen. Aus irgendeinem Grund schaffen es gewöhnliche Spiralgalaxien wie unsere Milchstraße heute nicht mehr, auf diese Weise neue, große Kugelsternhaufen herzustellen, stattdessen ziehen sie es vor, nur noch zögerlich neue Lichter an den Himmel zu bauen. Aber warum ist das so?

Eine der Theorien zur Entstehung von Kugelsternhaufen handelt von Galaxienverschmelzungen, großangelegten Verkehrsunfällen, in denen aus zwei Galaxien eine wird. Man vermutet schon länger, dass große, elliptisch geformte Galaxien durch die Verschmelzung zweier Spiralgalaxien entstehen könnten. Wenn das so ist, so argumentierte Astronom Sidney van den Bergh 1984, warum beobachtet man dann in elliptischen Galaxien nicht die Summe der Anzahl der Kugelsternhaufen zweier Spiralgalaxien, sondern deutlich mehr? Die mutmaßliche Antwort lieferten die Amerikaner Keith M. Ashman und Stephen E. Zepf im Jahr 1992: Bei der Kollision entstehen Bedingungen, die die Entstehung neuer Kugelsternhaufen ermöglichen, sodass die neue Galaxie am Ende mehr Haufen hat als die Summe ihrer Teile.

Das Ashman-Zepf-Modell gewann in den 1990er Jahren das Wohlwollen vieler Experten, vorwiegend aus zwei Gründen: Es sagt unter anderem voraus, dass es in elliptischen Galaxien zwei Arten Kugelsternhaufen geben müsste, die einen alt und mit langem Bart, die anderen erst später beim Verschmelzen von Galaxien entstanden. Wie man mittlerweile herausgefunden hat – hauptsächlich mit Hilfe des Hubble-Weltraumteleskops und dessen scharfem Blick auf das Weltall –, existiert eine solche Zweiteilung der Kugelsternhaufen tatsächlich: Ein Teil der Haufen ist «metallarm», was bei Astronomen meist gleichbedeutend ist mit «sehr alt», weil das jugendliche Weltall nur aus Wasserstoff und Helium bestand und sich alle schweren Elemente, Metalle zum Beispiel, erst nach und nach bildeten. Der andere Teil dagegen ist «metallreich» – und daher vielleicht erst später bei der Galaxienkollision entstanden, so jedenfalls dieses Modell. Die zweite in diesem Zusammenhang wichtige Entdeckung der letzten Jahre: Wenn Galaxien zusammenstoßen, entstehen tatsächlich extrem massereiche Sternhaufen, die heute meist für seltene Fälle von jungen Kugelhaufen gehalten werden.

Auf der anderen Seite jedoch kämpft das Ashman-Zepf-Szenario mit einigen Schwierigkeiten. Zum Beispiel zeigen einige Untersuchungen, dass Galaxien, die besonders viele Kugelsternhaufen besitzen, einen hohen Anteil an metallarmen Haufen aufweisen. Im Rahmen des Kollisionsmodells sollte man genau das Gegenteil erwarten, je öfter es zu Zusammenstößen kommt, umso mehr metallreiche Kugelsternhaufen sollten sich ansammeln. Eine alternative Möglichkeit, die zwei unterschiedlichen Arten von Kugelsternhaufen zu erklären: Zunächst trägt jede Galaxie ihre eigene Schar Haufen mit sich herum. Im Laufe der Zeit, und Zeit hat das Universum genug, streunen die Galaxien herum, und immer, wenn sie sich begegnen, saugen die größeren unter ihnen einige Haufen von den kleineren ab. Diese Vorstellung hilft unter anderem dabei, einen seltsamen Unterschied zwischen der Milchstraße und dem Andromedanebel, beides Spiralgalaxien ähnlicher Bauart, zu verstehen: Während in der Milchstraße vermutlich alle Kugelsternhaufen uralt sind, häufen sich in letzter Zeit die Hinweise auf die Existenz einiger «junger» Kugelhaufen im Andromedanebel – das heißt: nicht älter als fünf Milliarden Jahre. Die Beweislage ist noch nicht erdrückend, aber womöglich hat der Andromedanebel diese brandneuen Kugelsternhaufen von seinen kleinen Nachbargalaxien gestohlen.

Aber auch das Modell der kannibalisierenden Galaxien hat Probleme, die komplizierten Beziehungen zwischen Kugelhaufen und ihren Muttergalaxien zu erklären. Andere Experten vermuten, es handele sich zumindest bei einigen Kugelhaufen gar nicht um Sternhaufen, sondern um die unverdaulichen Kerne von ehemaligen Zwerggalaxien, deren sonstige Bestandteile sich die Muttergalaxie einverleibt hat. Klar ist mittlerweile, dass Galaxien keinesfalls einzelgängerisch veranlagt sind, sondern im Gegenteil ein bewegtes Sozialleben führen. Sie stoßen zusammen, zerreißen, verschmelzen miteinander und essen sich gegenseitig auf, alles Vorgänge, bei denen man heute mit geeigneten Teleskopen zusehen kann. Diese Geschehnisse, so glaubt man heute, spielen sicherlich eine Rolle beim Zusammenbau der Galaxien und daher auch bei der Entstehung der Kugelhaufen. So kann man durch genaue Betrachtung der Kugelsternhaufen einer bestimmten Galaxie viel über ihr bewegtes Leben erfahren. Aber das Grundproblem – wo kommen die Haufen ursprünglich her? – lässt sich damit wohl eher nicht lösen.

Darum bleibt kaum eine andere Möglichkeit, als davon auszugehen, dass ein Großteil der Kugelsternhaufen, zumindest die metallarmen unter ihnen, mehr oder weniger gleichzeitig mit den Galaxien entstanden sein muss. Jeder Astronom, der eine Idee hat, wie man Galaxien zusammenbaut, und das Ganze im Computer simuliert, muss gleichzeitig mit der Galaxie eine Anzahl kugelförmiger Haufen produzieren. Weil man deren Eigenschaften – räumliche Verteilung, Anzahl, Masse, chemische Zusammensetzung – einigermaßen zuverlässig bestimmen kann, haben die Beobachter draußen an den Teleskopen gute Möglichkeiten, die Wirklichkeit mit den Vorhersagen der Simulationen zu vergleichen und so herauszufinden, welches der Modelle ihrer Theoretikerkollegen sinnvoll ist und welches nicht. Die Kugelsternhaufen dienen als Nagelprobe für unsere Vorstellungen vom frühen Universum.

Die ersten Sterne im Weltall entstanden vermutlich in großen Wolken aus Gas und → Dunkler Materie, den mutmaßlichen Vorgängern der Galaxien. Dieser Vorgang, etwa einige hundert Millionen Jahre nach dem Urknall, markiert das Ende des dunklen Zeitalters des Weltalls. Von «außen» muss es so ausgesehen haben, als würde jemand im dunklen Universum das Licht einschalten. Was aber dann genau die Entstehung der Kugelhaufen auslöst, für die man, wie gesagt, große Mengen Gas kurzzeitig komprimieren muss, ist eine offene Frage. Möglicherweise war es gerade das Licht der ersten Sterne, das den Wasserstoff aufheizte und so Dichtewellen durch die Gaswolken jagte, ähnlich wie ein ins vorher ruhige Wasser geworfener Stein. Rätselhaft ist außerdem, warum man in Kugelsternhaufen bisher keine Dunkle Materie gefunden hat, wo sie doch in einer Umgebung entstanden sein müssen, in der man nicht aus dem Haus gehen konnte, ohne knietief durch Dunkle Materie zu waten. Irgendwie haben die Haufen es geschafft, sich ihrer dunklen Schatten zu entledigen. Und schließlich wird weiterhin darüber spekuliert, wieso Kugelsternhaufen nur wenige Milliarden Jahre später ein wenig aus der Mode gerieten und das Weltall ihre Produktion offenbar stark zurückfuhr, sodass man sie heute nur noch gebraucht kaufen kann – wenn man nicht gerade, wie oben beschrieben, mit einer anderen Galaxie zusammenstößt.

Wie soll man diese Probleme lösen? Astronomen haben es leicht, sie verlangen einfach nach besserem Spielzeug: größere Teleskope, bessere Kameras und schnellere Computer. Solange man ihnen diese Wünsche nicht verweigert, werden sie alle Rätsel sicherlich noch vor den großen Sommerferien aufklären.

Kurzsichtigkeit

Näharbeit, Stubenleben, nächtliches Lesen von schlüpfrigen Büchern haben solche Entartungen der Augen zur Folge; der Gebrauch des Auges für die Ferne ist erschwert und beeinflusst das ganze Leben des Menschen.
Ror Wolf: «Raoul Tranchirers vielseitiger großer Ratschläger für alle Fälle der Welt»

Erwachsenwerden ist in vieler Hinsicht eine schöne Sache: Man darf Grimassen schneiden, ohne dass einem das Gesicht so stehen bleibt, man darf mit vollem Magen schwimmen gehen, und wenn man unbedingt will, darf man sogar bei Temperaturen unter null am nächsten Laternenpfahl lecken. Man friert dann zwar immer noch fest, aber bitte, das ist das gute Recht jedes volljährigen Bürgers. Nicht abschließend geklärt ist jedoch die wichtige Frage, ob man ununterbrochen Computerspiele spielen und im Taschenlampenlicht unter der Bettdecke lesen darf, oder ob unsere Eltern und Großeltern doch recht hatten und man sich dabei die Augen verdirbt. Die einen sagen so, die anderen sagen so, und wie erwachsene Menschen wollen wir jetzt die Argumente beider Seiten betrachten. Es könnte sich lohnen, dabei vorsichtshalber das Buch nicht allzu nahe vors Gesicht zu halten.

Was genau in welcher Reihenfolge mit dem Auge passiert, wenn ein Mensch kurzsichtig wird, ist kompliziert und noch nicht ganz verstanden. Für unsere Zwecke soll es genügen, dass der Augapfel aus der Form gerät, nämlich zu lang wird. Jetzt kann das Bild der Außenwelt nicht mehr ordnungsgemäß auf die Netzhaut projiziert werden, und man braucht eine Brille. Dass überhaupt ab und zu ein normalsichtiger Mensch entsteht, ist ein kleines Wunder, denn der Körper muss dazu im Laufe des Wachstums die Augapfellänge in Abhängigkeit von verschiedenen Faktoren auf Millimeterbruchteile genau justieren. Kurzsichtigkeit kann sich in jedem Lebensalter bemerkbar machen.

Je früher sie auftritt, desto höhere Dioptrienwerte werden im Allgemeinen im Lauf des Lebens erreicht; der Fortschritt der Kurzsichtigkeit kann aber auch jederzeit vorübergehend oder dauerhaft zum Stillstand kommen. Auf die unterschiedlichen Varianten der Kurzsichtigkeit gehen wir hier nicht näher ein, um uns ungestört der Frage widmen zu können: Warum und wodurch werden Menschen kurzsichtig?

Dazu wäre es hilfreich, zunächst zu klären, wie viele und welche Art Menschen von Kurzsichtigkeit betroffen sind. Weil Kurzsichtigkeitsforscher nicht mal eben bei allen Menschen an der Tür klingeln und Sehtests durchführen können, werden stellvertretend häufig Schüler, Studenten, Soldaten oder andere Bevölkerungsgruppen untersucht, die sich nicht wehren können. Aus solchen Untersuchungen erfährt man viel über Schüler, Studenten und Soldaten, aber leider wenig über die Gesamtbevölkerung. So heißt es über eine an israelischen Piloten durchgeführte Studie, ihre Ergebnisse seien «nur auf Piloten in Israel übertragbar». Da in der betreffenden Studie mehr als 1200 Piloten untersucht wurden, bleibt vermutlich in ganz Israel kein Pilot übrig, auf den man die Ergebnisse noch anwenden könnte. Außerdem kommen bei den meisten Studien und in den meisten Ländern auch noch unterschiedliche Messmethoden zum Einsatz. Aber selbst wenn man alle Zahlen mit der gebotenen Skepsis betrachtet, zeigen sich zwei Dinge sehr deutlich: Es gibt viele Kurzsichtige auf der Welt (nämlich bis zu 2,3 Milliarden), und die Wahrscheinlichkeit, einer von ihnen zu sein oder zu werden, hängt stark davon ab, in welchem Land man lebt. Relativ wenige Kurzsichtige scheint es in Südamerika (unter 10 Prozent), Afrika und Australien (je ca. 10–20 Prozent) und Indien (ca. 10 Prozent) zu geben, Westeuropa und die USA liegen mit etwa 10–30 Prozent im Mittelfeld, und in Japan, Taiwan, Südkorea und Singapur wird man als Schulkind vermutlich verspottet, wenn man keine Brille trägt, denn dort sind 50–80 Prozent aller Menschen kurzsichtig. Aber nicht nur das Land spielt eine wichtige Rolle: Amerikaner, die näher an der Küste leben, sind kurzsichtiger als Amerikaner im Landesinneren, Studenten kurzsichtiger als Hilfsarbeiter, Weiße kurzsichtiger als Schwarze, Stadtbewohner kurzsichtiger als Landbewohner.

War das schon immer so? Dass wir bei Ausgrabungen steinzeitlicher Siedlungen keine Brillen finden, beweist leider überhaupt nichts. Denkbar wäre natürlich, dass Kurzsichtige früher mangels Brille schneller vom Säbelzahntiger gefressen wurden, als man «Sehtest» sagen konnte. Mittlerweile ist aber unumstritten, dass in den meisten Gegenden der Welt heute mehr Kurzsichtige leben als noch vor wenigen Jahrzehnten – nur die Australier behaupten, bei ihnen habe man die Kurzsichtigkeit im Griff. Aber was soll man auch von einem Land erwarten, in dem selbst die Tiere ganz anders funktionieren als anderswo? Besonders dramatisch ist der Anstieg in einigen asiatischen Ländern – in Singapur etwa waren 80 Prozent der männlichen Armee-Rekruten im Jahr 2004 kurzsichtig, im Vergleich zu 25 Prozent 1974. Viele Forscher vermuten, dass auch die westlichen Länder von dieser Entwicklung nicht verschont bleiben werden.

Da Kurzsichtigkeit Kosten verursacht und – durch das gleichzeitig erhöhte Risiko bestimmter Augenerkrankungen – zur Erblindung führen kann, ist das Interesse an ihrer Erforschung groß. Entsprechend zahlreich sind die Erklärungsmodelle, die sich in drei Gruppen einteilen lassen: Kurzsichtigkeit ist entweder genetisch bedingt oder durch Umweltbedingungen und Verhaltensweisen ausgelöst oder aber beides. Die Ergebnisse der unzähligen Untersuchungen zur Kurzsichtigkeit sind, vorsichtig ausgedrückt, sehr unterschiedlich. Wenn man davon ausgeht, dass alle Studien sorgfältig und ohne Schlamperei durchgeführt wurden, könnte das heißen, dass es womöglich ein bisher unbekanntes verbindendes Element in der Entstehung der Kurzsichtigkeit gibt, oder aber es führen einfach unüberschaubar viele Wege zur Kurzsichtigkeit.

Bis weit ins 20. Jahrhundert hinein war das Spielfeld etwas übersichtlicher: Kurzsichtigkeit galt als genetisch bedingt, kurzsichtige Eltern bekamen kurzsichtige Kinder, und die hohen Kurzsichtigkeitsraten bei bestimmten Bevölkerungsgruppen wurden als statistisches Kuriosum abgetan. Tatsächlich scheint es Menschen zu geben, die einfach nicht kurzsichtig werden, auch wenn sie alle guten Ratschläge der Kurzsichtigkeitsforscher in den Wind schlagen. Gegen die Gen-Theorie spricht jedoch, dass in Indien aufwachsende Inder viel seltener kurzsichtig sind als in Singapur lebende Inder. Auch bei nepalesischen Sherpa- und Tibeterkindern, die sich genetisch nicht groß voneinander unterscheiden, klaffen die Kurzsichtigkeitsraten weit auseinander. Große Unterschiede in der Häufigkeit der Kurzsichtigkeit bei verschiedenen ethnischen Gruppen sind unübersehbar, aber es mangelt an Studien, die die genetischen Faktoren klar von Umweltfaktoren trennen. Vielleicht übernehmen kurzsichtige Kinder ja nur die schlechten Angewohnheiten ihrer Eltern?

Der britische Genetiker Christopher Hammond veröffentlichte 2004 die Ergebnisse einer Zwillingsstudie, die auf einen Zusammenhang zwischen Kurzsichtigkeit und einem Defekt des für die Augenentwicklung wichtigen Gens PAX6 hindeutet. Auch andere Zwillingsstudien weisen tendenziell auf einen starken genetischen und geringen Umwelteinfluss hin, die hohen Kurzsichtigkeitsraten etwa bei Studenten aber auf das Gegenteil. Unter anderem weil der rapide Anstieg der Kurzsichtigkeitsraten in vielen asiatischen Ländern gegen eine genetische Ursache spricht, wird die Gen-Theorie heute meist in abgewandelter Form vertreten: Die Anlage zur Kurzsichtigkeit könnte erblich sein, während Umweltfaktoren über das Auftreten und den Verlauf der Erkrankung bestimmen.

Aber welche Umweltfaktoren kommen dafür infrage? Einer Theorie zufolge orientiert sich das Auge in seinem Längenwachstum an den Anforderungen für scharfe Fernsicht und überlässt die Regelung für den Nahbereich der Augenmuskulatur. Ein Mangel an Gelegenheiten, überhaupt in die Ferne zu blicken, würde diese Feinjustierung des Augenwachstums unterlaufen. Noch ist man sich nicht einmal darüber einig, ob (wie man früher annahm) zu häufiges Scharfstellen oder (wie heute eher vermutet wird) zu seltenes Scharfstellen die Fehlentwicklung auslöst. Vieles spricht jedenfalls dafür, dass viel Arbeit im Nahbereich zu Kurzsichtigkeit führt: Je höher die Schulbildung, desto höher ist auch die Kurzsichtigkeitsrate, und bei Schülern schreitet die Kurzsichtigkeit in Zeiten intensiven Lernens schneller, in den Schulferien aber langsamer voran. Auch hier ist der Einfluss des Lesens oder der Schreibtischarbeit nicht leicht zu isolieren, denn gleichzeitig findet solche Arbeit in Innenräumen statt, wo es zu viel Licht, zu wenig Licht oder Licht der falschen Sorte geben könnte. Zudem sind Kinder, die viel lesen, häufig introvertiert und sitzen daher vielleicht insgesamt mehr zu Hause herum als andere Kinder – vielleicht aber auch nicht: Eine Studie des US-Forschers Donald Mutti zeigt, dass das Freizeitverhalten kurzsichtiger Kinder sich kaum von dem normalsichtiger Kinder unterscheidet. Allerdings ist man sich einig darüber, dass Kinder, die mehr Sport treiben, weniger kurzsichtig sind, was an größeren oder stärker wechselnden Sehentfernungen, an besserer Durchblutung oder Helligkeitswechseln auf der Netzhaut liegen könnte. An den Details wird noch geforscht.

Nicht nur das Arbeits- und Freizeitverhalten steht im Verdacht, die Kurzsichtigkeit zu fördern, sondern auch Ernährungsweise, Stress und viele andere Faktoren. So verweist eine andere Erklärung für die erwähnten Unterschiede zwischen Sherpa- und Tibeterkindern auf das härtere Schulsystem und die weiter fortgeschrittene technische Entwicklung in Tibet, die wiederum Änderungen in der Ernährung und größeren Stress nach sich zieht. Akuter Stress kann zu Kurzsichtigkeit führen, wie eine nach einem Erdbeben durchgeführte Studie zeigt, und auch die Ernährung wird vielfach als Auslöser verdächtigt. Beschuldigt wurden zu viele Pestizide, zu viel Fluorid, Mangel an Kupfer, Chrom, Mangan, Selen und Kalzium, Vitamin-D-Mangel durch zu wenig Sonnenlicht und Mangel an so ziemlich allen anderen Vitaminen. Andererseits tritt Kurzsichtigkeit vor allem in entwickelten Ländern auf, in denen Mangelerscheinungen eigentlich kein großes Problem darstellen. Kommt es womöglich auf das Verhältnis der Nährstoffe an, nicht auf die absolute Menge? Oder sind, wie so oft, Zuckerkonsum und Ballaststoffmangel an allem schuld? Kurzsichtige haben offenbar etwas häufiger Karies als Normalsichtige, aber auch dafür kann es jede Menge andere Gründe geben. Genau genommen gibt es kaum einen Einfluss, der nicht bereits unter Verdacht geraten ist, Kurzsichtigkeit auszulösen: Veränderungen im Tag-Nacht-Rhythmus, zu helle Beleuchtung, zu schlechte Beleuchtung, Nachtlichter in Kleinkindschlafzimmern, Computerarbeit – wobei man annehmen darf, dass der allgemeine Wechsel vom Röhrenmonitor zum LCD-Display sich auf die Entwicklung der Kurzsichtigkeit auswirken wird.

Lässt sich der Fortschritt der Kurzsichtigkeit abbremsen oder aufhalten? Viele ältere Studien deuten darauf hin, dass harte Kontaktlinsen helfen, eine neuere Studie konnte jedoch keinen Nutzen nachweisen. Dass weiche Kontaktlinsen nichts nutzen, gilt dagegen als sicher. Eventuell besteht ein Zusammenhang zwischen Sehstörungen und zu seltenem Blinzeln, und Kontaktlinsenträger blinzeln einfach mehr. Da man bei konzentriertem Arbeiten weniger blinzelt, ließe sich auch hier wieder ein Zusammenhang mit der Lebensweise konstruieren. Vielleicht fördern Kontaktlinsen aber auch die Durchblutung des Auges, und vielleicht hilft das. Neu entwickelte Kontaktlinsen, die sich in einer dieser Hinsichten von älteren unterscheiden, komplizieren die Forschungslage weiter. Aus der Tatsache, dass Tiere, die Linsen für Kurzsichtige tragen müssen, kurzsichtig werden, kann man mit einiger Sicherheit ableiten, dass der Augapfel sich durch die schlechte Qualität des Bildes auf der Netzhaut zum Wachstum anregen lässt. Entsprechend ist es wohl möglich – wenn auch bisher nicht gelungen –, Brillen zu entwickeln, die das Fortschreiten der Kurzsichtigkeit verlangsamen oder aufhalten, indem sie für ein passenderes Bild auf der Netzhaut sorgen. Auch pharmakologisch lässt sich das Augapfelwachstum beeinflussen. Allerdings ist es bisher ebenfalls noch nicht gelungen, ein effektives Medikament ohne starke Nebenwirkungen zu entwickeln, aber das kann sich ja ändern.

Die Forschung schreitet unaufhaltsam fort und wird wahrscheinlich eines Tages ein vorbeugendes Mittel gegen die Kurzsichtigkeit hervorbringen. Hoffen wir, dass es sich dabei nicht um eine anstrengende Umstellung unserer Lebensgewohnheiten, sondern vielleicht um ein Computerspiel oder wenigstens ein Dragee mit Himbeergeschmack handelt.

Laffer-Kurve

> *Pomperipossa hörte erst davon, als eine gute Freundin sie eines Tages fragte: «Weißt du eigentlich schon, dass deine Marginalsteuer in diesem Jahr 102 Prozent beträgt?»*
> *«Unsinn», sagte Pomperipossa, «so viele Prozente gibt's ja gar nicht!»*
> Astrid Lindgren: «Pomperipossa in Monismanien»

Die Laffer-Kurve, benannt nach dem amerikanischen Ökonomen Arthur B. Laffer, beschreibt den Zusammenhang zwischen der Höhe der Steuersätze und den daraus resultierenden

Steuereinnahmen des Staates. Eine uralte Weisheit ist unumstritten: Wenn man die Ausbeutung der Untertanen (moderner ausgedrückt: deren Besteuerung) übertreibt, so ruiniert man die Staatsfinanzen. Ein ähnliches Problem haben Vampire. Saugen sie zu viel Blut aus ihrem Opfer, stirbt es, und aus ist es mit der billigen Nahrungsquelle. Ab wann man aber aufhören muss zu saugen, wo also die optimale Steuerrate liegt, das Maximum der Laffer-Kurve, weiß niemand. Laffer sagt nun, dass der Staat, wenn die Steuersätze über diesem Maximum liegen, durch Steuersenkungen mehr einnehmen kann als durch Steuererhöhungen. Ob und wie genau das funktioniert, ist ebenfalls unklar. Die Laffer-Kurve – ein wichtiges Hilfsmittel zur Wirtschaftssteuerung oder nur Voodoo-Ökonomie?

Das Grundprinzip sei an einem einfachen Beispiel verdeutlicht. Seit Anfang der 1990er Jahre erhöhen viele europäische Länder, unter anderem Deutschland, langsam und stetig die Tabaksteuer. Bis vor kurzem hatte dies den womöglich gewünschten Effekt: Geraucht wurde trotzdem, daher stiegen die Staatseinnahmen aus der Tabaksteuer an. Als im Jahr 2003 die Bundesregierung durch eine abermalige Steuererhöhung den Preis für jede Zigarette um weitere 1,2 Cent erhöhte, sagte man Mehreinnahmen in Höhe von etwa einer Milliarde Euro voraus. Ein gutes Jahr später war klar, dass genau das Gegenteil eingetreten war. Statt mehr strömte plötzlich weniger Geld durch die Tabaksteuer in die Staatskasse, das Finanzministerium verzeichnete einen Fehlbetrag von mehreren hundert Millionen Euro. Möglicherweise stellten viele Raucher wegen der hohen Preise das Rauchen ein, denkbar aber auch, dass stattdessen auf Schmuggelware zurückgegriffen wurde. Was auch immer die Ursache war: Steuererhöhungen bewirkten paradoxerweise Einnahmeverluste.

Für das Gesamtstaatseinkommen sind Rauchwaren jedoch nur von geringer Bedeutung, viel wichtiger sind andere Einnahmequellen, die Besteuerung von Arbeit etwa. Auch hier kann ein zu hoher Steuersatz zu weniger Staatseinnahmen führen, auch wenn die Ursachen komplexer sind als bei der Tabaksteuer. Aber was heißt in diesem Zusammenhang «zu hoch»? Wo liegt die magische Grenze? Wie viel muss der Staat vom Einkommen jedes einzelnen Bürgers einbehalten, um maximale Einnahmen zu erzielen?

Man muss mit einfachen Betrachtungen anfangen. Wenn der Steuersatz null ist, also keinerlei Steuern erhoben werden, wird der Staat gar nichts einnehmen. Alle werden zwar glücklich und zufrieden sein, weil Bruttoeinkommen gleich Nettoeinkommen ist, aber der Staat steht in der Ecke und ist beleidigt, weil er nichts abbekommt. Dies ist der erste Punkt auf der Laffer-Kurve: Steuersatz 0 Prozent führt zu null Einnahmen. Klar ist ebenfalls, dass der Anfang der Laffer-Kurve bergauf führt: Erhöht man den Steuersatz von 0 auf zum Beispiel 2 Prozent, so sind immer noch alle zufrieden, aber die Einnahmen des Staates erhöhen sich ein wenig.

Weiterhin ist anzunehmen, dass bei Steuersätzen von 100 Prozent – jeder Bürger zahlt sein komplettes Einkommen an den Staat – so gut wie gar keine Steuereinnahmen zu erwarten sind. Arbeiten würden vermutlich nur ein paar Idealisten und Narren, entweder weil sie nicht rechnen können oder weil es ihnen im Bergwerk so gut gefällt. Die Menschen würden es vorziehen, illegalen Tätigkeiten nachzugehen, auszuwandern, zu betteln, im Bett herumzuliegen und zu verhungern, aber geregelt arbeiten, dann Steuern zahlen (und anschließend verhungern) käme nicht infrage. Demnach sind bei einem Steuersatz von 100 Prozent die Staatseinnahmen ebenfalls null oder zumindest nicht der Rede wert. Anfangs- und Endpunkt liegen also bei null. Um beide Punkte zu verbinden, muss man nun eine Kurve zeichnen, die zunächst ansteigt, irgendwo ein Maximum erreicht, um anschließend wieder auf null zu sinken – das ist die idealisierte Laffer-Kurve. Ist der Staat klug eingerichtet, so verlangt er genau die Menge an Steuern von seinen Bürgern, die auf dem Gipfel der Laffer-Kurve zum Maximum an Einnahmen führt. Verlangt der Staat zu hohe Steuern, so verringern sich seine Einnahmen. Folglich, so Laffers Argumentation, kann man die Einnahmen erhöhen, wenn man die Steuern senkt.

Die Grundidee hinter der Laffer-Kurve ist keineswegs neu. Laffer selbst führt sie auf den arabischen Politiker Ibn Chaldun zurück, der im 14. Jahrhundert Folgendes aufschrieb: «Es sollte bekannt sein, dass am Beginn einer Dynastie geringe Steuern großes Staatseinkommen erzielen. Am Ende einer Dynastie erhält man bei hohen Steuern nur geringe Staatseinnahmen.» Das klingt zwar klug, ist aber derart kryptisch formuliert, dass man vieles dahinter vermuten kann – ein generelles Problem mit Chalduns Schriften, die von Nachfolgegenerationen oft auf gegensätzliche Art und Weise ausgelegt wurden. Laffer jedenfalls versteht diese Worte als einen Auftrag zu Steuersenkungen.

Der Begriff Laffer-Kurve entstand dann 1974 in der Folge eines heute beinahe legendären Treffens zwischen Laffer, zu dieser Zeit Professor an der Universität von Chicago, und Vertretern des damaligen amerikanischen Präsidenten Gerald Ford. Anwesend war unter anderem Dick Cheney als Stellvertreter von Donald Rumsfeld, der zu dieser Zeit Stabschef im Weißen Haus war, wobei es umstritten ist, ob Rumsfeld selbst am Treffen teilnahm. Laffer kann sich an die Details des Treffens nicht mehr erinnern, sodass man darauf angewiesen ist, die Version von Jude Wanninski zu glauben, damals Mitherausgeber des renommierten «Wall Street Journal» und bis heute starker Befürworter von Laffers Theorie. Wanninski zufolge zeichnete Laffer die Kurve auf eine Serviette, um Cheney davon zu überzeugen, dass die Steuern gesenkt und nicht erhöht werden sollten, um die Wirtschaft anzukurbeln und infolgedessen die Staatseinnahmen zu sanieren. Cheney und Rumsfeld waren zwar angemessen beeindruckt, Ford jedoch folgte dem Vorschlag nicht. Laffer selbst hält Wanninskis Serviettengeschichte für fragwürdig, denn seine, Laffers, Mutter habe ihn «dazu erzogen, keine schönen Dinge zu entweihen». Seit dieser Episode jedenfalls heißt der Zusammenhang zwischen Steuersatz und Staatseinnahmen «Laffer-Kurve» und wird in jedem Lehrbuch als schöne, symmetrische Glockenkurve mit Beginn und Ende bei 0 sowie einem Maximum bei 50 Prozent Steuersatz dargestellt.

Diese ideale Gestalt der Kurve ist allerdings frei erfunden und hat mit der Wirklichkeit vermutlich nichts zu tun. Das genaue Aussehen der Laffer-Kurve, insbesondere die Lage des Maximums, ist heftig umstritten. Zahlreiche Publikationen befassen sich damit, den Zusammenhang zwischen Steuersätzen und daraus resultierendem Staatseinkommen mit Hilfe von mathematischen Modellen zu untersuchen. Dabei beschreibt man die Vorgänge in der Volkswirtschaft mit Hilfe eines Systems von Gleichungen, die miteinander gekoppelt sind. So hängen die Einnahmen des Staates aus Einkommenssteuern nicht nur von den Steuersätzen ab, sondern auch davon, wie viele Menschen arbeiten und was sie dabei verdienen. Die Höhe der Bruttogehälter hängt davon ab, wie erfolgreich die Arbeitgeber sind, also wie viele Produkte sie verkaufen. Dies wiederum hängt unter anderem davon ab, wie viel → Geld die Menschen nach Abzug der Steuern übrig behalten und somit ausgeben können, was logischerweise wiederum mit den Steuersätzen zu tun hat. Insgesamt entsteht ein komplexes, verschachteltes Gefüge.

Hier nur einige wenige Resultate aus solchen Modellrechnungen. Die Laffer-Kurve, die Peter Ireland in einer Studie aus dem Jahr 1994 erhält, hat ihr Maximum bei Steuersätzen von 15 Prozent. Mit einem etwas anderen Modell errechnete Paul Pecorino 1995 einen optimalen Steuersatz zwischen 60 und 70 Prozent. In einer weiteren Arbeit aus dem Jahr 1982 erhielt Don Fullerton gar einen optimalen Steuersatz von 79 Prozent. Das sind verwirrend unterschiedliche Zahlen. In einer aktuelleren Arbeit aus dem Jahr 2005 versuchten N. Gregory Mankiw und Matthew Weinzierl eine etwas allgemeinere Aussage zu treffen und führten zahlreiche Erweiterungen ein, die das Modell näher an die Realität bringen sollten. Sie kamen unter anderem zu dem Schluss, dass die Wirtschaft sehr empfindlich auf Steueränderungen reagiert und sich Steuersenkungen so zum Teil selbst finanzieren können. In welchem Ausmaß dies geschieht, ist jedoch schwer vorauszusagen. Ob es überhaupt möglich ist, tatsächlich mehr einzunehmen, wenn man weniger Steuern verlangt – wie von Laffer beschrieben –, ist unklar.

Die realistische Simulation einer Volkswirtschaft ist eine schwierige Aufgabe. Auch wenn die Modelle komplex und ausgereift sind, geben sie die Wirklichkeit nur stark vereinfacht wieder, weil die Wirklichkeit noch komplexer und ausgereifter ist. Die Einkommenssteuer zum Beispiel ist in vielen Ländern (unter anderem in Deutschland) progressiv – für höhere Einkommen gelten auch höhere Steuersätze. So kann es sein, dass für eine bestimmte Einkommensgruppe ein Laffer-Effekt eintritt, weil die Steuern zu hoch sind, für alle anderen aber nicht. Zudem erzeugen viele Ausnahmen, Sonderregelungen und Ausnahmen von Sonderregelungen einen undurchdringlichen, komplizierten Wirrwarr im Steuersystem, der es beinahe unmöglich macht, vorherzusagen, was passiert, wenn man irgendwo eine Kleinigkeit verändert. Mit unseren Steuersystemen haben wir über die Jahrhunderte vielbeinige Monster herangezüchtet, die schwer zu bändigen sind.

In Laffers Veröffentlichungen zu seiner Kurve findet man ausführliche Belege für seine Theorie, insbesondere bezogen auf Ereignisse in der jüngeren Geschichte der Vereinigten Staaten. Diskutiert werden unter anderem die Steuersenkungsprogramme unter den Präsidenten John F. Kennedy in den 1960ern und Ronald Reagan in den 1980ern. In beiden Fällen finden sich klare

Hinweise, dass die Steuersenkung positive Auswirkungen auf das Wirtschaftswachstum hatte – das war aber gar nicht das Ziel. Eigentlich sollten sich die Gesamtsteuereinnahmen des Staates erhöhen, und das lässt sich schon nicht mehr eindeutig belegen. Schlimmer noch: Es wäre selbst im Erfolgsfall praktisch unmöglich, einen kausalen Zusammenhang zwischen Steuersenkungen und Veränderungen der Einnahmen des Staates nachzuweisen, weil es in der Rechnung viel zu viele Unbekannte gibt. Ein Beispiel: Die Gesamtsituation in der Volkswirtschaft hängt nicht nur von der Situation im eigenen Lande, sondern unter anderem auch von der Produktnachfrage im Ausland ab. So ist es vorstellbar, dass Menschen in Deutschland weniger amerikanisches Ketchup kaufen, weil im eigenen Land gerade eine neue Ketchupbilligmarke in den Läden aufgetaucht ist. Oder weil Deutschland eine Sonderketchupsteuer eingeführt hat, die die Menschen dazu bringt, verstärkt Senf zu verwenden.

Und letztlich kann man die gesamte Diskussion auf den Kopf stellen, indem man fragt, ob es überhaupt die Aufgabe des Staates sein sollte, seine Steuereinnahmen zu maximieren. Denn Steuern sind nicht nur eine Einnahmequelle des Staates, sondern können überdies zur Beeinflussung und Lenkung von Verhaltensweisen eingesetzt werden. Ein gutes Beispiel ist wiederum die eingangs angeführte Tabaksteuer: Wird sie nur erhoben, um mehr Einnahmen aus den Rauchern herauszupressen, oder soll sie im Gegenteil die Menschen dazu bewegen, das Rauchen aufzugeben? In letztgenanntem Sinne wären weniger Steuereinnahmen, also weniger verkaufte Zigaretten, sogar als Erfolg zu werten. Dies führt direkt zur Frage, inwieweit sich ein Staat in das Leben seiner Bürger einmischen sollte. Sind Staaten lediglich eine Art Wirtschaftsunternehmen, die bestimmte Leistungen anbieten (zum Beispiel den Bau von Straßen) und dafür über Steuern bezahlt werden? Oder haben sie zusätzlich die Aufgabe, sich um das Wohlergehen, die Erziehung und die Gesamtausrichtung der Gesellschaft zu kümmern? Abhängig davon, wie man diese Frage beantwortet, kann die Diskussion um die Laffer-Kurve am Ende auch vollkommen irrelevant sein.

Was man auch davon halten mag – die Grundidee der Laffer-Kurve jedenfalls ist von einer kaum zu überbietenden Schönheit und Klarheit: Wird eine an sich gute, nützliche Sache – Blutsaugen zum Beispiel – im Übermaß betrieben, so wirkt sie entgegen der ursprünglichen Absicht und ist somit schädlich. Diese Idee führt daher direkt zu einer Generalkritik am Übermaß. Essen ist lebensnotwendig und prinzipiell eine gute Idee, zu viel jedoch ist ungesund und führt zur Verfettung. Medikamente helfen nur, wenn sie nicht in Überdosis eingenommen werden. Strafen haben bestenfalls dann einen erzieherischen Effekt, wenn sie nicht zu kurz oder zu lang, sondern angemessen ausfallen. Nur Alexander Solschenizyn ist da anderer Meinung und behauptet, dass Haftstrafen unter 25 Jahren nur verrohen, alles darüber jedoch sittigend wirke. Hoffentlich kommt nie jemand auf die Idee, diese Philosophie aufs Steuersystem zu übertragen.

Leben

> *Und Gott sprach zu einem Klumpen Schlamm: Steh auf!*
> *Ich, Schlamm, stand auf und sah, wie schön Gott alles hergerichtet hatte.*
> *Ich kann mich nur dann ein winziges bisschen wichtig fühlen, wenn ich an all den Schlamm denke, der nicht aufstehen und sich umsehen darf.*
> *Ich bekam so viel, der meiste Schlamm so wenig.*
> Kurt Vonnegut: «Katzenwiege»

Auch heute noch ist vollkommen unklar, wie das Leben auf die Erde kam. Obwohl sich ganze Legionen von Astronomen, Geologen, Chemikern und Biologen mit dieser Frage befassen, sind wir einer Antwort «nicht viel näher als die alten Griechen», wie die Astrophysiker Eric Gaidos und Franck Selsis in einer Zusammenfassung der Lage feststellen. Weil wir nur ein Beispiel für Leben im Universum kennen, nämlich das auf der Erde, muss sich die Forschung zwangsläufig auf diesen einen Spezialfall beschränken. Das ist etwas riskant, denn die Betrachtung eines solchen Spezialfalls kann zu völlig falschen Schlüssen führen, aber es bleibt nichts anderes übrig. Ob wir eine typische Form von Leben sind oder eine eher exotische Entwicklung, sollen künftige Generationen herausfinden.

Es ist noch nicht lange her, da ging man davon aus, dass Leben schon irgendwie spontan aus → Wasser oder Schlamm entstehen würde. Es gab dafür schließlich handfeste Beweise, denn wenn man Abfall und Müll nur eine Weile stehen ließ, kamen scheinbar ganz von alleine Maden und Ratten aus ihm hervor. Die Erfindung des Mikroskops im Jahr 1590 war der Anfang vom Ende dieser schönen, simplen Theorie. Louis Pasteur schlug 1864 den letzten Nagel in ihren Sarg: Sah man sich nämlich die vermeintlich unbelebte Materie etwas genauer an, so stellte sich heraus, dass Leben allgegenwärtig ist – selbst im Abfall.

Die Suche nach dem Ursprung des Lebens auf der Erde ist von doppelter Schwierigkeit. Zunächst muss man herausfinden, wie die Erde kurz nach ihrer Geburt aussah, was bereits nicht leicht ist. Und wenn man das weiß, muss man aus dem, was man auf der leblosen Erde zur Verfügung hat, Leben herstellen, zunächst seine allereinfachsten Bausteine, insbesondere Aminosäuren, die Bestandteile des Eiweißes, und daraus dann primitive Lebensformen. Wie aus diesen in der Folge Pantoffeltierchen und Deutsche Schäferhunde entstehen, ist eine andere Frage, die hier nicht behandelt werden soll.

Wir wissen heute mit großer Sicherheit, dass sich die Erde vor ziemlich genau 4,6 Milliarden Jahren aus einem Schutthaufen bildete, der die Sonne umkreiste – den Resten des Materials, aus dem zuvor die Sonne entstanden war. Aber leider hat niemand die Entwicklung der jungen Erde vernünftig dokumentiert. Alles, was man uns aus den ersten 500 Millionen Jahren hinterließ, ist eine Handvoll alter Steine. Schlimmer noch: Das erste Leben hat überhaupt nichts Brauchbares für uns hinterlassen. Die ältesten Nachweise von Leben sind verschiedene versteinerte Kleinstorganismen, die zwischen 3,5 und 3,8 Milliarden Jahre alt sein dürften – hart umstrittene Zahlen natürlich. Diese Lebewesen und alles, was danach kam, stammen vermutlich von einem «letzten gemeinsamen universalen Vorfahren» («last common universal ancestor», auch LUCA genannt) ab, von dem man lange annahm, dass er vor circa 3,9 Milliarden Jahren die Bühne betrat. Mittlerweile scheint es wahrscheinlicher, dass es bereits vorher losging, auf einer höchst unwohnlichen Erde, die von Kometen und Meteoriten bombardiert wurde und auf der Vulkanausbrüche an der Tagesordnung waren. Es waren die dunklen, wüsten Zeiten der Erdgeschichte, in die man nicht einfach ein Kamerateam von «National Geographic» schicken kann, um bunte Bilder zu erhalten.

Eines weiß man sicher über die frühe, leblose Erde: Es gab noch keinen Sauerstoff; den haben netterweise die ersten Lebewesen für uns produziert. Davon abgesehen ist die Zusammensetzung der Uratmosphäre allerdings umstritten. Seit etwa den 1920er Jahren ist die Vorstellung verbreitet, dass sie im Wesentlichen aus Methan und Ammoniak bestand. Beide Gase riechen ziemlich unangenehm, was nicht gerade dazu beitrug, die frühe Erde zu einem angenehmeren Ort zu machen. Eine solche Atmosphäre hätte jedoch einen entscheidenden Vorteil: Sie bietet günstige Voraussetzungen zur Herstellung von Aminosäuren. Im Jahr 1953 demonstrierte Stanley Miller dies erstmals im Labor. Miller, damals noch Student, versammelte unter Anleitung seines Professors Harold Urey die vermeintliche Uratmosphäre in einem Gefäß, füllte Wasser in ein anderes und ließ beides durch elektrische Entladungen, Blitze also, miteinander wechselwirken. Tatsächlich ergab dieses einfache Kochrezept eine Ursuppe aus Aminosäuren, über deren Geschmack allerdings nichts überliefert ist. Ähnliche Experimente wie Miller und Urey hatte schon 1871 Charles Darwin angestellt, wenn auch nur im Inneren seines Kopfes. Er spekulierte über einen «warmen Teich mit allen möglichen Ammonium- und Phosphorsalzen, Licht, Hitze, Elektrizität», aus dem sich die Bausteine des Lebens formen. Für den Anfang des Lebens braucht man also eine stinkende Atmosphäre, genug Wasser und heftige Gewitter.

Natürlich nur, falls es wirklich Methan und Ammoniak in der Uratmosphäre gab, worüber man sich immer noch nicht einig ist. Aber selbst wenn die Atmosphäre so war, wie sie sich Urey und Miller vorstellten – wo kam das Wasser her? Wasser ist eine unabdingbare Voraussetzung für die Entstehung und Entwicklung von Leben, ohne Wasser kein Urozean und ohne Urozean keine Ursuppe. Wie das Wasser auf die Erde kam, ist allerdings wiederum unbekannt. In einigen Theorien geht man davon aus, dass wasserreiche Himmelskörper, zum Beispiel Meteoriten oder Eiskristalle, die Erde erst relativ spät mit Wasser belieferten. Andere Forscher bauen die Erde aus mehreren kleinen Planetenembryos zusammen, von denen einige Wasser mitbringen. Alle Ansätze sind problematisch. Manchmal kommt zwar Wasser an, aber es verschwindet sofort wieder, manchmal kommt auch Wasser an, aber nur, wenn man großes Glück hat, manchmal klappt es auch überhaupt nicht. Und weil umstritten ist, wie und wann Wasser auf die Erde kam, ist auch fraglich, ob die Herstellung von Aminosäuren auf der frühen Erde funktionierte, selbst wenn es eine passende Atmosphäre gegeben haben sollte.

Aber ginge es nicht auch viel einfacher? Diese Frage taucht vermehrt auf, seitdem in der Nähe von Murchinson, einer Provinzstadt in Australien, im Jahr 1969 ein Meteorit herunterfiel, ein außerirdischer Felsbrocken, dessen Weg die Erde kreuzte – im Prinzip nichts anderes als eine besonders große Sternschnuppe. Überraschenderweise enthielt der Murchinson-Meteorit jede Menge Aminosäuren, also genau die Dinge, die man bisher versuchte, mit Chemie auf der Urerde herzustellen. Es ist denkbar, dass ähnliche Meteoriten die frühe Erde mit den Bestandteilen des Lebens belieferten. Das klärt natürlich nicht im mindesten, wie denn die Aminosäuren in die Felsbrocken aus dem All gerieten.

Nimmt man einmal an, dass auf irgendeine Weise Aminosäuren und weitere Grundbestandteile des Lebens auf die Erde kamen, so stößt man sofort auf die nächsten Rätsel. Aminosäuren sind gut und nützlich, aber noch lange kein Leben. Am Ende sollen daraus Kolibris und Gummibäume entstehen, oder wenigstens zunächst einmal so schlichte Lebensformen wie Bakterien. Die Weiterentwicklung von organischen Molekülen (wie Aminosäuren) zu den ersten Lebensformen ist ebenfalls ungeklärt. Es ist kaum möglich, in Kürze alle Argumente darzustellen, die für und wider verschiedenste Theorien dieser sogenannten chemischen Evolution abgewogen werden. Seit den 1980er Jahren sind Modelle populär, in denen die dazu erforderlichen Prozesse in unmittelbarer Nähe von heißen Tiefseequellen ablaufen, etwa an Orten, wo vulkanische Lava ins Meer fließt. Andere Theorien bevorzugen eher normale Temperaturen in einer Umgebung, die abwechselnd nass und trocken ist, im Watt zum Beispiel. Auch was im ersten Schritt der chemischen Evolution aus den Aminosäuren wird, ist unklar. Das Grundproblem lässt sich wie folgt umreißen: Wie man aus Aminosäuren komplexere Bausteine zusammensetzt, steht in der genetischen Datenbank des zu bauenden Lebewesens, der DNA. Die aber gibt es ja noch gar nicht. Es ist eine verfahrene Situation: Um die Gebrauchsanweisung zusammenzubauen, braucht man die Gebrauchsanweisung. Eine moderne Variante, diesem Teufelskreis zu entkommen, ist die sogenannte «RNA-Welt», in der ein vielseitiger chemischer Baustein namens RNA gleichzeitig die Funktion von Architekt und Bauarbeiter übernimmt, auf primitive Art und Weise zwar, aber immerhin. Wo auch immer das geschehen und wie es abgelaufen sein mag: Am Ende der chemischen Evolution enstand LUCA, der gemeinsame Vorfahr von Mensch, Mücke und Mikrobe.

LUCA muss ein einzigartiges Wesen gewesen sein, denn alle nachfolgenden Lebewesen funktionieren genau wie er, auf der Grundlage von Eiweißen und DNA. Rätselhaft ist allerdings, ob die chemische Evolution lediglich LUCA hervorbrachte oder gleich noch eine ganze Reihe anderer Urlebewesen. Die erste Variante würde bedeuten, dass der Prozess der Hervorbringung von Lebensformen nicht sonderlich robust ist und Leben im Universum somit ein eher seltenes Phänomen darstellt. Das können wir weder bestätigen noch widerlegen, weil wir da draußen bisher niemandem begegnet sind. Wenn aber am Anfang mehrere verschiedene Lebensformen entstanden, hat LUCA dann alle seine Mitbewohner ausgerottet? Und wenn ja, warum sollte er so etwas Ungehöriges tun? Weder LUCA noch seine hypothetischen Konkurrenten hinterließen Tagebücher, die uns über die dunklen Machenschaften in den ersten 600 Millionen Jahren der Erdgeschichte aufklären könnten.

Bevorzugt wird heute eine Theorie, nach der es auf der frühen Erde verschiedene Lebensansätze gab, von denen einige vollkommen anders funktioniert haben könnten als alles, was heute in der Welt herumläuft. Aber nur einer von ihnen, unser Vorfahr LUCA, überlebte ein gewaltiges Massenaussterben vor etwa 3,9 Milliarden Jahren, zum Beispiel, weil er ein gutes Versteck in der Tiefsee hatte. Eine mögliche Ursache für ein solches Massenaussterben wäre ein mörderisches Bombardement aus dem All – eine Vielzahl von großen Meteoriten, die auf die Erde niedergingen. Zumindest auf dem Mond ist ein solches

Ereignis nachgewiesen worden. Nach dieser Annahme sterilisierte der Beschuss unseren Planeten und bildete somit einen «Flaschenhals» in der Entwicklung des Lebens, den nur eine einzige Lebensform passieren konnte, die sich danach ungestört ausbreitete.

Es gibt jedoch auch ganz andere Ansätze, denn die frühe Erdgeschichte ist wie kaum eine andere Epoche in der Lage, interessante Annahmen aus renommierten Forschungsinstituten hervorzulocken. LUCA könnte zum Beispiel kurzfristig ausgewandert und so dem Aussterben entgangen sein: einkapseln, an einem Felsbrocken festhalten und quer durchs Sonnensystem zu einem anderen Ort fliegen. Diese absurd klingende Anhalter-Theorie ist kein Scherz. Man kann sich zum Beispiel vorstellen, dass ein Asteroid die Erde trifft und durch den Aufprall einige Felsbrocken mitsamt LUCA ins All geschleudert werden. Auf diese Weise könnte LUCA zwischen den Planeten Erde, Venus und Mars hin und her gependelt sein.

Wenn es aber einen interplanetaren Transport von Lebensbestandteilen gab, dann muss Leben gar nicht ursprünglich auf der Erde entstanden sein. Es könnte auch von anderen Orten stammen, zum Beispiel vom Mars, was auch erklären würde, warum man auf der Erde keine Spuren dieses frühen Lebens findet. Sind wir also letztlich die langgesuchten Marsmenschen, nur seit ein paar Milliarden Jahren auf Klassenfahrt zum blauen Nachbarplaneten? Nicht zuletzt deshalb reagieren Wissenschaftler beinahe hysterisch, wenn sie Überreste von Leben auf dem Mars finden. Da der «Rote Planet» eine stabile Oberfläche hat und zudem ein relativ kaltes Klima, könnten uralte Anzeichen von Leben bis heute erhalten geblieben sein. Im Jahr 1996 dann die große Sensation: Auf einem Stein namens ALH84001, der vom Mars stammt und in der Antarktis gefunden worden war, entdeckte man mikroskopische Spuren von Kleinstlebewesen, die, so sagte man zunächst, nur vom Mars stammen können.

Leider hatte man sich zu früh gefreut: Die nachfolgenden Überprüfungen lassen eher einen irdischen Ursprung vermuten – kein außerirdisches Leben also auf ALH84001. Trotzdem ist der Ansatz weiterhin vielversprechend. Vielleicht ist Mars nicht nur der Ursprung des Lebens, sondern auch das Archiv seiner Entstehung.

Zu guter Letzt ist es noch denkbar, dass Leben entstand, bevor es überhaupt Planeten gab. Ein früher Ansatz in diese Richtung war die Panspermien-Hypothese, der zufolge in Sporen verkapselte Bakterien allgegenwärtig sind im All und in den Gas- und Staubwolken der Milchstraße vor sich hin vegetieren. Direkte Beweise fehlen bislang, wenn man davon absieht, dass einige das Phänomen des → Roten Regen in Indien für eine Bestätigung der Panspermien-Theorie halten. Inzwischen gewinnt eine ähnlich klingende Variante an Bedeutung: Leben könnte auf Asteroiden entstanden sein, den kleinen, unscheinbaren Felsen, die zu Hunderttausenden im Sonnensystem herumfliegen. In Form der Asteroiden verfügt das Sonnensystem über eine Vielzahl von Mini-Welten mit unterschiedlicher chemischer Zusammensetzung, Bauart und Temperatur, ein schöner Riesensandkasten, in dem die Anfänge des Lebens herumspielen können, sodass die Wahrscheinlichkeit, einmal eine ausgewachsene Bakterie zu erhalten, viel höher ist als auf den Planeten. Wie immer gibt es auch hier gute Gegenargumente. Zum Beispiel stellt sich die Frage, warum wir auf einem Asteroiden noch nie Formen von Leben gefunden haben, obwohl viele Asteroiden genau untersucht wurden. Vielleicht liegt es daran, dass der einzige Asteroid, der Leben hervorbrachte, vor vier Milliarden Jahren auf der Erde landete – und die Entwicklung von höheren Lebensformen erst ermöglichte. Unsere eigene Existenz ist also letztlich der Beweis für die Asteroidentheorie – und gleichzeitig für jede andere.

Los-Padres-Nationalpark

Das Land ist dürre, unfruchtbar und kalt, ob es wohl also gelegen, daß es vielmehr heiß oder doch temperiert seyn solte. Es sind daselbst häuffig Heuschrecken.

«Kalifornien», aus: Zedlers großes vollständiges Universallexicon aller Wissenschaften und Künste, 1732–1754

Am 21. August 2004 brach im kalifornischen Los-Padres-Nationalpark ein Buschbrand aus. Das ist noch nichts Besonderes und passiert dort so häufig, dass die Feuerwehr vermutlich Alarm auslöst, wenn mal nichts in Flammen steht. Als sich der Boden aber auch mehrere Tage nach Löschung des Brandes nicht abkühlen wollte, benachrichtigten die Feuerwehrleute vorsichtshalber den Geologen des Nationalparks, Allen King. Mit Hilfe eines Erkundungsfluges und wärmesensitiver Aufnahmen fand man heraus, dass das Feuer die ungewöhnliche Hitze gar nicht verursachte, sondern über einem ungefähr 12 000 Quadratmeter großen, offenbar mit Fußbodenheizung ausgestatteten Areal ausgebrochen war. In knapp vier Meter Tiefe wurden an der heißesten Stelle 307 Grad Celsius gemessen. Schon in zehn Zentimeter Tiefe war der Boden bis zu 256 Grad warm. Diese heißesten Flecken innerhalb des Gebietes sind, wie eine genauere Vermessung später ergab, lokal eng begrenzt: Sie erstrecken sich weniger als zehn Meter in die Tiefe und messen nicht einmal einen Quadratmeter.

Leider wurde die Gegend in den nächsten Monaten entweder nicht sehr häufig untersucht, oder aber die zuständigen Geologen hatten Besseres zu tun, als regelmäßig neue Ergebnisse zu veröffentlichen. Bei einer Folgeuntersuchung zehn Monate später hatte sich der Boden jedenfalls nur leicht abgekühlt: An der heißesten Stelle wurden jetzt 296 Grad gemessen. Zur Erklärung der ungewöhnlichen Bodentemperaturen gibt es nur wenige Hypothesen: Größere Öl-, Gas- und Kohlevorkommen sind in der unmittelbaren Nachbarschaft nicht bekannt, radioaktive Strahlung, Anzeichen für Explosionen oder vulkanische Aktivitäten sind ebenfalls nicht im Spiel. Heiße Quellen kommen im Los-Padres-Nationalpark zwar vor, allerdings nur anderswo.

Allen King zufolge gibt es in etwa einem Kilometer Entfernung eine größere und in der Nähe der heißen Stelle zahlreiche kleinere Verwerfungen. Von dort aus könnten sich brennbare Gase wie Methan herangeschlichen und unterirdisch entzündet haben, die sich vorher versteckt hielten. Da sich die Stelle auf dem Gelände eines etwa sechs Jahre zurückliegenden Erdrutsches befindet, wird auch eine chemische Reaktion zwischen dem Luftsauerstoff und den Mineralien im zerbröselten Gestein diskutiert. King vermutet, dass im Gestein enthaltene Sulfide, namentlich Pyrit und Markasit, beim Kontakt mit Sauerstoff Wärme abgeben und das – unter Luftabschluss abgelagerte – organische Material im Gestein dadurch oxidiert wird. Bei einer Expedition im Dezember 2005 fand man zwar keinen Pyrit, aber viele Eisen-Sauerstoff-Verbindungen, die beim Zerfall von Pyrit entstehen können. Wenn der Pyrit vor Ort so knapp ist, diente sein Zerfall ja vielleicht nur als Zünder für ausströmendes Erdgas? Das hält jedenfalls Scott Minor vom Geologischen Dienst der USA für möglich. Bei oberflächlichen Messungen konnte man zwar Kohlenmonoxid und Kohlendioxid nachweisen, was für einen Verbrennungsprozess spricht, es fehlt aber eine bestimmte Heliumvariante, die typisch für Erdgasvorkommen ist. Bei derselben Untersuchung stellte sich nebenbei heraus, dass die Temperatur zwar fast überall gesunken, an zwei Messpunkten aber wieder angestiegen war.

Es ist sehr freundlich vom kalifornischen Untergrund, den Abkühlprozess so lange hinauszuzögern, bis die Forschung alle Erklärungsmodelle durchprobiert hat. Leider ist die genaue Lage der heißen Stelle bisher nur Fachleuten bekannt. Wer

Urlaub im Los-Padres-Nationalpark macht, sollte also seinen eigenen Campingkocher mitbringen und sich nicht darauf verlassen, dass die gütige Mutter Natur ihm seine Tütensuppe schon wärmen wird.

Menschengrößen

You can't teach height.
Frank Layden, ehemaliger Basketball-Trainer

Menschen sind bei der Geburt winzig klein und erreichen schon nach wenigen Lebensjahren eine Größe, die es kaum noch erlaubt, sich vorzustellen, dass das Kind einst komplett im Bauch der Mutter Platz hatte. Nach etwa zwanzig Jahren dann ist bei den meisten von uns eine Gesamthöhe von anderthalb bis zwei Metern geschafft. Der dazwischen ablaufende Wachstumsprozess verläuft schleichend und ist daher nur indirekt an den Strichen an der Küchentür zu beobachten. Vieles am Wachstum ist unbekannt und nicht genau verstanden. Hier aber soll es vor allem um die Frage gehen, was am Ende die Größe des Menschen bestimmt. Warum sind manche kleiner und andere größer?

Wichtig für die endgültige Größe eines Menschen sind seine genetischen Anlagen, die beim Zusammenbau von neuen Kindern fest installiert werden. Das Erbgut ist vor allem bei der Betrachtung von Einzelfällen von Bedeutung – kleine Eltern setzen selten große Kinder in die Welt und große Eltern selten kleine. Mittelt man jedoch über ganze Völker, so verschwinden solche individuellen Unterschiede weitestgehend. Inwieweit die durchschnittliche Körpergröße in einer großen Bevölkerungsgruppe von den Genen unabhängig ist, kann man zum Beispiel überprüfen, indem man zwei Probandengruppen vergleicht, die zwar ähnliche mittlere genetische Voraussetzungen aufweisen, aber längere Zeit rigoros voneinander getrennt waren. Eine solche Trennung wurde, ohne Absprache mit der Wissenschaftswelt, über vierzig Jahre in Deutschland aufrechterhalten. Das Ergebnis dieses «Experiments»: Die Menschen in der DDR waren am Ende im Mittel etwa einen Zentimeter kleiner als die im Westen Deutschlands. Noch drastischer fallen die Unterschiede zwischen Nord- und Südkorea aus. Daniel Schwekendiek von der Universität Tübingen fand heraus, dass sechsjährige Jungen in Nordkorea im Jahr 1997 mehr als 15 Zentimeter kleiner waren als ihre Altersgenossen in Südkorea. Weil Nord- und Südkoreaner sich aber innerhalb einiger Jahrzehnte nicht genetisch auseinanderentwickelt haben können, müssen andere Einflüsse für diese Unterschiede verantwortlich sein. Das Erbgut, so wird heute meist angenommen, legt nur die Obergrenze des Wachstums fest. Wie weit man dann tatsächlich in die Höhe schießt, wird auf andere Art und Weise bestimmt.

Menschen wachsen wie alle Lebewesen nur, wenn man ihnen Dinge zuführt, aus denen sie neue Zellen bauen können: Eiweiße, Kohlenhydrate, Fette, außerdem größere Mengen Luft und Wasser und zudem noch eine lange Liste von sonstigen Stoffen. Dass die Zusammensetzung und Menge der Nahrung Auswirkungen auf die mittlere Körpergröße hat, steht heute außer Frage. Ernährung ist aber bei weitem nicht der einzige Faktor. Krankheiten zum Beispiel hemmen das Wachstum, weil das Kind seine Kraft zu ihrer Bekämpfung einsetzt und kaum noch Energie zum Größerwerden zur Verfügung hat. Deshalb spielt offenbar die Krankheitsvorsorge eine Rolle, also Impfungen, Vorsorgeuntersuchungen und regelmäßige Überwachung der Gesundheit der Kinder. Weiterhin scheint die Größe der Menschen von so schwer messbaren Dingen wie Zuneigung, Geborgenheit und Glück abzuhängen. Maria Colwell, ein in den 1960er Jahren geborenes englisches Mädchen, hörte, so sagt man, jeweils mit dem Wachsen auf, wenn man sie zu ihren Eltern ließ, weil es ihr dort schlecht erging. Brachte man sie ins Krankenhaus, wurde sie umgehend größer. Andere Kinder wie Oskar Matzerath sind überzeugt davon, dass Großwerden sich nicht lohnt, und auch Pippi Langstrumpf beschwor die erbsenförmigen Kindergötter: «Liebe kleine Krummelus, niemals will ich werden gruß!» Beide existieren jedoch nur in Büchern, weswegen ihre Meinung wohl nicht allzu viel Gewicht hat.

Offenbar wird die endgültige Körpergröße also von einer Ansammlung schwer fassbarer Faktoren bestimmt, die man in ihrer Gesamtheit als «biologischen Lebensstandard» bezeichnet. Nochmal zur Erinnerung: Dies gilt nur, wenn man über große Bevölkerungsgruppen mittelt, weswegen es meist unangebracht ist, sich bei seinen Eltern über unzureichende Nahrungszufuhr zu beklagen, nur weil man sich zu klein vorkommt.

Die Fachleute für das Zusammenspiel zwischen Menschengrößen und Lebensstandard, zum Beispiel John Komlos von der Universität München oder der Amerikaner Richard Steckel, nennen sich «Auxologen». Ihr Ziel ist es nicht nur, die Ursachen des Wachstums herauszufinden, sondern, wenn das einmal bekannt ist, die Körpergrößen als Indikator für die Lebensqualität des Menschen zu verwenden. Das ist eine wichtige Aufgabe, denn um Glück und Wohlstand der Menschheit zu vermehren, muss man zunächst einen Weg finden, diese schwer messbaren Größen zu erfassen. Bis weit ins 20. Jahrhundert hinein wurden solche schwammigen Konzepte wie «gesamtgesellschaftliches Wohlbefinden» aus Mangel an Alternativen vorwiegend mit Hilfe von Daten aus der Wirtschaftsforschung erfasst. Man ging einfach davon aus, dass es den Menschen insgesamt besser gehen würde, wenn das Bruttosozialprodukt zunimmt. Leider hängen für die Lebensqualität ausgesprochen wichtige Faktoren wie die Verbrechensrate, die Sicherheit des Arbeitsplatzes oder die Nähe zum Schwimmbad nur sehr indirekt von reinen Wirtschaftsdaten ab. Daher wäre es wünschenswert, das Wohlbefinden der Menschheit mit besseren, objektiveren Maßstäben zu messen, zum Beispiel mit Hilfe der Körpergrößen. Ein wichtiger Vorteil: Sie sind leicht erfassbar, auch bei Leuten, die schon seit Jahrhunderten tot sind.

In vielen Fällen ist der Zusammenhang zwischen Lebensstandard und Größe der Menschen unstrittig. So steigt die mittlere Körpergröße in den meisten Ländern der sogenannten Ersten Welt seit der Industrialisierung stetig an. Der durchschnittliche Europäer ist heute etwa zwanzig Zentimeter größer als vor 150 Jahren. Andererseits sinkt die mittlere Körpergröße spürbar in Zeiten von Krieg und Vertreibung, zum Beispiel während des amerikanischen Bürgerkriegs. Auch soziale Unterschiede machen sich bemerkbar: In der zweiten Hälfte des 18. Jahrhunderts waren die 14-jährigen Jungen aus der Unterschicht etwa einen Kopf kleiner als Gleichaltrige aus wohlhabenden Familien. Schwarzafrikaner im reichen Nordamerika sind deutlich größer als ihre ehemaligen Landsleute in Afrika. Schließlich lässt sich das mangelnde Wachstum der Kinder in Nordkorea recht eindeutig auf Hungersnöte und wirtschaftlichen Zusammenbruch zurückführen. Heute leben die größten Menschen in Holland und Skandinavien – Ländern mit hohem Durchschnittseinkommen und umfassender sozialer Absicherung.

Aber es gibt wichtige Ausnahmen, die verdeutlichen, wie viele verschiedene Dinge beim Wachstum der Menschen zusammenspielen. Ein Beispiel ist das sogenannte Antebellum-Paradoxon: In der Frühphase der Industrialisierung im 19. Jahrhundert stieg das Pro-Kopf-Einkommen zwar deutlich an, die Menschen jedoch schrumpften, und zwar in allen bisher untersuchten Ländern. Wie ist das zu erklären? Warum tun die Menschen das? Man gibt ihnen mehr Geld, Eisenbahnen, moderne Fabriken – bessere Lebensqualität, möchte man meinen –, und sie werden zum Dank kleiner? An möglichen Erklärungen mangelt es keineswegs. Der Wirtschaftshistoriker Jörg Baten untersuchte das Phänomen anhand von Daten aus dem Münsterland. Dort war die Einführung der Eisenbahn schuld am Rückgang der Körpergrößen, allerdings nur in ländlichen Gegenden in direkter Umgebung der Großstadt. Der Grund: Produkte wie Milch und Eier konnten plötzlich auf dem lukrativen Markt in der Stadt verkauft werden, wodurch sich die Ernährungssituation auf dem Land verschlechterte. Gerade das Eiweiß der Kuhmilch ist von besonderer Bedeutung für den Wachstumsprozess. In manchen Gegenden findet man gar einen klaren Zusammenhang zwischen Körpergröße und Anzahl der Kühe pro Einwohner. Obwohl Eisenbahn und Kühe die Lebensqualität erhöhen, verursacht ihr Zusammenwirken unter Umständen ein Schrumpfen der Menschen.

Wie dieses Beispiel zeigt, können die Ursachen für die letztlich erreichte Größe der Menschen überaus komplex sein. Aus diesem Grund rufen Kritiker der Auxologie, zum Beispiel die amerikanische Ökonomin Mary Eschelbach Hansen, zu großer Vorsicht bei der vorschnellen Interpretation von Körpergrößen auf. Nicht in jeder Situation ist der Zusammenhang zwischen Lebensqualität und Körpergröße eindeutig und leicht durchschaubar. Manchmal hängt alles von scheinbar Nebensächlichem ab – zum Beispiel von Zügen und Kühen.

Hier nun eines der größten Rätsel der Auxologie: Die Europäer haben die Amerikaner überholt. Mitte des 19. Jahrhunderts waren Nordamerikaner im Durchschnitt sechs Zentimeter größer als Europäer. Das Land war weit, die Möglichkeiten unbegrenzt, Nahrung im Überfluss vorhanden und ernsthafte Krankheiten Mangelware. Selbst schwarze Sklaven gerieten zu dieser Zeit deutlich größer als das europäische Bürgertum. Doch dann geschah etwas Merkwürdiges. Während in Europa seit zweihundert Jahren die Durchschnittsgrößen kontinuierlich ansteigen, hörten die Amerikaner einfach auf zu wachsen. Zur Zeit des Ersten Weltkriegs betrug der Unterschied immer noch fünf Zentimeter, aber Mitte des 20. Jahrhunderts wuchsen die Europäer den Amerikanern über den Kopf. Heute sind Europäer im Mittel mehrere Zentimeter größer als US-Amerikaner. Die längsten Europäer, Holländer und Skandinavier, überragen die Amerikaner sogar um mehr als sieben Zentimeter. Und das, obwohl die Amerikaner seit etwa einem Jahrhundert die reichsten Menschen des Planeten sind.

Wo also ist hier der versprochene Zusammenhang zwischen Lebensstandard und Körpergrößen? Wenn es nicht das Geld ist, was ist es dann, das Europäer zu so ungebremstem körperlichem Wachstum ermuntert und Amerikaner nicht? John Komlos und Richard Steckel haben zahlreiche Erklärungsmöglichkeiten getestet und die meisten davon widerlegt. Die heute bevorzugte Theorie sieht die Ursachen für die Stagnation der Amerikaner in größerer sozialer Ungleichheit, geringerer sozialer Sicherheit und schlechter Gesundheitsversorgung. Holland zum Beispiel, wo die Männer im Durchschnitt über 1,80 Meter in die Höhe ragen und wo man außerdem gern Kuhmilch trinkt, hat eines der besten Gesundheitssysteme der Welt, insbesondere für Schwangere und Kleinkinder. Allgemein ist in Europa der Zugang zu Gesundheitsleistungen gerechter geregelt als in den USA; der Anteil der nicht krankenversicherten Menschen ist deutlich geringer, der Unterschied zwischen Arm und Reich kleiner.

Aber wenn soziale Ungleichheit die Lösung wäre, müsste es dann nicht irgendwo in Amerika eine Gruppe von Menschen geben, die den allgemeinen Trend nicht mitmacht, sondern weiterwächst? Irgendeine Bevölkerungsgruppe wird sich doch die besten Krankenhäuser, die fähigsten Ärzte, die teuersten Lebensmittel und die meisten Kindermädchen leisten können. Man sollte außerdem erwarten, dass die Größenunterschiede zwischen

Armen und Reichen im Laufe der Jahre ansteigen. All dies lässt sich leider nicht belegen. Es sieht so aus, als hätten alle Bevölkerungsschichten in den USA, reich und arm, schwarz und weiß, gebildet und ungebildet, vor einigen Jahrzehnten aufgehört zu wachsen. Es muss irgendeinen Faktor geben, der die Amerikaner am Wachsen hindert und der bisher übersehen wurde.

Ungeklärt ist außerdem, wie groß die Menschen überhaupt werden können. Irgendwo liegen genetische und vermutlich auch physikalische Grenzen des Wachstums, denn ein Mensch ist nun mal keine Giraffe. Aus Norwegen, auch ein Land der modernen Riesen, stammen erste Hinweise auf eine optimale, «gesunde» Körpergröße: Die Sterblichkeit der Norweger nimmt mit zunehmender Körpergröße ab, erreicht ungefähr bei 1,90 ein Minimum und steigt danach wieder an. Demzufolge würde man statistisch gesehen am längsten leben, wenn man relativ groß, aber nicht riesig ist. Sehr große Menschen erkranken beispielsweise häufiger an Krebs, und sie stoßen sich häufiger den Kopf am Türrahmen. Die gesunde Obergrenze ist bisher allerdings nirgendwo auch nur annähernd erreicht – vorerst kann der mittlere Holländer unbesorgt weiterwachsen.

Nehmen wir zum Schluss vereinfachend an, dass Menschen, die ein gesünderes Leben führen, größer werden – nochmal erinnert, nur im Durchschnitt. Selbst dann stellt sich die Frage, ob es auch ein schöneres Leben ist. Im 5./6. Jahrhundert waren die Menschen im rückständigen Bayern groß, gesund und langlebig; trotzdem hätten es vermutlich viele von ihnen vorgezogen, ein paar hundert Jahre vorher in Rom zu leben, wo es viel interessanter war und auch deutlich mehr unterhaltsame Gladiatorenkämpfe stattfanden – obwohl die Körpergrößen dort stagnierten. Wie man also die tatsächliche Lebensqualität (und nicht «nur» den biologischen Lebensstandard) misst, darüber sollte man vielleicht nochmal nachdenken.

Nord-Süd-S-Bahn-Tunnel

Bauen ist Kampf gegen das Wasser.
Bernd Hillemeier, Professor für Baustoffkunde

Eine zuverlässige Quelle für Dinge, über die man nichts Genaues weiß, sind Weltkriege. Hinterher will es meist niemand gewesen sein, erschwerend kommt hinzu, dass wichtige Unterlagen verbrannt, auf der Flucht verlegt oder vom Sieger als Souvenir mit nach Hause genommen worden sind. Greifen wir ein Beispiel heraus: In den letzten Tagen des Zweiten Weltkriegs wurde in Berlin die Decke des S-Bahn-Tunnels unter dem Landwehrkanal gesprengt, sodass ein großer Teil des Tunnelsystems voll Wasser lief. Wozu das jetzt wieder gut sein sollte, ob die Deutschen oder die Russen schuld waren, wie viele Menschen dabei ums Leben kamen und selbst der Zeitpunkt der Sprengung sind bis heute umstritten. Allerdings wüsste man über dieses auch für Kriegsverhältnisse dramatische Ereignis noch viel weniger, wenn nicht das Berliner Kreuzberg-Museum in den frühen 1990er Jahren für gründliche Dokumentation gesorgt hätte. 1989 hatte die Kreuzberger Bezirksverordnetenversammlung beschlossen, eine Gedenktafel für die Opfer aufzustellen, und das Museum mit den nötigen Recherchen beauftragt. Weil aber nicht zu ergründen war, was auf dieser Gedenktafel eigentlich stehen müsste, gibt es sie bis heute nicht. Gäbe es in Berlin eine Stadtführung zu unsichtbaren und nicht existierenden Sehenswürdigkeiten, dann könnte man die fehlende Tafel auf halbem Weg zwischen den U-Bahnhöfen Möckernbrücke und Gleisdreieck betrachten. Dort verlaufen S-Bahn und Landwehrkanal heute wieder ordentlich auf zwei Etagen.

Dass der Tunnel von innen heraus (also nicht etwa durch Artilleriebeschuss von außen) und mit enormer Sprengkraft zerstört wurde, ist einer der wenigen unstrittigen Punkte. Die teilweise über einen Meter dicke Stahlbetondecke wurde auf mehreren Metern aufgerissen. Einem Berliner Sprengunternehmen zufolge waren dafür Sprengstoffmengen im Tonnenbereich, mehrstündige Vorbereitungsarbeiten und genaue Ortskenntnisse erforderlich. Das einströmende Wasser aus dem Landwehrkanal floss zum Bahnhof Friedrichstraße, von dort in die heutige U6, am U-Bahnhof Stadtmitte in den Tunnel der heutigen U2 und füllte am Alexanderplatz gleich noch die Linien U8 und U5. Damit stand der größte Teil der unterirdischen Berliner Verkehrswege unter Wasser.

In vielen Berichten über die Flutung ist von einem Befehl zur Sprengung die Rede, der allerdings bisher nicht nachgewiesen werden konnte. Die Kulturhistorikerin Karen Meyer wendet in ihrem Bericht für das Kreuzberg-Museum ein, die Deutschen könnten kein großes Interesse an einer Sprengung gehabt haben, da die U- und S-Bahn-Schächte SS und Wehrmacht als letzte Bastion dienten. Für die Russen war es zum vermuteten Zeitpunkt der Sprengung bereits einfacher, oberirdisch vorzudringen, sodass man sie durch die Flutung des Tunnels kaum in ihrem Vormarsch behindern konnte. Andererseits hätte die Rote Armee zwar ein Interesse an der Flutung haben können, weil so die letzten deutschen Widerstandsnester «ausgespült» werden konnten, man verfügte aber auf russischer Seite wahrscheinlich nicht über die nötigen detaillierten Pläne des Berliner Untergrunds.

Einige Berichte ohne nachvollziehbare Quellenangaben sprechen vom 26. April als Datum der Sprengung. Das Ostberliner Standardwerk «Die Befreiung Berlins 1945» nennt den 27. April, in der dort als Quelle genannten Akte des Reichsbahnarchivs findet sich jedoch nur der 2. Mai. Der 28. April taucht ebenfalls unbelegt in einigen Quellen auf, und ein einzelner, nicht weiter verifizierbarer Bericht spricht von einer Staubexplosion im S-Bahn-Schacht bei der Möckernbrücke am 29. oder 30. April, bei der die Betondecke beschädigt worden und Wasser in den Tunnel eingedrungen sei. Eine Staubexplosion genügt jedoch nicht, um die beschriebenen Schäden zu verursachen.

Einen indirekten Hinweis auf den Zeitpunkt der Sprengung liefert die Räumung des heute noch existierenden Hochbunkers am Anhalter Bahnhof. 4000 bis 5000 Frauen, Kinder und alte Menschen aus den umliegenden Wohngebieten, die dort Zuflucht gesucht hatten, wurden am 1. Mai 1945 von der SS durch den S-Bahn-Tunnel evakuiert, wobei «evakuiert» hier im weniger gebräuchlichen Sinne von «von einem relativ sicheren Ort vertrieben» verwendet wird. Die Zivilisten zogen über den S-Bahnhof Potsdamer Platz zum Bahnhof Friedrichstraße und von dort zum heutigen U-Bahnhof Zinnowitzer Straße. Zu diesem Zeitpunkt stand stellenweise Wasser im Schacht, das aber vermutlich aus Rohrbrüchen durch Artilleriebeschuss stammte und nicht über Knie- bis Hüfthöhe stieg. Das Datum der Bunkerräumung ist gut belegt. Wäre die Tunneldecke zu dieser Zeit gesprengt worden, hätte man sich zum einen im Tunnel nicht mehr fortbewegen können, zum anderen hätten sich unter den vielen tausend Evakuierten zumindest Ohrenzeugen der Explosion finden lassen müssen. Gerade im Inneren des Tunnels muss diese Explosion sehr viel lauter als der gleichzeitige Artilleriebeschuss gewesen sein; zudem hätte man in den umliegenden Bahnhöfen die Druckwelle gespürt.

Die meisten Berichte sprechen vom 2. Mai als Datum der Sprengung, ohne dabei Quellen zu nennen. In einem internen Bericht für die Reichsbahndirektion Berlin etwa heißt es: «Am 2. Mai morgens 7 Uhr 55 erschütterte eine gewaltige Detonation die Gegend der Kreuzung des Landwehrkanals mit dem Tunnel der Nordsüd-S-Bahn ...» Der Verfasser, Rudolf Kerger, der als Bauabteilungsleiter bei der Reichsbahn für die Wiederherstellungsarbeiten am Tunnel zuständig war, gibt leider ebenfalls keine Quelle an, sodass unklar ist, ob ähnliche Datierungen an anderer Stelle auf Kerger, dessen Quellen oder ganz andere Dokumente zurückgehen. Im vom Berliner Landesarchiv bearbeiteten Band «Berlin. Kampf um Freiheit und Selbstverwaltung 1945–1946» werden als Belege für die Datierung auf die «Morgenstunden des 2. Mai» der romanartige und nicht sehr faktentreue Bericht «In zehn Tagen kommt der Tod» des Amerikaners Michael A. Musmanno sowie zwei Quellen aus dem Bestand des Landesarchivs genannt. Letztere erwiesen sich bei den Nachforschungen des Kreuzberg-Museums als unauffindbar, wie das Museum überhaupt Widrigkeiten bei der Archivrecherche beklagt, «die das normale Maß überstiegen». Die genannten Akten des Landesarchivs sind zwar mittlerweile wiederaufgetaucht, enthalten aber kein Material, das zur Klärung der offenen Fragen beitragen könnte.

Nachdem das Kreuzberg-Museum 1991 einen Aufruf in der Berliner Presse geschaltet hatte, meldeten sich zahlreiche Leser, von denen sich zehn erinnern konnten, mindestens bis zur Nacht vom 1. auf den 2. Mai im Tunnel gewesen zu sein. Ein Aufsatz aus dem Jahr 1950 datiert die Flutung sogar auf die Nacht vom 3. auf den 4. Mai; der Verfasser Gerhard Krienitz gab im Gespräch mit dem Kreuzberg-Museum an, der Tunnel sei am Morgen des 2. Mai noch voller Menschen gewesen, sodass eine Flutung zu diesem Zeitpunkt seiner Meinung nach viel mehr Todesopfer gefordert haben müsste.

Aber wie viele Todesopfer gab es überhaupt? Im August 1945 beantragte das Bestattungsamt Kreuzberg beim Bürgermeister die Zuteilung von Lkw-Kapazitäten, um «schätzungsweise 1–2000 Leichen aus dem S-Bahn-Schacht» zu bergen. Weil man zunächst davon ausging, der Tunnel sei während der Evakuierung geflutet worden, und auch weil die Begeisterung der Zeitungen für Berichte voller Leichenberge merkwürdigerweise im Sommer 1945 kaum geringer gewesen zu sein scheint als heute, ist in manchen Quellen von vielen tausend Toten die Rede. Bei den Aufräumarbeiten im Tunnel barg man jedoch nur um die hundert Opfer, die womöglich bereits vor dem Wassereinbruch tot gewesen waren. Zuvor wurden an den S-Bahnhöfen bereits vereinzelt Tote aus dem Wasser gezogen, sodass das Kreuzberg-Museum ein- bis zweihundert Opfer als realistische Annahme angibt.

Die offenen Fragen lauten also: Wann fand die Sprengung statt? Warum erinnert sich niemand an die Detonation oder die Druckwelle? Gab es einen Befehl zur Sprengung? Wenn ja, von wem wurde er erteilt und welchem Zweck sollte er dienen? Das zugängliche Quellenmaterial darf als ausgeschöpft gelten, die Augenzeugen werden von Tag zu Tag weniger, aber vielleicht verbirgt sich noch unausgewertetes Material in den Akten der Reichsbahn oder den sowjetischen Archiven. Bis zur Klärung der genannten Fragen schadet es jedenfalls nichts, auf der Fahrt zwischen Yorckstraße und Anhalter Bahnhof kurz die Tatsache zu würdigen, dass das Wasser des Landwehrkanals heute wieder dort fließt, wo es hingehört, und auch sonst vieles in Berlin besser eingerichtet ist als im Mai 1945.

Plattentektonik

> *Please do not attempt to stop continental drift by yourself.*
> T-Shirt-Aufschrift

Fragt man nach den wissenschaftlichen Erfolgsgeschichten des 20. Jahrhunderts, werden oft Quantenmechanik, Relativitätstheorie oder Raumfahrt genannt, aber viel zu selten die Plattentektonik. Dabei ist die Plattentektonik, die Geschichte von der Wanderung der Kontinente, die große vereinheitlichende Theorie zum Verständnis der Erde. Sie erklärt, wo Gebirge, Ozeane und die meisten Vulkane herkommen, wieso es Erdbeben nur in bestimmten Regionen gibt, weswegen eng verwandte Tierarten auf verschiedenen Kontinenten leben, warum bestimmte Steine da liegen, wo sie liegen, wieso die Ostküste Südamerikas genau an die Westküste Afrikas passt und vieles mehr. Kaum eine andere Theorie liefert auf einen Schlag so schöne Erklärungen für so viele rätselhafte Phänomene. Aber die Freude über die Plattentektonik ist nicht ungetrübt: Gleichzeitig wirft sie einige brandneue Rätsel auf, von deren Lösung die Wissenschaft weit entfernt ist.

Als «Erfinder» der Plattentektonik wird heute meist Alfred Wegener genannt, der Anfang des 20. Jahrhunderts zahlreiche Argumente für seine Theorie vorbrachte, wobei kluge Menschen wie Francis Bacon oder Benjamin Franklin schon Jahrhunderte vor Wegener über die Möglichkeit einer Kontinentaldrift spekulierten. Es dauert dann noch eine Weile, bis sich in der zweiten Hälfte des letzten Jahrhunderts die Plattentektonik allmählich durchsetzte – eine zähe Erfolgsgeschichte. Leider bewegen sich Erdteile langsamer, als das Gras wächst (ein paar Zentimeter pro Jahr); niemand kann sich hinsetzen und ihnen dabei zusehen. Stattdessen argumentiert man indirekt: Wenn man Gestein, dessen Eigenschaften auf eine Entstehung am Äquator hindeuten, heute in Sibirien vorfindet, dann muss Sibirien früher an einer anderen Stelle gelegen haben. Auch wenn es heute so tut, als wäre es vollkommen unschuldig.

Aber wie funktioniert sie genau, die Plattentektonik? Obwohl die Idee auf den ersten Blick einfach aussieht, ist sie in Wirklichkeit erschreckend komplex. Die Erdoberfläche besteht aus einigermaßen soliden, etwa hundert Kilometer dicken «Platten», die auf einer zähflüssigen Schicht gleiten. Die meisten Platten enthalten einen Kontinent und zusätzlich Teile des Meeresbodens. An den Grenzen zwischen den Platten geht es dramatisch zu: Im einfachsten Fall schrammen zwei Platten lediglich aneinander vorbei. Es kann zu komplexen Verwerfungen, Erdbeben und Vulkanismus kommen, wie in Kalifornien, wo sich die nordamerikanische und die pazifische Platte berühren. In anderen Fällen bewegen sich zwei Platten voneinander weg; der entstehende Zwischenraum wird aus den tieferen Schichten der Erde mit flüssigem Gestein, Magma, ausgefüllt. Es bildet sich neue Erdkruste, das Meer wird größer, ein Vorgang, der heute etwa zwischen afrikanischer und südamerikanischer Platte mitten im Atlantik stattfindet. Wenn aber Ozeane wachsen und die Platten auseinanderdriften, wo laufen sie hin?

Eine frühe Erklärung des Phänomens: Die Erdoberfläche dehnt sich einfach immer weiter aus wie ein Ballon, der mit Luft gefüllt wird. Für diese Hypothese fehlt ein glaubhafter Beweis, zum Beispiel fand niemand je die Stelle, an der der Ballon aufgeblasen wird. Stattdessen setzte sich schnell die Erkenntnis durch, dass parallel zur Erzeugung neuer Erdkruste anderswo Platten vernichtet werden: Sie zerstören sich gegenseitig in gigantischen Auffahrunfällen. Genauer gesagt schiebt sich eine Platte unter die andere, ein Vorgang, den man Subduktion nennt und der mit sehenswerten Folgen für die beteiligten Platten verbunden ist. Den Himalaja zum Beispiel gibt es nur, weil sich die indische Platte rücksichtslos unter die eurasische schiebt und sie so von unten anhebt.

Wenn man, an diesem Punkt angekommen, die typische Wissenschaftlerfrage «Warum?» stellt, ist man beim Unwissen angekommen. Warum etwa bewegen sich die Platten überhaupt? Der «Motor» der Plattentektonik, da ist man sich einig, liegt tief im Innern der Erde, wo durch radioaktive Prozesse Energie freigesetzt wird – ein vorsintflutliches Kernkraftwerk. Die erzeugte Hitze wird durch sogenannte Konvektion nach außen transportiert, ein Mechanismus, den man aus jedem Kochtopf kennt: Heißes Wasser steigt nach oben, kaltes sinkt an anderer Stelle nach unten ab. Im Erdmantel passiert genau das Gleiche. Damit alles schön langsam abläuft und der Planet nicht überkocht, verwendet die Erde anstatt Wasser allerdings Gestein. Vieles an der Erdmantelkonvektion ist unverstanden, zum Beispiel wissen wir nicht genau, wo eigentlich Material nach oben aufsteigt und wo es absinkt. Sicher erscheint jedoch, dass die großräumigen Konvektionsbewegungen in irgendeiner Form beim Antrieb der Kontinentaldrift eine Rolle spielen.

Zum einen können Platten wohl direkt auf den Konvektionsströmen «reiten». Wenn die Wurzeln der Kontinente fest genug mit der unter ihnen befindlichen zähflüssigen Masse verbunden sind, bleibt ihnen gar nichts anderes übrig, als deren Fließbewegung widerwillig zu folgen. Möglicherweise treibt Nordamerika zur Zeit auf diese Art und Weise Richtung Asien. Zwei andere Prozesse sind wahrscheinlich in Subduktionszonen am Werk: Zum einen können Konvektionsströme Platten nach unten «saugen», die dagegen ähnlich hilflos sind wie ein Schwimmer, der von einem Haifisch in die Tiefe gezogen wird. Zum anderen kann die Platte aber auch schlicht untergehen, das heißt an einem Ende durch ihr Gewicht in den Schichten unter ihr versinken. Der Rest der Platte wird mitgezerrt, auch spektakuläre Protestaktionen wie Erdbeben und Tsunamis ändern daran nichts. Beide Prozesse, «Saugen» und «Versinken», bewirken letztlich dasselbe – der Rand einer Platte verschwindet allmählich von der Erdoberfläche –, aber die treibende Kraft ist in einem Fall Konvektion, im anderen Schwerkraft. Was nach der Verschleppung ins Erdinnere mit den Plattenteilen geschieht, ist wiederum nicht klar. Zerfällt die Platte gleich oder bleibt sie eine Weile erhalten und schiebt sich im Ganzen Hunderte von Kilometern in die Erde hinein? Bestimmt ist es dunkel und ungemütlich dort.

Vermutlich spielen alle genannten Prozesse eine Rolle bei der globalen Plattenwanderung. Die Kräfte an Subduktionszonen sind offenbar am stärksten und können zu atemberaubenden

Geschwindigkeiten von 15 Zentimetern pro Jahr führen. Andere Mechanismen dürften aber auch beteiligt sein, schon deshalb, weil nicht alle Platten an Subduktionszonen angrenzen. Ebenfalls noch nicht aus dem Spiel ist die Möglichkeit, dass die Anziehung zur Bewegung der Platten beiträgt.

Jede Menge offene Fragen gibt es auch um den Verlauf der Plattenwanderung. Einigermaßen sicher rekonstruieren lässt sich nur die «jüngere» Geschichte der Platten, also die letzten 500 Millionen Jahre: Vor rund 250 Millionen Jahren bildeten alle heute bekannten Kontinente eine einzige riesige Landmasse, den Superkontinent Pangäa. Man konnte, wenn man gut zu Fuß war, von Alaska bis nach Australien laufen, ohne zwischendurch erst das Ruderboot erfinden zu müssen. Noch etwas weiter zurück in der Zeit, ungefähr vor einer Milliarde Jahre, hatten sich die Erdteile schon einmal zu einem Superkontinent zusammengefunden, den man Rodinia nennt. Anders als von Pangäa gibt es von Rodinia nur sehr ungenaue Landkarten: Es ist beispielsweise umstritten, wo sich Sibirien zu dieser Zeit aufhielt. Zum Glück waren Weltreisen damals nicht besonders populär, man wäre in Teufels Küche geraten. Aber eine Milliarde Jahre ist weniger als ein Viertel der Erdgeschichte, und wie die Kontinente in den ersten dreieinhalb Milliarden Jahren aussahen, ist nur mit großer Mühe zu ergründen. Vermutet wird, dass in unregelmäßigen Abständen Superkontinente entstehen und wieder zerfallen. Die ältesten Hinweise auf einen Superkontinent, den wir Vaalbara nennen, stammen von Gesteinen, die vielleicht seit mehr als drei Milliarden Jahren über die Erde wandern.

Für die ersten drei Milliarden Jahre der Erdgeschichte ist jedoch nicht einmal klar, ob es überhaupt Plattentektonik gab und ob sie, wenn es sie gab, genauso funktionierte wie heute. Welche enormen Kräfte führten dazu, dass sich Erdteile irgendwann in grauer Vorzeit in Bewegung setzten? Die frühe Erde unterschied sich in vielerlei Hinsicht von dem, was wir heute vorfinden, zum Beispiel war sie im Inneren deutlich besser beheizt. Darum könnte sich der Antrieb der Plattentektonik, der, wie oben beschrieben, viel mit den Zuständen im Erdinnern zu tun hat, im Laufe der Zeit stark verändert haben – wie, das ist umstritten. Das Wissenschaftsmagazin «Nature» berichtete im Juli 2006 von einer Konferenz zur frühen Plattengeschichte, auf der die Teilnehmer, allesamt Experten auf diesem Gebiet, darüber abstimmten, wann die Plattentektonik auf der Erde einsetzte. Die Mehrheit immerhin vermutet einen frühen Start der Wanderung, irgendwann vor drei bis vier Milliarden Jahren – genauer kann man das bisher kaum sagen. Andere glauben an einen wesentlich späteren Beginn, und wieder andere schließen nicht aus, dass die Kontinente zwischendurch immer mal wieder längere Zeit stehenblieben, vermutlich weil sie kurz Luft holen müssen.

Plattentektonik gehört keineswegs selbstverständlich zum Repertoire von Planeten. Von anderen Planeten im Sonnensystem kennt man so ein unstetes Verhalten zumindest aus jüngerer Zeit nicht. Der Mars immerhin könnte früher einmal herumwandernde «Kontinente» besessen haben: Daten der Raumsonde «Mars Global Surveyor», die ihn seit 1999 umkreist, lassen auf Plattentektonik schließen, wie man sie von der Erde kennt. Das muss allerdings Milliarden Jahre her sein. Venus verfügt zwar über eine Oberfläche, die in vielerlei Hinsicht der der Erde ähnelt, zum Beispiel findet man Gebirge, Vulkane, tiefe Schluchten wie den Grand Canyon, alles Dinge, die auf der Erde durch Plattentektonik entstehen. Venus jedoch schafft es womöglich ohne – ob und wie, ist umstritten. Der große Jupitermond Ganymed allerdings, einer der vier Monde, die bereits Galileo Galilei entdeckte, zeigt schöne plattentektonische Verwerfungen und könnte daher wertvolle Hinweise auf Ursache und Wirkung der Kontinentaldrift liefern. Immer nur den eigenen Planeten zu betrachten, macht schließlich irgendwann betriebsblind.

Ebenso ungewiss wie ihre Vergangenheit ist die Zukunft der Platten auf der Erde, die man aus der heute gemessenen Bewegung vorherzusagen versucht. Zur Zeit zum Beispiel kollidiert Afrika mit Europa, ein Vorgang, der schon die Alpen und die Pyrenäen erzeugt hat und bereits in 50 Millionen Jahren dazu führen könnte, dass das Mittelmeer mit Sand aus der Sahara zugeschüttet wird. Und in manchen Szenarien würde in nur 250 Millionen Jahren Amerika zur Kontinentversammlung aus Europa, Asien und Afrika hinzustoßen. Wir wissen nicht so genau, ob es in Westafrika oder Ostasien andocken wird. Ob New York also in der näheren geologischen Zukunft neben Namibia liegt oder eher San Francisco in Japan, ist ungewiss. Aber auf diese Weise entstünde schon praktisch übermorgen ein neuer Superkontinent, der, je nachdem, wie er am Ende aussieht, Amasia oder (wenig kreativ) Pangäa Ultima heißen könnte. Zum Glück ist noch genug Zeit, um sich einen originelleren Namen auszudenken.

P/NP-Problem

Wer die Beschäftigung mit Arithmetik ablehnt,
ist dazu verurteilt, Unsinn zu erzählen.
John McCarthy

Manche Probleme sind so unangenehm schwierig, dass es lohnt, sich gründlich zu überlegen, ob es überhaupt eine Lösung gibt oder ob man seine Zeit mit der Suche danach verschwendet. Für die sogenannten NP-Probleme gibt es zwar eine offensichtliche

Lösung, aber bis man das Ergebnis kennt, ist einem der Bart durch den Tisch gewachsen. Leider interessieren sich enorm viele Menschen für die Ergebnisse dieser NP-Rechnungen. Sie sitzen in ihren Büros und kauen ungeduldig auf ihren Fingernägeln herum, während der Computer rechnet und rechnet. Ob es prinzipiell schnelle Lösungen für NP-Probleme gibt, das ist, grob gesagt, das sogenannte P/NP-Problem, eines der sieben mathematischen Rätsel, für deren Lösung das amerikanische Clay-Institut eine Million Dollar ausgesetzt hat. (Ein weiteres ist die → Riemann-Hypothese.) Die Lösung des P/NP-Problems würde zwar keineswegs bereits die schnelle Lösung für alle NP-Probleme der Welt mit sich bringen. Aber sie würde zeigen, ob es überhaupt Hoffnung gibt. Allerdings, so würden die meisten Experten heute sagen, sieht es eher düster aus.

Eines der bekanntesten NP-Probleme handelt von einem Händler, der mühselig durchs Land zieht, um seine Ware zu verkaufen. Die Frage ist, in welcher Reihenfolge er die Städte anfahren muss, um möglichst schnell fertig zu sein. In dieser Form ist das Problem heute allerdings gelöst: Der arme Mann erledigt seine Geschäfte einfach bei eBay. Stattdessen verreist man in der so gewonnenen Freizeit, um die Welt zu sehen. Man kauft den Reiseführer «999 Weltwunder, die man im Leben gesehen haben muss» und fährt los. Aber wo anfangen? In welcher Reihenfolge sollte man beim Abhaken der Sehenswürdigkeiten vorgehen, um nicht unterwegs zu sterben? Kann man das überhaupt alles bis zu seinem 80. Geburtstag schaffen? Und wird der Urlaub dann nicht entsetzlich stressig?

Ist man bescheiden und verlangt nur nach Eiffelturm, Big Ben, Forum Romanum und Vogelspark Walsrode, so lässt sich das Problem des verzweifelten Touristen leicht lösen: Man besorgt sich einen Routenplaner und rechnet die zurückzulegende Gesamtstrecke für alle möglichen Reihenfolgen der Orte aus. Man findet heraus, dass man eher nicht von Rom nach London, dann nach Paris und schließlich nach Walsrode fährt, sondern eine günstigere Reihenfolge wählen sollte. Kaum kommen jedoch ein paar Sehenswürdigkeiten hinzu, explodiert die Menge an Rechenarbeit. Bei fünf Orten gibt es schon 30 mögliche Reisewege, bei sechs 180, bei sieben 1260 und so weiter. Wenn man nur zehn verfallene Schlösser in Südfrankreich ansehen möchte, dann muss man bereits über drei Millionen Reisewege berechnen, um die kürzestmögliche Route zu bestimmen. Und um das Problem für alle 999 Sehenswürdigkeiten zu lösen, benötigt man, auch mit noch so schnellen Computern, deutlich mehr Zeit, als seit der Entstehung des Universums vergangen ist. Das verdirbt einem die ganze Vorfreude auf den Urlaub.

Auch wenn sich Generationen von klugen Menschen an dieser und ähnlich gelagerten Problemstellungen die Zähne ausgebissen haben: Es gibt bisher keine wesentlich schnellere Methode, um die beste Route für eine willkürliche Ansammlung von Reisezielen zu ermitteln, als gnadenlos alle Möglichkeiten durchzurechnen. Das Besondere an NP-Problemen wie dem vom verzweifelten Touristen ist nicht, dass sie komplizierte Rechnungen verlangen, im Gegenteil, einfaches Addieren von Zahlen reicht oft aus. Die Schwierigkeit liegt in der schieren Menge an Möglichkeiten, mit denen umzugehen ist. NP-Probleme sind die Marathonläufe unter den mathematischen Problemen – man muss lediglich laufen können, aber sehr, sehr weit.

Im Gegensatz dazu sind sogenannte P-Probleme nur wenige Stadionrunden lang und lassen sich meist mit überschaubarem Aufwand durchrechnen. Ein einfaches P-Problem ist zum Beispiel die Addition von Zahlen. Handelt es sich um fünf Zahlen, braucht man fünf Rechenschritte, sind es tausend Zahlen, benötigt man tausend. Allgemein benehmen P-Probleme sich anständig; wirft man ihnen größere Datenmengen vor, so sind sie nicht gleich beleidigt und ziehen sich für ein Weltalter zurück. Im Unterschied dazu steigt bei NP-Problemen die Zahl der

Rechenschritte exponentiell mit der Menge der Daten an. Die entscheidende Frage ist nun: Sind NP-Probleme nebenbei auch P-Probleme? Vielleicht heimlich nachts unter der Bettdecke, wenn keiner hinsieht? Gibt es eventuell doch eine schnellere Lösung für die Reise des verzweifelten Touristen und für die vielen anderen langwierigen NP-Rätsel? Das ist, vereinfacht ausgedrückt, das P/NP-Problem, das so viele Menschen quält.

Und dabei handelt es sich nicht etwa nur um Mathematiker und Weltreisende. Überaus viele wichtige Probleme, über die Computer heutzutage in Unternehmen, Banken und Büros nachgrübeln, sind NP-Probleme und daher artverwandt mit dem Touristendilemma. Hätte man relativ schnelle Lösungen dafür, die hilfreichen Computer könnten herrliche Dinge ausrechnen. Wären NP-Probleme gleichzeitig P-Probleme und wüsste man daher sicher, dass es schnelle Lösungen gibt, würde das ungeahnte Energien bei der Suche nach diesen Lösungen freisetzen. Umgekehrt wäre vielen Experten wohler, wüssten sie sicher, dass NP nicht P ist. Das Entschlüsseln von Nachrichten ist beispielsweise in vielen Fällen auch ein NP-Problem, weswegen auch die Geheimhaltung von sorgsam gehüteten Informationen auf dem Spiel steht. Die Frage, ob NP gleich P ist oder doch nicht, ist daher bedeutend wichtiger als das leidige Problem der Schnürsenkel, die immer im unpassenden Moment aufgehen.

Um zu beweisen, dass NP-Probleme am Ende doch heimliche P-Probleme sind, würde es genügen zu zeigen, dass eines von ihnen eine schnelle, saubere Lösung hat. Das ist die Folge einer äußerst praktischen Eigenschaft von vielen wichtigen NP-Problemen: Hat man für eines von ihnen eine schnelle Lösung gefunden, bedeutet das, dass es für alle anderen NP-Probleme ebenfalls eine gibt, auch wenn man sie noch nicht kennt. Um zu zeigen, dass NP-Probleme garantiert nicht gleichzeitig P-Probleme sind, müsste man anders vorgehen: Man könnte zum Beispiel versuchen zu beweisen, dass sämtliche Lösungen für das Problem des verzweifelten Touristen sehr langwierig sind, und zwar nicht nur die, die man bisher ausprobiert hat, sondern auch alle, die man sich in Zukunft noch ausdenken wird. Wiederum würde es genügen, dies für ein bestimmtes NP-Problem zu zeigen. Wenn also zufällig ein Leser weiß, wie man das Problem des verzweifelten Touristen im Handumdrehen lösen kann, oder auch wenn er sicher weiß, dass es eine solche Lösung nicht gibt, so möge er das bitte nicht für sich behalten – es hat ungeahnte Folgen für nahezu alle wichtigen NP-Probleme, würde viele Menschen in Forschung und Wirtschaft in Aufregung versetzen und ihn zudem reich machen.

Und er möge sich bitte nicht davon entmutigen lassen, dass die meisten Experten es für unwahrscheinlich halten, dass P gleich NP ist. Für Mathematiker bedeutet Wahrscheinlichkeit gar nichts, erst ein definitiver Beweis lässt sie ruhig schlafen. Überhaupt sollte man nie annehmen, dass etwas nicht möglich ist, nur weil alle behaupten, es sei nicht möglich: Hätten wir vor wenigen hunderttausend Jahren einen Affen gefragt, ob seine Nachfahren je in der Lage sein werden, einen Elefanten umzubringen, hätte er uns vermutlich einen Vogel gezeigt. Und kaum vergingen einige Tage, schon stellt das gar keine Schwierigkeit mehr dar. So ähnlich könnte es uns auch mit den NP-Problemen gehen, vor denen wir heute stehen wie der Affe vor dem Elefanten.

Zur Beantwortung der P/NP-Frage benötigt man möglicherweise nicht einmal hochgradig komplizierte Mathematik – viele sagen, eine richtig gute Idee würde genügen. Darum ist die Zahl der Beweisvorschläge, die unter Hobbyproblemlösern kursieren, viel höher als bei den anderen Jahrtausendfragen der Mathematik. Was wir also brauchen, sind mehr intelligente Touristen, die ihre Urlaubsplanung richtig ernst nehmen.

Rattenkönig

Neben den anderen Dingen wirken wahrscheinlich noch andere Dinge mit, über deren Bedeutung wir noch immer recht wenig wissen. Man sieht jedenfalls: es sind hier noch viele Rätsel zu lösen.
Ror Wolf: «Raoul Tranchirers Welt- und Wirklichkeitslehre aus dem Reich des Fleisches, der Erde, der Luft, des Wassers und der Gefühle.»

Als Rattenkönig bezeichnet man ein Rudel Ratten, das an den Schwänzen zusammengeknotet ist. Es klingt wie ein grausamer Scherz, aber nach allem, was heute bekannt ist, haben sich die Ratten dieses Schicksal selbst zuzuschreiben. Zum Glück jedoch ist das Phänomen äußerst selten und wird nicht zum Aussterben der Ratte führen.

Ordentliche Untersuchungen zu Rattenkönigen sind leider Mangelware. Im 16. Jahrhundert tauchen die ersten Berichte über das Phänomen auf, das in den darauffolgenden 200 Jahren an Häufigkeit zunahm und schließlich im 20. Jahrhundert wieder in der Bedeutungslosigkeit verschwand. Insgesamt 30 bis 60 Rattenkönige sind innerhalb der letzten 500 Jahre bekannt geworden; aus unerfindlichen Gründen stammen die meisten aus Deutschland. Man entdeckte sie in alten Kaminen, in Heuhaufen, in Kellern und auf Jahrmärkten. Nur wenige Funde wurden amtlich erfasst und so detailliert beschrieben wie ein Rattenkönig aus Lindenau bei Leipzig, der am 17. Januar 1774 von einem Mühlknappen aufgestöbert wurde: Das 16-köpfige Ungetüm sprang auf den Mühlknappen los und wurde daher «sofort todtgeschmissen». Etwa zehn Museen in Mitteleuropa sind in der glücklichen Lage, einen Rattenkönig vorzeigen zu können. Der größte darunter, ein ungeordneter Klumpen aus 32 Tieren, wurde im Jahr 1828 entdeckt und liegt heute im Mauritanum in Altenburg, einer Kleinstadt in Thüringen; es ist zudem das einzige Exemplar, das mumifiziert erhalten ist.

Letzte Nachrichten über brandneue Rattenkönige stammen aus Holland (1963), Frankreich (1986) und Estland (2005).

Fast alle Rattenkönige bestehen aus Hausratten, lateinisch *Rattus rattus*. In Europa erlebte die schwarze Hausratte ihre goldenen Jahrhunderte zu einer Zeit, als alles noch sehr unordentlich und dreckig aussah, also vor der Einführung von Kanalisation und regelmäßiger Müllabfuhr. Jahrhundertelang konnten sich die Hausratten vorwiegend mit dem Verbreiten von tödlichen Krankheiten beschäftigen, ohne dass es ihnen dabei langweilig wurde. Seit dem 18. Jahrhundert wird die Hausratte zunehmend von der robusteren Wanderratte *Rattus norwegicus* verdrängt, die in den modernen Großstädten deutlich besser klarkommt. Außerdem verfügt sie im Vergleich zur Hausratte über einen relativ kurzen Schwanz, was ihr womöglich das Schicksal erspart, als Rattenkönig zu enden. Der Schwanz der Hausratte hingegen ist perfekt geeignet für ungewollte Verknotungen – nicht nur ist er sehr lang, er wird außerdem zum Anklammern und Klettern verwendet und kann sich somit eigenmächtig um andere Schwänze schlingen. Andere Nagetiere sind in seltenen Fällen ebenfalls in der Lage, sich tragisch zu verknoten. So liest man von einem Feldrattenkönig auf Java, einem Waldmauskönig aus Holstein, und sogar Eichhörnchenkönige soll es geben. Glücklicherweise vollkommen unbekannt ist das Phänomen bei Blauwalen.

Im Gegensatz zum Mangel an ernsthaften Untersuchungen des Phänomens steht eine Vielzahl von Erwähnungen in nichtwissenschaftlicher Literatur. Der Zoologe und Rattenkönigexperte Albrecht Hase sammelte in den 1940er Jahren mehr als tausend Zitate über Rattenkönige aus mehreren hundert Jahren – darunter allerdings nur wenige von zoologischer Relevanz. Vorwiegend handelt es sich um Mythen, Spekulationen und Belletristik. Der Rattenkönig erscheint darin als Wundererscheinung mit hundert Köpfen, als thronähnliche Sitzgelegenheit für einen «König» der Ratten (daher der Name), als schlechtes Omen, als Künder von Krankheit und Tod oder gar als der Satan selbst. Die Begeisterung für den Rattenkönig ist bis heute ungebremst, er spielt in Horror-Filmen mit und hinterlässt seine Spuren in Romanen von James Clavell und Terry Pratchett. Schwer ist es offenbar, ihn aus dem Gewirr von Aberglaube, Mythos und Phantasie zu befreien. Professor Hase jedoch kam nach jahrelangen Forschungen zu dem Schluss, es handle sich keinesfalls um ein Fabelwesen, sondern um echte zoologische Sonderfälle, «über deren Ursachen wir nur Vermutungen hegen können».

Die neueren wissenschaftlichen Publikationen zu diesem Thema lassen sich an einer Hand abzählen. Insgesamt gibt es im Wesentlichen zwei Möglichkeiten, das Phänomen zu verstehen. Glaubt man der einen, so sind Rattenkönige von Menschenhand hergestellt worden. Das ist vermutlich durchaus vorgekommen, denn mit einem Rattenkönig konnte man auf Jahrmärkten gehöriges Aufsehen erregen. Außerdem eignet er sich perfekt als Schreckgespenst. Allerdings ist höchst fraglich, ob alle Funde auf geschäftstüchtige Rattenfänger zurückzuführen sind. Die von Menschenhand erzeugten Knoten in Rattenschwänzen sollen viel ordentlicher und sauberer aussehen als das, was man beim Rattenkönig findet. Röntgenaufnahmen von Rattenkönigen zeigen komplizierte, chaotische Verknotungen der Schwänze mit daraus resultierenden Beschädigungen der Rattenwirbelsäulen, was auch für geschickte Tierverknoter eine echte Herausforderung darstellen dürfte. Zudem wurden Rattenkönige oft Jahre nach dem Tod der Ratten an unzugänglichen Orten entdeckt und nicht ausschließlich auf Jahrmärkten. Daher muss man ernsthaft überlegen, wie Ratten sich ganz alleine so gründlich verknoten können.

Und das scheint gar nicht so schwer zu sein. Eine Publikation aus dem Jahr 1965 berichtet von holländischen Laborexperimenten zur möglichst selbstständigen Verknotung von Ratten.

Dazu wurden die Schwänze der Delinquenten an einigen Stellen sauber zusammengeklebt und die so zwangsverbundenen Ratten in einen engen Käfig gesetzt. Die verwirrt durcheinanderkriechenden Tiere erzeugten in erstaunlich kurzer Zeit aus ihren Schwänzen einen gründlich verknoteten Spaghettihaufen – der erste im Labor gezogene Rattenkönig. Diese Versuche wurden mit Wanderratten durchgeführt, die mit Zorn und Unmut auf ihre hilflose Situation reagierten. Das könnte ein weiterer Grund sein, warum man fast nie Rattenkönige bei dieser Art gefunden hat – womöglich beißen sie sich in ihrem Ärger lieber gegenseitig tot, als gemeinsam um Hilfe zu fiepen. Genau das taten Hausrattenkönige nämlich in vielen Fällen, und deshalb wurden sie oft in lebendem Zustand vorgefunden. Zur Herstellung von Rattenkönigen brauchen die Nagetiere also klebrige Flüssigkeiten, zum Beispiel Urin, Speichel oder Nahrungsreste, und beengte Wohnverhältnisse, sodass die Rattenfamilie ihre Schwänze nur in einem großen Haufen aufbewahren kann. Ein mögliches Gegenargument: Eigentlich neigt die Ratte zu penibler Reinlichkeit und verbringt viel Zeit mit gründlicher Körperpflege. Sie würde sich angewidert abwenden, wenn man ihr anböte, sich mit Kollegen zu verkleben.

Vielleicht geht es aber auch ganz ohne Kleben. Neue Erkenntnisse über das Phänomen kommen aus unvermuteter Richtung: Der Physiker Jens Eggers und seine Kollegen in Bristol veröffentlichten im Jahr 2006 eine Arbeit über die Entstehung von «Kabelsalat», das unbeabsichtigte Verknoten von Kabeln, vermutlich die erste Studie überhaupt zu diesem Thema. Für das Verständnis von Rattenkönigen enthält die Publikation zwei wichtige Feststellungen: Zum einen bildet sich Kabelsalat nur ab einer bestimmten Kabellänge, in Eggers' Experiment etwa 16 Zentimeter, wiederum eine Erklärung, warum man Rattenkönige fast ausschließlich bei Hausratten mit ihren langen Schwänzen findet. Zum anderen muss man die Kabel nur einige Sekunden bis Minuten kräftig durcheinanderschütteln, um Knoten zu erzeugen. Man stelle sich jetzt Kabel vor, die, sobald ein erster Knoten entstanden ist, selbständig weiterzappeln, und man kann verstehen, dass man für einen Rattenkönig womöglich nicht einmal Klebstoff braucht, sondern nur ein verhältnismäßig kurzes Durcheinander.

Wie erzeugt man Verwirrung in einem Rattennest und den dazugehörigen Schwänzen? Zum Beispiel, indem man unerwartet Krach schlägt, die Tiere aufscheucht und zur Flucht bringt. Das daraus folgende Durcheinander könnte leicht Anlass zu ersten Verknotungen geben, die anschließend in fortschreitendem Chaos zum Rattenkönig werden. Weitere Möglichkeiten sind Paarungskämpfe unter den Männchen oder ein geselliges Zusammenrotten zum Schutz vor Kälte. Viele Rattenkönige entstehen in den ersten Lebenswochen, wenn die Tierchen zwar noch nicht ohne Mutter klarkommen, aber schon eigensinnig durch die Gegend wimmeln. In dieser Zeit ist die Ratte ein unvernünftiges Ding mit langem Schwanz, ideale Voraussetzungen, um in absurde Notsituationen zu geraten. Klar widerlegt ist dagegen eine Entstehung des Rattenkönigs im Mutterleib: Der Rattenkönig ist kein siamesischer Mehrling, besteht also nicht aus vor der Geburt zusammengewachsenen Rattenföten, sondern ist eine Ansammlung eigenständiger Individuen, die Opfer einer Verkettung unglücklicher Umstände werden. Ebenfalls scheint klar zu sein, dass Rattenkönige oft einige Zeit überleben, zwar vermutlich unter größeren Qualen, aber in seltsam gut genährtem Zustand. Ob sie tatsächlich von ihren nicht mitverknoteten Artgenossen aus Mitleid durchgefüttert werden, wie vielfach behauptet wird, ist jedoch unbewiesen. Plausibler erscheint es, dass die Mitglieder des Rattenkönigs sich eine Weile von den Resten dessen ernähren, was ihre ringsum lebenden Kollegen übriglassen.

Welches sicherlich leichtsinnige Verhalten zur Bildung der

Rattenkönige Anlass gibt, ist umstritten und angesichts der Seltenheit der Funde schwer zu sagen. Dabei wäre es jetzt, wo wir abgeklärt genug sind, um davon auszugehen, dass der Rattenkönig nicht der leibhaftige Satan ist, allmählich an der Zeit, das jahrhundertealte Mysterium aufzulösen. Vermutlich verbergen sich dort, wo Rattenkönige entstehen, noch viel mehr interessante Erscheinungen, die geeignet wären, Fabelwelten und Horrorfilme anzureichern und so für unsere Unterhaltung zu sorgen. Man weiß viel zu wenig von der Unterwelt.

Riechen

> *Die Art und Weise des Geruchs bestehet darinne, daß die Bewegung der rüchenden Sache angenommen, gemäßiget und in das Gehirne zur Seele gebracht werde, damit diese derselben Eigenschafft empfinden und erkennen möge.*
> »Geruch», aus: Zedlers großes vollständiges Universallexicon aller Wissenschaften und Künste, 1732–1754

Für die meisten Menschen ist Riechen heute nur noch ein Hobby. Zum Überleben jedenfalls ist es nur selten notwendig, weil wir uns lieber auf Augen und, in geringerem Maße, Ohren verlassen. Zahlreiche Tiere jedoch lachen über diesen Trend zum Sehen und beharren darauf, ihre Umgebung mit dem guten alten Riechsinn zu erkunden. Vermutlich keine schlechte Idee, denn oft gibt es dort, wo sie wohnen, nicht einmal elektrisches Licht.

Hier der grobe Ablauf des Riechvorgangs: «Geruch» besteht aus den Molekülen von Duftstoffen. Gelangen sie zur Riechschleimhaut in die obere Nase, so werden sie von den dort befindlichen Rezeptoren, speziell für diesen Zweck konstruierten Molekülen, registriert. Die Rezeptoren erzeugen bei Ankunft des Duftstoffes ein elektrisches Signal, das über Nervenleitungen ins Gehirn geschickt wird. Dort geschieht, wie bei den anderen Sinnesorganen auch, die umständliche Auswertung der Geruchsinformationen. Aus den reinen Daten wird in einem komplizierten und noch lange nicht komplett verstandenen Prozess das für den Menschen Wichtige abgeleitet, zum Beispiel, ob man gerade eine Blume vor der Nase hat oder ein Stinktier.

Vieles hat man in den letzten Jahren über die am Riechen beteiligten Prozesse gelernt. Man weiß, dass etliche Säugetiere um die 1000 verschiedene Rezeptorenarten besitzen (beim Menschen sind es nur etwa 350), mit denen sie rund 10 000 Geruchstöne unterscheiden können. Wie man die Riechrezeptoren zusammenbaut, steht in etwa 1000 Genen, das sind immerhin 1–4 Prozent des gesamten Genoms – je nachdem, wie viele Gene man dem Menschen insgesamt zugesteht, was umstritten ist. Jedenfalls liegt dem Organismus offenbar einiges am Geruchssinn. Ähnliches gilt auch für das Nobelpreis-Komitee, das im Jahr 2004 den Nobelpreis für Medizin an Richard Axel und Linda B. Buck vergab, für mehr als ein Jahrzehnt gründlicher Erforschung des Riechsystems von den Rezeptoren bis zum Gehirn.

Bisher ungeklärt ist der Mechanismus, der ganz am Anfang des Riechvorgangs steht – die Wechselwirkung zwischen Duftmolekül, dem «Träger» des Geruchs, und dem Rezeptor. Was genau passiert, wenn ein Molekül auf einen Rezeptor trifft? Woran merkt der Rezeptor, dass ein bestimmter Stoff in die Nase gelangt ist? (Nein, die Antwort «am Geruch» wäre zu einfach.) Oder von der anderen Seite aus betrachtet: Welche Eigenschaft einer Substanz macht ihren Geruch aus? Warum riechen einige Stoffe angenehm, andere nicht?

Nach Meinung der meisten Experten arbeiten Rezeptoren und Duftstoffe nach dem Schlüssel-Schloss-Prinzip. Die Rezeptormoleküle stellen das Schloss dar und besitzen eine bestimmte Form.

Kommt nun ein Molekül zum Rezeptor, das genau die umgekehrte Form hat, also wie ein Schlüssel in den Rezeptor hineinpasst, freut sich die Nase und meldet das Ereignis den Vorgesetzten im Gehirn. In diesem «stereochemischen» Modell, ursprünglich vorgeschlagen vom Amerikaner John Amoore im Jahr 1952, ist der Geruch eines Stoffes durch Form und Größe seiner Moleküle festgelegt. Auch wenn das Schlüssel-Schloss-Prinzip weithin als Grundlage des Riechmechanismus akzeptiert ist, bereitet es einige Schwierigkeiten: Die menschliche Nase verfügt, wie schon erwähnt, nur über circa 350 verschiedene Typen von Rezeptoren. Wenn wirklich allein die Form wichtig ist, sollten wir streng genommen auch nur 350 Gerüche voneinander unterscheiden können; es sind jedoch deutlich mehr. Na und, sagt zum Beispiel Leslie B. Vosshall, Professorin an der Rockefeller-Universität in New York, dann sitzen die Schlüssel eben etwas lose im Schloss. Was zunächst wie Schlampigkeit klingt, erweist sich als cleverer Schachzug: So nämlich passen mehrere Geruchsmoleküle an denselben Rezeptor (schlecht zwar, aber sie passen) und verschiedene Rezeptoren an dasselbe Molekül. Durch Kombination der Informationen von verschiedenen Rezeptoren könnte das Gehirn Tausende unterschiedlicher Gerüche wahrnehmen.

Ein ernsthaftes Problem für die stereochemische Theorie sind jedoch Moleküle, die ähnlich geformt sind, aber ganz anders riechen – oder umgekehrt ganz anders aussehen und trotzdem ähnlich riechen. Die Moleküle von Decaboran zum Beispiel, einer Substanz, die unter anderem als Raketentreibstoff dient, sehen denen des Camphan sehr ähnlich – nur sind alle Bor-Atome durch Kohlenstoff-Atome ersetzt. Während Camphan jedoch wie Kampfer riecht, das in zahlreichen Kosmetika und Medikamenten vorkommt, riecht Decaboran deutlich nach Schwefel (den es zu allem Überfluss nicht einmal enthält). Zahlreiche Stoffe riechen nach bitteren Mandeln, obwohl sie teilweise ganz anders aufgebaut sind als Benzaldehyd, die Substanz, aus der Bittermandelöl hauptsächlich besteht. Wegen solcher Unstimmigkeiten sucht man nach Erweiterungen oder Alternativen für das stereochemische Modell.

Eine dieser Alternativen ist seit 1996 mit dem Namen Luca Turin verbunden, wenn auch die grundlegende Idee fast 60 Jahre älter ist und von G. Malcolm Dyson stammt. Der nämlich prognostizierte, dass nicht die Form des Moleküls entscheidend ist, sondern die Schwingungen innerhalb eines Moleküls. Setzt man Atome zu einem Molekül zusammen, entsteht keineswegs ein starres, unbewegliches Gebilde. Vielmehr muss man sich die Bindungen im Molekül wie Federn vorstellen, an denen Gewichte (die Atome) hängen, die fortwährend hin und her schwingen. Nicht nur einzelne Atome schwingen, sondern in komplizierteren Molekülen auch ganze Atomgruppen. Sie tun dies mit bestimmten Frequenzen, die unter anderem vom Gewicht der beteiligten Atome und der Stärke der Bindung abhängen. Jedes Molekül zeigt ein charakteristisches Spektrum aus Vibrationen, das man zum Beispiel verwenden kann, um die Struktur von Molekülen zu analysieren. Turin behauptet nun, dass die Nase genau dasselbe tut: Sie arbeitet wie ein Spektroskop und identifiziert Geruchsstoffe anhand der Schwingungsfrequenzen der enthaltenen Moleküle. Das ist zwar technisch komplizierter als Schlüssel und Schloss und klingt daher vielleicht unwahrscheinlich. Aber das Grundprinzip, die Wahrnehmung von Schwingungen, ist dem Körper nicht fremd: Auch das Auge und das Ohr nehmen Frequenzen wahr, entweder in Form elektromagnetischer oder akustischer Wellen.

Allerdings ist im Falle der Nase bislang nicht klar, wie auf molekularer Ebene Vibrationen von Molekülen wahrgenommen werden sollen. Wie «messen» die Rezeptoren das Schwingungsspektrum der Geruchsstoffe? Eine mögliche Antwort auf diese Frage wurde 2006 von Jennifer C. Brookes und Kollegen aus London veröffentlicht. Der von ihnen vorgeschlagene Mechanismus wurde bereits 1996 von Turin erwähnt und ähnelt dem einer Magnetstreifenkarte. Trifft ein Molekül mit einer bestimmten Schwingungsfrequenz auf den dazugehörigen Rezeptor, so wird, vereinfacht ausgedrückt, ein Stromkreis geschlossen: Elektronen fließen von einem Spender über das Geruchsmolekül zum Rezeptor, wo sie das Signal auslösen, das zum Gehirn gesendet wird – so jedenfalls die Theorie. Ob der Mechanismus auch in der Praxis funktioniert und ob er wirklich in der Nase eingebaut ist, müssen zukünftige Experimente klären.

Die Vibrationstheorie wurde in der Fachwelt mit erheblicher Skepsis aufgenommen, trat jedoch einen Siegeszug durch die Medien an. Turin schrieb Kolumnen für die «Neue Zürcher Zeitung» über seine Geruchsideen, die BBC porträtierte ihn ausführlich, und der amerikanische Wissenschaftsjournalist Chandler Burr schrieb ein ganzes Buch über Turin und seine Theorie. Im Jahr 2006 schließlich erschien Turins eigenes Buch «Das Geheimnis des Geruchs». Dabei ist die neuentdeckte Theorie keineswegs weniger widerspruchsfrei als das Schlüssel-Schloss-Prinzip. Ein Problem sind Enantiomere, Moleküle, die sich nur dadurch unterscheiden, dass sie an einer Achse gespiegelt sind, in etwa wie linke und rechte Hand. Durch eine solche Spiegelung ändern sich die Schwingungsfrequenzen nicht, die Substanzen sollten also gleich riechen. Das tun sie allerdings nicht immer, das eine Enantiomer des Moleküls Carvon zum Beispiel riecht nach Kümmel, das andere nach Minze.

Ein wichtiger Test für jede Riechtheorie sind Experimente mit Isotopen: Man untersucht Moleküle, in denen eines oder mehrere Atome durch ein Isotop – also dasselbe Atom, nur mit einer anderen Anzahl Neutronen im Kern – ersetzt werden. Wasserstoff, das einfachste Atom, verfügt im Normalfall über ein Proton und ein Neutron im Kern. Fügt man ein weiteres Neutron hinzu, nennt man das Resultat Deuterium. Es handelt sich allerdings immer noch um Wasserstoff, weil das Neutron auf die chemischen Eigenschaften wenig Einfluss hat. Tauscht man in einem großen Molekül Wasserstoff-Atome durch Deuterium-Atome aus, ändert sich die Form der Moleküle kaum, wohl aber (weil die Deuterium-Atome schwerer sind als normaler Wasserstoff) ihre Schwingungsfrequenzen. Wenn Form das einzig Wichtige für den Geruch ist, sollten solche «deuterierten» Moleküle gleich riechen, wenn es hingegen auf die Schwingungen ankommt, sollte sich ihr Geruch verändern. Darum kann man solche deuterierten Moleküle theoretisch dazu verwenden, zwischen beiden Modellen zu unterscheiden.

Ein paar Kakerlaken glauben, uns weismachen zu müssen, dass ihr Riechsinn eher nach dem Schwingungsmodell funktioniert: Deuteriert man Moleküle, die auf Kakerlaken aphrodisierende Wirkung haben, verändert sich die Reaktion der Tiere je nach Position des zusätzlichen Neutrons, wie im Jahr 1996 die Chemiker Barry A. Havens und Clifton E. Meloan von der University of Kansas berichteten. Zudem fanden sie einen Zusammenhang zwischen dem Schwingungsverhalten der aphrodisierenden Moleküle und der Kakerlakenaktivität, was Turin freuen dürfte. Auch einige Fische können womöglich Isotope am Geruch unterscheiden, während Fruchtfliegen so tun, als wüssten sie nichts von Neutronen. Aber kann man ihnen trauen? Riechexperimente mit Tieren sind mit zahlreichen Problemen behaftet, unter anderem, weil man die Probanden nicht so ausführlich über den Geruch von Substanzen befragen kann, wie man es gern tun würde. Für Menschen jedenfalls, so glauben heute die meisten, riechen deuterierte und undeuterierte Substanzen gleich. So ergeben Versuche, die Vosshall und ihr Kollege Andreas Keller im Jahr 2004 angestellt haben, dass Acetophone immer nach bitteren Mandeln riechen (ein häufiger Duft in Riechlabors), egal, wie viel Neutronen der enthaltene Wasserstoff besitzt, ganz wie man es erwarten würde, wenn die Form des Moleküls den Geruch bestimmt.

Unterm Strich gilt Turins Vibrationstheorie heute weiterhin als Außenseiter. Die meisten Fachleute halten die Form der Moleküle für den Ursprung der Gerüche, wobei eingeräumt wird, dass womöglich noch andere Aspekte zusätzlich eine Rolle spielen könnten. Turin selbst gibt zu, seine Idee sei «ziemlich oberflächlich». Die entscheidende Frage für alle Modelle ist, wie gut sie Gerüche von bestimmten Molekülen vorhersagen können – bevor irgendjemand seine Nase daran hält. Wünschenswert wäre also ein großer Geruchswettstreit, bei dem Vertreter verschiedener Lager Gerüche vorhersagen und anschließend mit der Wirklichkeit verglichen wird. Wer die meisten Treffer hat, gewinnt.

Riemann-Hypothese

Wenn ich nach einem tausendjährigen Schlaf aufwachen würde, wäre meine erste Frage: «Wurde die Riemann-Hypothese bewiesen?»
David Hilbert

Um die vorletzte Jahrhundertwende herum stellte der bereits damals berühmte Göttinger Mathematiker David Hilbert eine Liste der 23 wichtigsten ungelösten mathematischen Probleme zusammen. Auf Platz acht der (ungeordneten) Liste: «Primzahlverteilung und die Riemannsche Vermutung». Hundert Jahre später unternahm das amerikanische Clay-Institut einen ähnlichen Versuch – und setzte Preisgelder von jeweils 1 Million Dollar für die sieben «Jahrtausendprobleme» der Mathematik aus. Auf Platz eins der Liste steht eines der wenigen Hilbert-Probleme, das hundert Jahre intensiver Bemühungen der Mathematiker unbeschadet überstanden hat: Die Riemann-Hypothese oder die ewige Frage, welchem Muster die Verteilung der Primzahlen folgt.

Alle, die diese Million für leichtverdientes Geld halten, seien darauf hingewiesen, dass es sich bei allen sieben Problemen um harten Stoff handelt und man eigentlich zumindest ein abgeschlossenes Mathematikstudium benötigt, um sie vollständig zu durchdringen. Für die Riemannsche Vermutung etwa braucht man nicht nur ein Verständnis von den sogenannten komplexen Zahlen und fortgeschrittener Differentialrechnung, man muss auch noch mit unendlichen Reihen von Zahlen umgehen können, eine Fähigkeit, die einem im normalen Leben überhaupt nichts bringt. Moderne Mathematik ist eine Ansammlung von hochgradig abstrakten Konzepten, die sich gegenseitig durchdringen und auf den ersten Blick erschreckend nutzlos aussehen, was allerdings ein Trugschluss ist. In der Tat sind bestimmte Aspekte des physikalischen Weltbildes so abstrakt, dass die dazugehörige Mathematik noch nicht einmal erfunden ist. Die Welt ist eben noch komplizierter als Mathematik. Trotzdem muss es möglich sein, wenigstens die Grundidee der Riemann-Hypothese aufzuschreiben, so einfach, dass Menschen nicht in tiefe Depressionen stürzen, und doch so weit korrekt, dass Mathematiker nicht anfangen, mit Steinen zu werfen.

Eines der großen Mysterien dieser Welt sind die Primzahlen, also Zahlen, die sich nur durch eins und sich selbst teilen lassen, zum Beispiel 2, 3, 5, 7, 11 usw. Es gibt viele eigenartige Geschichten rings um diese seltsamen Zahlen. Euklid bewies bereits vor mehr als 2000 Jahren, dass jede natürliche Zahl größer als eins, wirklich jede, entweder selber eine Primzahl ist oder sich als Produkt von Primzahlen darstellen lässt. Die Zahl 260 etwa ist zwar keine Primzahl, ergibt sich aber aus $2 \times 2 \times 5 \times 13$ – alles Primzahlen. Primzahlen werden zwar immer seltener, je weiter man zu großen Zahlen vordringt – unter den ersten 10 Zahlen gibt es 4 Primzahlen, unter den ersten 100 noch 25, unter den ersten 1000 nur 168. Trotzdem gibt es unendlich viele von diesen unteilbaren Gesellen; auch das hat bereits Euklid bewiesen. Aber wo liegen die Primzahlen? Lassen sie sich nieder, wo es ihnen gerade passt? Oder folgen sie einer Ordnung, und sei es auch einer sehr komplizierten?

Ein wichtiger Hinweis in dieser Angelegenheit kam von Carl Friedrich Gauß. Im Jahr 1791, er war damals erst deprimierende 14 Jahre alt, vermutete Gauß, dass man die «Primzahlendichte», also die Anzahl der Primzahlen, die zwischen null und einer bestimmten Zahl liegen, für große Zahlen mit einer einfachen Formel vorhersagen kann. Zwei Beispiele: Zwischen 0 und 1000 liegen 168 Primzahlen, die Dichte der Primzahlen ist also 16,8 Prozent. Mit Gauß' Formel ergeben sich 14,4 Prozent, was schon nicht schlecht ist, aber noch klar daneben. Für den Zahlenbereich zwischen 0 und einer Million ist die Primzahlendichte nur noch 7,8 Prozent, die Formel sagt 7,2 Prozent voraus, liegt also schon fast richtig. Je größer die Zahlen werden, desto mehr nähert sich die tatsächliche Dichte dem leicht ausrechenbaren Wert an. Genau genommen schwankt die Primzahlendichte unermüdlich um diesen Wert, wobei das Ausmaß der Schwankungen immer mehr abnimmt, je größer die Zahlen werden. Es dauerte mehr als 100 Jahre, bis der Franzose Jacques Hadamard und der Belgier Charles de la Vallée Poussin den Geniestreich des jungen Gauß beweisen konnten. Mit Hilfe dieses Theorems ließ sich jetzt zumindest ungefähr ausrechnen, mit welcher Wahrscheinlichkeit eine beliebige, unbequem große Zahl, sagen wir 3 608 152 892 447, eine Primzahl ist – das «ungefähr» jedoch stört noch ein wenig. Die Riemannsche Vermutung lieferte den nächsten Schritt zu einer genaueren Verortung der Primzahlen.

Dafür lohnt es sich, ein wenig in den Abgründen der modernen Mathematik herumzustochern. Wer darauf verzichten will, sollte besser die nächsten zwei Absätze überspringen. Ihm entgeht dann allerdings eine der wichtigsten Errungenschaften der Neuzeit, die komplexen Zahlen.

Schon im Altertum fand man heraus, dass die gebräuchliche Vorstellung von Zahlen die Menschen in ihrem Drang, die Welt zu verstehen, stark beschränkt. Zum Beispiel lässt sich die Länge der Diagonale eines Quadrats nur bestimmen, wenn man Zahlen verwendet, die nach dem Komma unendlich lang sind und chaotisch vor sich hin stolpern – die sogenannten irrationalen Zahlen. Gleiches gilt für den Umfang von Kreisen, der ein Vielfaches von Pi ist – ebenfalls eine irrationale Zahl mit dem Wert 3,141592654 ... (usw., bis das Buch voll ist, und dann immer noch weiter). Eine nochmalige Ergänzung erfuhr der Zahlenbegriff, als eine unglückliche Seele auf die Idee kam, die Quadratwurzel aus –1 zu ziehen – mit normalen Zahlen ein unlösbares Unterfangen. Resultat war die Einführung der «komplexen Zahlen»: Man fügt jeder normalen Zahl einen sogenannten Imaginärteil hinzu, der einfach ein Vielfaches von «i» ist, wie man die Wurzel aus –1 genannt hat. Eine handelsübliche komplexe Zahl lautet zum Beispiel 3+8i. Diese neue Art Zahlen erweist sich als äußerst praktisches Hilfsmittel im Hausgebrauch von Physikern. Genau genommen beruht ein Großteil unseres modernen Weltbildes auf einer Mathematik, die mit komplexen Zahlen arbeitet. Und das, obwohl wir im Supermarkt kein einziges Produkt zu imaginären Preisen kaufen können.

Als Nächstes benötigt man eine Vorstellung davon, was eine Funktion ist. Eine Funktion ist die omnipotente Wurstmaschine der Mathematik, sie nimmt eine Zahl (Fleisch) und stellt aus ihr eine andere Zahl her (Wurst), und zwar unter Benutzung einer bestimmten Vorschrift, die zum Beispiel lauten könnte «rechts an der Kurbel drehen» oder «die Quadratwurzel berechnen». Angewandt auf die Zahl neun, ergäbe das den Wert drei. Funktionen gibt es in vielen Farben, Formen und Geschmacksrichtungen, einige sind sehr einfach, andere hochkompliziert. Auch für komplexe Zahlen gibt es Funktionen, die genauso funktionieren wie bei anderen Zahlen auch: Sie nehmen eine Zahl, tun irgendetwas mit ihr und spucken am Ende eine andere Zahl aus. Dasselbe gilt für die sogenannte Riemannsche Zetafunktion, über deren Verhalten die Riemannsche Hypothese eine wichtige Vorhersage trifft. Leider ist diese spezielle Wurstmaschine ziemlich kompliziert und die dazugehörige Vorschrift unendlich lang, was gegen eine Wiedergabe an dieser Stelle spricht. Vieles an der Riemannschen Zetafunktion ist gut erforscht. Zum Beispiel weiß man, was passiert, wenn man sie auf gerade negative Zahlen anwendet, also −2, −4, −6 usw.: Es kommt null heraus. Die geraden negativen Zahlen nennt man daher die «trivialen Nullstellen» der Riemannschen Zetafunktion. Die Riemann-Hypothese lautet nun: Alle restlichen Nullstellen haben eine bestimmte Eigenschaft – ihr Realteil ist immer genau ½. Das klingt nach all dem Hinundher, wie versprochen, erschreckend nutzlos, aber wenn man damit eine Weile herumspielt, erhält man eine erstaunliche Aussage über die Ordnung der Primzahlen.

Ab hier kann wieder ganz normal weitergeredet werden. Wie erwähnt, schwankt die Dichte der Primzahlen für große Zahlen um einen bestimmten, leicht zu berechnenden Wert. Wenn die Riemannsche Vermutung stimmt, dann tut sie das nicht vollkommen willkürlich, sondern folgt dabei dem wohlbekannten, geregelten Zufall. Wirft man eine Münze, so ist das Ergebnis zwar vorher unbekannt, man weiß aber, dass in der Hälfte aller Fälle Kopf erscheint. Man kann daher vorhersagen, wie wahrscheinlich es ist, ein bestimmtes Ergebnis zu erzielen. Genauso kann man mit Hilfe der Riemannschen Vermutung vorhersagen, wie wahrscheinlich eine bestimmte Primzahlendichte ist. Man ist damit deutlich weniger hilflos bei der Suche nach Primzahlen: Ohne Riemann-Vermutung kann man ungefähr vorhersagen, mit welcher Wahrscheinlichkeit eine bestimmte Zahl eine Primzahl ist. Mit Riemann-Vermutung weiß man zusätzlich, wie weit man danebenliegen könnte. Die Riemann-Hypothese gibt uns also so etwas Ähnliches wie eine Wünschelrute in die Hand: Sie weist den Weg zur Lage der Primzahlen. Oder wie es der Mathematiker Peter Sarnak ausdrückt: Ohne Riemann-Vermutung arbeitet man nur mit einem Schraubenzieher ausgerüstet im Primzahlendschungel. Die Riemann-Vermutung dagegen ist eine Planierraupe.

Bis jetzt klingt das alles immer noch sehr akademisch. Was, so könnte man fragen, scheren uns die Primzahlen? Die Antwort lautet: Wir sind mittlerweile von den kleinen Biestern abhängig. In den Zeiten der elektronischen Kommunikation funktioniert nichts mehr ohne Verschlüsselung. Jedes Mal, wenn man am Automaten Geld abhebt, jedes Mal, wenn man im Internet Rechnungen bezahlt, werden die übermittelten Informationen, zum Beispiel Geheimzahlen oder Kreditkartennummern, verschlüsselt übertragen. Moderne Verschlüsselungstechniken müssen leider aufwendig und kompliziert sein, weil die Betrüger (und ihre Computer) im Laufe der Jahrhunderte immer klüger geworden sind. Primzahlen sind die Basis der meisten wichtigen Techniken der Kryptographie. Eine große Rolle spielt die bereits erwähnte Möglichkeit, jede Zahl als Produkt von Primzahlen zu schreiben. Die Sicherheit der Verschlüsselung beruht nun auf der Annahme, dass sich diese Zerlegung in Primfaktoren bei sehr großen Zahlen auch mit einem noch so schnellen Computer nur mit unzumutbar großem Zeitaufwand ausrechnen lässt. Wüsste man aber mehr über die Ordnung der Primzahlen, könnte sich das ändern.

Hier kommt die Riemann-Hypothese ins Spiel. Es besteht die Gefahr, dass durch einen gelungenen Beweis neue, bestürzende Erkenntnisse über Primzahlen ans Licht kommen, die die Primzahlenzerlegung vereinfachen. Vor diesem Moment fürchten sich viele. Andere hegen Verschwörungstheorien, nach denen die Riemann-Hypothese längst bewiesen ist, aber niemand davon erfahren darf. Es geht also nicht nur um eine Million Dollar Preisgeld, die weltweite Datensicherheit steht auf dem Spiel. Abgesehen von diesen weitreichenden Konsequenzen gibt es jedoch noch eine viel wichtigere Motivation für andauernde Anstrengungen in dieser Angelegenheit. Warum wollen Mathematiker die Riemannsche Vermutung beweisen? Warum wollen Menschen den Mount Everest besteigen? In den Worten von George Mallory (der 1924 am Everest umkam): «Weil er da ist.»

Heute glauben die meisten Mathematiker, dass die Riemannsche Vermutung zutrifft. Die ersten zehn Billionen der nichttrivialen Nullstellen der Riemannschen Zetafunktion zumindest liegen genau da, wo Riemann sie vermutete. Das beweist natürlich gar nichts; schon die nächste könnte sich nicht daran halten, denn Zahlen gibt es unendlich viele und damit deutlich mehr als Sand am Meer. Der deutsche Mathematiker Bernhard Riemann, der uns das alles hinterlassen hat, war ein introvertierter Hypochonder, der außerdem häufig wirklich krank war. Seine Arbeit «Über die Anzahlen der Primzahlen unter einer gegebenen Größe» erschien 1859 und ist überraschenderweise nur acht Seiten lang. Zum Vergleich: Einer der letzten Versuche, die Hypothese zu beweisen, veröffentlicht 2004 von Louis de Branges, umfasst immerhin 41 dicht beschriebene Seiten.

Abgesehen von de Branges, der es in den letzten Jahrzehnten immer wieder versuchte, bisher ohne durchschlagenden Erfolg, haben sich seit 1859 die besten Mathematiker jeder Generation die Zähne an der Riemann-Hypothese ausgebissen. Lange hoffte man, dass Riemann selbst irgendwo einen Hinweis hinterlassen haben könnte. So fand man eine Notiz, die darauf hinzudeuten scheint, dass die Vermutung Riemann trotz seiner offenbar übermenschlichen Intuition nicht einfach in den Schoß fiel, sondern von etwas abgeleitet wurde, was er nicht zu publizieren wagte. Was das genau gewesen sein könnte, ist unbekannt. Mittlerweile halten viele Experten es für möglich, dass der Beweis der

Riemann-Hypothese nicht aus der Mathematik kommen wird, sondern aus einem avantgardistischen Zweig der theoretischen Physik, der Quantenchaostheorie genannt wird, denn offenbar gibt es tiefgründige Verbindungen zwischen der Welt der Primzahlen und der Welt der Quanten. Wenn das funktionieren sollte, ist demnächst ein Physiker um eine Million Dollar reicher und die Welt um eine schöne, solide Rätselfrage ärmer. Man wird sich dann etwas Neues einfallen lassen müssen.

Rotation von Sternen

Astronomers never seem to want to do anything easy.
Peter B. Stetson, Astronom

Sterne entstehen aus Klumpen in gigantischen Gas- und Staubwolken. Das Material, aus dem sie zusammengebaut werden, ist vorher, in der Wolke, über ein wesentlich größeres Volumen verteilt, die Dichte am Anfang wesentlich geringer als zum Schluss. Nun drehen sich diese Wolken, wie beinahe alles im Universum. Wenn sich etwas Rotierendes zusammenzieht, dann dreht es sich in der Folge immer schneller. Das kann man zum Beispiel bei Eiskunstläufern beobachten, die beim Pirouettendrehen die Arme an den Körper ziehen. (Wer es selbst ausprobieren möchte: Ein Drehstuhl und etwas Schwung genügen.) Junge Sterne müssten sich daher, das können Astronomen relativ leicht ausrechnen, sehr schnell drehen, in deutlich weniger als einer Stunde einmal um die eigene Achse.

Das allerdings geht gar nicht: Dreht man eine Kugel immer schneller und schneller, sind die Fliehkräfte an ihrer Oberfläche irgendwann größer als die Kräfte, die die Kugel zusammenhalten (im Falle des Sterns ist das die Schwerkraft), sodass es das Ding zerlegt. Die Drehgeschwindigkeit, bei der Sterne zerreißen würden, lässt sich ebenfalls einigermaßen gut berechnen, und sie liegt viel niedriger als die Geschwindigkeit, die Sterne eigentlich nach ihrer Entstehung haben müssten. Die einfache Schlussfolgerung: Sterne existieren gar nicht, weil sie während ihrer Entstehung immer schneller und schneller rotieren, bis sie die Zerreißgeschwindigkeit erreichen und zerbrechen. Diese Schlussfolgerung deckt sich allerdings, so glauben wir heute, nicht mit der Wirklichkeit: Sterne existieren wohl, ein Zwiespalt, den die Experten seit den 1970er Jahren das «Drehimpulsproblem» der Sternentstehung nennen.

Auf irgendeine Weise muss die Drehgeschwindigkeit der Sterne also abgebremst werden. Leider lässt sich die «Zeugung» von Sternen schlecht beobachten, weil die Sterne anfangs tief in ihre Geburtswolke eingebettet sind. Erst nach etwa einer Million Jahren (das entspricht, auf ein Menschenleben umgerechnet, der ersten Woche im Mutterleib) sind sie klar und deutlich für uns erkennbar, weil die Hülle aus Gas und Staub sich fast komplett aufgelöst hat. Übrig bleibt der junge Stern mit einer ihn umgebenden Scheibe aus Wolkenresten, aus der sich später Planeten bilden können. Zu diesem Zeitpunkt aber ist die Rotation schon ausreichend heruntergebremst. Gemeinerweise erledigt der Fötusstern das Interessante also in einer Lebensphase, in der man ihn nur schwer untersuchen kann.

Seit mehreren Jahrzehnten glauben viele Experten, dass Magnetfelder eine wichtige Rolle bei der Rettung des Sterns vor dem Tod durch Zerreißen spielen. Einer Theorie zufolge, die «Disk-Locking» heißt, sind Stern und Scheibe über das Magnetfeld des Sterns aneinandergekoppelt: Während der Stern sich dreht, pflügen seine Magnetfeldlinien munter durch das ihn umgebende Material. Weil die Scheibe diesem Prozess Widerstand entgegensetzt, wird die Drehung des Sterns abgebremst. Wenn man immer noch den Drehstuhl zur Hand hat, kann man einmal versuchen, sich schnell zu drehen und sich gleichzeitig mit den ausgebreiteten Armen durch eine zähe Masse aus kaltem Gas und Staub zu arbeiten. So ähnlich geht es dem jungen Stern womöglich auch, nur verwendet er statt der Arme ein Magnetfeld.

Die Idee vom Disk-Locking scheint zumindest im Ansatz zu stimmen: Sterne mit Scheibe drehen sich tatsächlich langsamer als Sterne ohne Scheibe. Das wurde mittlerweile für zahlreiche Stern-Geburtsstätten überzeugend belegt. Irgendetwas Bremsendes stellt die Scheibe also an. Allerdings gibt es dabei zahlreiche Probleme: Einmal ist nicht klar, ob der Mechanismus wirklich funktioniert und ob er ausreicht, um das Drehimpulsproblem zu lösen. Eigentlich müssten sich die Magnetfeldlinien bei ihrem Lauf durch die Scheibe in kurzer Zeit verbiegen, verwickeln, zerreißen, und die schöne Verbindung zwischen Stern und Scheibe bräche auf. Zum anderen weiß niemand so genau, wie früh sich die entstehenden Sterne ein Magnetfeld zulegen. Man benötigt aber ein einigermaßen stabiles, ordentliches Magnetfeld für das Disk-Locking, sonst braucht man erst gar nicht damit anzufangen.

Einige Experten begegnen diesen Problemen lediglich mit Stirnrunzeln, andere denken sich völlig andere Theorien aus, die zum Beispiel mit Ionenstürmen, Ausströmungen und Propellerwinden zu tun haben. (Es geht ziemlich unordentlich zu, wenn ein Stern auf die Welt kommt.) Wie es sich in Wirklichkeit verhält, wird man vielleicht herausfinden, wenn es einmal gelingt, verlässlichere Aussagen über die frühesten Lebensphasen des Sterns zu erhalten. Die Entstehung von Sternen ist nämlich nur unsichtbar, wenn man den Bereich des elektromagnetischen Spektrums beobachtet, der dem menschlichen Auge zugänglich ist. Sternföten senden jedoch auch andere Signale, zum Beispiel Infrarotstrahlung oder Mikrowellen. Neuerdings gibt es Geräte, mit denen man diese Signale sehr genau unter die Lupe nehmen kann. Schon bald werden wir schöne Ultraschallfotos von den Kleinen haben, die wir überall herumzeigen können.

Roter Regen

> *Die andere Frage beantworten etliche so und sagen, daß es kein recht Blut, sondern nur dickes und unreines Wasser sey, solches von der Sonnen also gekocht, daß es eine solche rohte Farbe bekommen. (...) Aber ob diese Ursachen überall angehen, dürffte ich fast zweiffeln.*
> Gottfried Voigt: «Physicalischer Zeit-Vertreiber», 1670

Man kann sich wohl daran gewöhnen, dass normales Wasser vom Himmel fällt. In manchen Gegenden der Erde hat man sich sogar damit abgefunden, dass ab und zu Frösche und Fische vom Himmel fallen, die vorher anderswo von starken Winden nach oben befördert wurden, ein vollkommen normales Phänomen. In Kerala, einem Teil Indiens, regnete es jedoch Außerirdische. So jedenfalls lautet die Erklärung des indischen Physikers Godfrey Louis für den rot gefärbten Regen, der im Sommer 2001 dort niederging. Andere Experten begegnen dieser Hypothese mit Skepsis.

Das Rätselraten um den roten Regen nahm seinen Anfang, als von Ende Juli bis Ende September im südlichen Kerala bei sporadischen Niederschlägen eine Flüssigkeit zu Boden fiel, die in etwa so aussah wie Blut. Dabei waren die roten Regenschauer auf recht kleine Gebiete von einigen Quadratkilometern Größe beschränkt, knapp daneben fiel zur selben Zeit ganz normaler Regen. Berichtet wurde außerdem von explosionsartigen Geräuschen, die dem ersten roten Regen vorausgingen. Bis heute ist ungeklärt, welchem Umstand die Inder dieses außergewöhnliche Wetter zu verdanken haben.

Schnell ausgeschlossen wurde eine naheliegende Erklärung: Es handelt sich keinesfalls um Staub, der aus einer Wüste nach Kerala geblasen wurde. Wüstenstaub kann zwar Niederschläge auf interessante Art färben – in Sibirien zum Beispiel fiel Anfang des Jahres 2007 Schnee, der durch einen Sandsturm gelb gefärbt war –, aber der Regen von Kerala enthält, wie Untersuchungen zeigen, keinen Staub, stattdessen sehen die roten Bestandteile aus wie organische Zellen. Wäre ein Sandsturm die Ursache, würde man zudem eher großräumige rote Niederschläge erwarten, nicht die beobachteten stark lokalisierten Ereignisse. Ebenfalls wenig wahrscheinlich ist es, dass der Regen von einem vorbeiziehenden Meteor rot gefärbt wurde, der in der oberen Erdatmosphäre eine Staubspur hinterließ.

Andere vermuteten sogleich: Wenn der Regen so aussieht wie Blut, dann handelt es sich womöglich auch um Blut. Und zwar, so die kreative Geschichte dazu, könnte ein Schwarm von Fledermäusen in großer Höhe von einem harten Gegenstand, etwa einem Meteor, getroffen worden sein. In der Folge färbte vielleicht das Blut der Fledermäuse den Regen rot. Fraglich ist jedoch, wo der Rest der toten Fledermäuse geblieben ist, denn Fledermäuse bestehen nicht ausschließlich aus Blut. Wo die wirklich sehr beachtliche Menge an Fledermäusen herkommen sollte, die über Monate für rote Regenschauer sorgen könnte, das bliebe auch noch zu klären.

Im November 2001 veröffentlichten indische Wissenschaftler einen Bericht, nach dem der rote Regen die Sporen einer Algenart enthält, also praktisch Keimzellen, aus denen sich neue Algen entwickeln können. Es gelang offenbar sogar, aus den im Regen gefundenen roten Zellen Algen zu ziehen. Dieselben Algen wachsen auf natürliche Weise in der Gegend, aus der die Berichte über roten Regen stammen. Wo allerdings viele Tonnen Sporen herkommen sollen, wie sie in die Regenwolken gelangen konnten, wie es zu der seltsamen unregelmäßigen

Verteilung des gefärbten Regens kam und ob es einen Zusammenhang mit den Explosionsgeräuschen gibt, das steht nicht in dem Bericht aus Indien. Trotzdem galt der Fall damit für eine Weile als im Wesentlichen abgeschlossen.

Bis im Jahr 2003 Godfrey Louis zusammen mit seinem Studenten A. Santhosh Kumar erklärte, die roten Zellen im Regen seien nicht von dieser Welt. Womöglich stießen seine Erörterungen nicht sofort überall auf Wohlwollen, denn es dauerte drei Jahre, bis sie im Fachblatt «Astrophysics & Space Science» offiziell ans Licht der Öffentlichkeit gerieten. Louis findet in den roten Teilchen keine DNA, eigentlich ein wichtiger Bestandteil jeder irdischen Zelle, und schließt daher, die Teilchen hätten «möglicherweise keinen terrestrischen Ursprung». Mit anderen Worten: Sie kommen aus dem All. Louis führt aus, ein Meteor sei in der oberen Erdatmosphäre mit lautem Knall explodiert und habe dabei große Mengen an biologischen, außerirdischen Zellen freigesetzt, die als roter Regen auf die Erde fielen. Sollte das stimmen, wäre es der erste Beweis für die sogenannte Panspermien-Hypothese, nach der lebende Zellen im Weltall weit verbreitet sind. Und es wäre der erste Beweis überhaupt für die Existenz von → Leben außerhalb der Erde. Wohl darum war Louis auf einmal berühmt.

Aber wie es mit Theorien so ist, stimmt das alles vielleicht auch gar nicht. Es ist zum Beispiel höchst unklar, inwieweit man der Behauptung, die Zellen enthielten keine DNA, trauen kann. Nachfolgeuntersuchungen in britischen Instituten erbrachten dann doch Hinweise auf DNA, allerdings «noch nicht vollständig bestätigt». Carl Sagan konstatierte einst, dass «außergewöhnliche Behauptungen auch außergewöhnliche Beweise verlangen» – zum Beispiel einen ausgewachsenen Außerirdischen, nicht nur rotgefärbte Zellen. Bis es so weit ist, können wir uns ja weiterhin mit Algen befassen.

Schlaf

Bewusstsein, dieser lästige Zustand zwischen zwei Nickerchen.
Anonym

Säugetiere tun es, Vögel tun es, Reptilien tun es. Amphibien und Fische sind immerhin manchmal etwas unaufmerksamer als sonst, und wie man vor wenigen Jahren herausgefunden hat, schlafen sogar Insekten – obwohl man bei den Mücken nachts leider nicht viel davon merkt. Die Kleine Taschenmaus schläft mehr als 20 Stunden am Tag, die Giraffe dagegen nur zwei. Manche Tiere, wie die Gorillas, schlafen viele Stunden am Stück, andere, wie die Kühe und diverse kleine Nager, immer nur ein paar Minuten. Die einen schlafen nachts, die anderen tagsüber, und dämmerungsaktive Tiere wie die Fledermäuse haben zwei Wachphasen.

Das menschliche Schlafverhalten entwickelt sich erst nach und nach. Ein Säugling schläft (auch wenn die Klagen junger Eltern nicht darauf schließen lassen) immerhin 16 Stunden, verteilt über den ganzen Tag; beim Erwachsenen bleiben davon im Schnitt noch acht Stunden übrig. Die individuelle Schlafdauer schwankt stark, so variiert das Schlafbedürfnis beim Menschen zwischen vier und zehn Stunden. So viel ist bekannt. Aber was bewegt Mensch und Tier zu diesem seltsamen Verhalten? Warum erledigen einige Tiere das, was im Schlaf offenbar erledigt werden muss, in viel kürzerer Zeit als andere? Wie kommt es, dass das Schlafbedürfnis bei allen Landsäugetieren, einschließlich dem Menschen, im Laufe des Lebens abnimmt? Wem, außer den Bettenherstellern, nutzt der Schlaf überhaupt?

Die Schlafforschung ist eine relativ junge Disziplin. Sie entstand erst Ende der 1930er Jahre, als es durch die Erfindung des Elektroenzephalogramms möglich wurde, das Gehirn beim Schlafen zu beobachten. Schnell fand man heraus, dass beim

Schlafen nicht, wie man bis dahin angenommen hatte, einfach das Licht im Kopf ausgeht, sondern dass sich dabei einiges bis heute nicht ganz Verstandenes tut. Es dauerte dann noch bis in die 1950er Jahre, bis man mit Hilfe der sogenannten Polysomnographie, einer Kombination mehrerer Messverfahren, zuverlässig die verschiedenen Schlafstadien und Schlaftiefen erkennen konnte. Da im Schlaf die Nervenzellen im Gehirn anfangen, im Takt zu feuern, und man diesen gemeinsamen Rhythmus (mit Hilfe einer sehr unkleidsamen Kabelmütze) messen kann, hat man den Schlaf anhand dieser Muster in fünf Stadien eingeteilt. Stadium I entspricht dem leichten Anfangsschlaf, im Stadium II verbringt man den größten Teil der Nacht, und in den Stadien III und IV findet der Tiefschlaf statt. Die fünfte Phase, der REM-Schlaf, unterscheidet sich grundlegend von den anderen vier: Das Gehirn ist so aktiv wie im Wachzustand, die Muskulatur aber völlig entspannt. Weckt man Testschläfer in REM-Schlafphasen, geben sie fast immer an, gerade geträumt zu haben. REM-Schlaf wurde bei so gut wie allen Säugetierarten nachgewiesen. Die Schlafstadien sind beim Menschen allerdings viel ordentlicher voneinander abgegrenzt als bei den meisten Tieren; man geht davon aus, dass ein Gehirn, das im Wachzustand mehr und schwierigere Dinge analysieren muss, auch nachts komplizierter schläft. Bei kleineren Tieren ist ein kompletter Schlafzyklus viel kürzer; die Kurzschwanzspitzmaus absolviert alle fünf Schlafphasen in nur 8 Minuten, der Elefant dagegen braucht fast zwei Stunden. Warum das so ist, weiß nicht einmal die Kurzschwanzspitzmaus selbst.

Weil es nicht leicht ist, direkt zu messen, was im Schlaf geschieht, kann man ersatzhalber untersuchen, was alles passiert, wenn man nicht schläft. Man setzt dazu eine Ratte auf eine von Wasser umgebene Plattform, die so klein ist, dass die Ratte nass wird, sobald sie sich beim Einschlafen entspannt. Ratten werden so ungern nass, dass sie in einer solchen Situation nicht schlafen können. Nach zwei bis vier Wochen Schlafentzug stirbt die Ratte aus unklarem Grund. Naheliegende Todesursachen wie Infektionen oder Herzversagen scheinen nicht im Spiel zu sein. Kritiker wenden allerdings ein, dass sich die Folgen der Schlaflosigkeit – ob für das Überleben oder auch nur für Stoffwechsel- und Gehirnfunktion – in diesen Experimenten nicht sauber von den Folgen der für die Ratte anstrengenden Ausnahmesituation unterscheiden lassen. Schlafentzug sei nun mal nicht einfach das Gegenteil von Schlaf, sondern ein abnormaler Zustand, aus dem man nicht viel über die Funktion des Schlafs lernen könne.

Die naheliegendste Vorstellung von dieser Funktion des Schlafs ist die sogenannte Erholungs- oder Reparaturtheorie: Wenn wir erschöpft sind, müssen wir schlafen, und da wir uns nach dem Aufwachen weniger müde fühlen, wird in dieser Zeit schon irgendeine Abnutzung im Körper rückgängig gemacht werden. So ganz kann das aber nicht stimmen. Zum einen müsste, wenn diese Hypothese zuträfe, eigentlich gerade die Giraffe nach ihrem 22-Stunden-Tag besonders lange schlafen. Das ist aber nicht der Fall: Je länger ein Tier wach ist, desto kürzer ist seine Schlafphase, denn Tiere halten sich (anders als etwa Programmierer) strikt an einen 24-Stunden-Tag. Zum anderen gibt es kaum Prozesse im Körper, von denen man sicher weiß, dass sie im Schlaf rückgängig gemacht werden. Zwar werden in den Schlafphasen III und IV vermehrt Wachstumshormone ausgeschüttet, und einige Indizien sprechen für einen – bisher unklaren – Zusammenhang zwischen Schlaf und der Regulation des Immunsystems. Der Nachweis wesentlicher Reparaturvorgänge ist aber bisher nicht gelungen.

Der Neuroendokrinologe Jan Born merkt dazu an, dass es zur Erholung nicht nötig wäre, das Bewusstsein abzuschalten. Erstens ist jedes Lebewesen in diesem Zustand durch Fressfeinde gefährdet, zweitens ist das Gehirn im Schlaf – insbesondere in der REM-Phase – gar nicht untätig, sondern sehr aktiv. Born vertritt die Gedächtnistheorie, nach der im Schlaf Lerninhalte verfestigt werden. Es gibt zahlreiche Experimente, in denen Versuchspersonen oder -tiere nach Schlafentzug bei verschiedenen Gedächtnisleistungen schlechter abschneiden. Aus diesen Experimenten lässt sich zwar eindeutig ableiten, dass Schlafentzug den Gedächtnisfunktionen abträglich ist, das beweist aber noch nicht umgekehrt, dass im Schlaf wichtige Gedächtnisprozesse ablaufen. Manche Forscher vermuten, dass Wissen sich nur schwer direkt ins Langzeitgedächtnis abspeichern lässt, sondern stattdessen erst zwischengespeichert und dann im Schlaf quasi auf die Festplatte geschrieben wird. Wenn es für diesen Prozess von Bedeutung ist, dass währenddessen keine neuen Informationen eingehen, wäre es tatsächlich sinnvoll, den Körper vorübergehend am Beobachten, Schnüffeln und Herumlaufen zu hindern. Leider ist die Theorie nicht ganz leicht zu überprüfen. Insbesondere wäre es hilfreich, wenn man mehr darüber wüsste, wie das Gedächtnis überhaupt funktioniert.

Borns Mitarbeiter Ullrich Wagner und Steffen Gais konnten 2004 immerhin erstmals belegen, dass Schlafen den Erkenntnisprozess befördert: Ihre Versuchspersonen mussten ein Problem bearbeiten, für das es einen mühsamen und einen einfachen Lösungsweg gab. Von den Testpersonen, die zwischen zwei Anläufen schlafen durften, kamen im Vergleich zu den wach gebliebenen mehr als doppelt so viele auf die simple Lösung. Wer schläft, anstatt zu arbeiten, spart also womöglich sogar Zeit. Schade, dass sich die Schlafforschung diesem wichtigen Einsatzfeld, der Rechtfertigung des Büroschlafs, nicht noch viel öfter widmet.

Die Gedächtnishypothese ist in ihren Grundzügen mittlerweile in verschiedenen Labors und mit unterschiedlichen Methoden belegt worden, aber nicht unumstritten. Ihren Hauptkritikern Jerome Siegel und Robert Vertes zufolge müsste es für eine so häufig untersuchte Hypothese inzwischen schlüssigere

Belege geben. Um widersprüchliche Ergebnisse zu erklären, sei die ursprüngliche These bis zur Nutzlosigkeit verwässert worden, indem je nach Versuchsausgang eben nur bestimmte Formen des Gedächtnisses (etwa das Gedächtnis für Bewegungsabläufe) betroffen sein sollen, andere aber nicht.

Dass zumindest der REM-Schlaf keine Voraussetzung dafür zu sein scheint, sich Dinge zu merken, zeigt das – zum Glück seltene – Beispiel von Menschen, die aufgrund spezieller Gehirnverletzungen ohne REM-Schlafphasen leben. Auch die zahlreichen Patienten, die als Nebenwirkung gängiger Mittel gegen Depressionen ganz oder weitgehend auf REM-Schlaf verzichten müssen, leiden offenbar trotzdem nicht unter nennenswerten Gedächtnisproblemen. Früher ging man davon aus, dass Träume nur im REM-Schlaf vorkommen und eine wichtige Funktion haben, heute nimmt man an, dass in mehreren, womöglich in allen Schlafphasen geträumt wird. Allerdings ist unklarer denn je, welchem Zweck das Träumen dient. Freuds These, dass im Traum verdrängte Wünsche und Emotionen ausgelebt werden, ist ebenso aus der Mode gekommen wie die Vermutung, Träume seien nur bedeutungslose Nebenprodukte der Gehirntätigkeit im Schlaf. Träume, so lautet kurz zusammengefasst der Forschungsstand, haben vermutlich irgendeine Funktion. Welche das sein könnte, ist unbekannt. Vielleicht sollen sie ja nur wie Filme auf Langstreckenflügen verhindern, dass man sich beim Schlafen langweilt.

Aber zurück zur Funktion des Schlafs: Siegel vergleicht sie mit der des Winterschlafs und weist darauf hin, dass dessen Aufgabe nicht besonders umstritten ist. Er dient dazu, das Tier in einer Zeit aus dem Verkehr zu ziehen, in der es ohnehin nichts tun könnte, weil draußen Schnee liegt. (Winterschlaf ersetzt übrigens nicht den normalen Schlaf. Zumindest manche winterschlafenden Tiere müssen, man mag gar nicht darüber nachdenken, hin und wieder mühsam aus dem Winterschlaf erwachen und sich aufwärmen, um regulär zu schlafen.) Fleischfresser schlafen artenübergreifend am längsten, Pflanzenfresser am kürzesten, und Allesfresser, darunter auch die Menschen, liegen im Mittelfeld. Ein Tier, das den ganzen Tag grasen und sich vor Fressfeinden hüten muss, hat nicht viel Zeit zum Schlafen, während ein Löwe es sich nach dem Verzehr einer Antilope leisten kann, den Rest des Tages die Augen zuzumachen. Und da wir keine 24 Stunden brauchen, um das Nötigste zu erledigen, ist es sinnvoll, den Körper zu einer Tageszeit, in der er mehr Schaden anrichtet als nützt, einfach in einer Ecke abzulegen. Bei kleinen Tieren, deren Körperoberfläche relativ groß im Verhältnis zu ihrem Gewicht ist, kommt vermutlich eine Energieersparnis durch das Herumliegen in einem warmen Nest hinzu. Für diese These scheint auch zu sprechen, dass bei Meeressäugern die Schlafdauer im Laufe des Lebens nicht ab-, sondern zunimmt: Im Meer gibt es weder geschützte Ecken, in denen die Tiere ungefährdet ihre Jugend verschlafen können, noch Abgründe, in die man im Dunkeln stolpert.

Eine verwandte Hypothese besagt, dass die Schlafdauer genetisch so eingerichtet ist, dass ein ökologisches Gleichgewicht aufrechterhalten werden kann. Raubtiere schlafen demnach länger als ihre Beute, um so eine «Überweidung» ihres Jagdgebietes zu vermeiden. Auch hier dient der Schlaf also vor allem der Vermeidung anderer, ungünstigerer Verhaltensweisen. Man kann sich gut vorstellen, wie die Programmierabteilung der Evolution auf solche Ideen verfällt, anstatt ein aufwändiges Feature wie die Vernunft einzubauen: «Schalten wir das Tier doch einfach vorübergehend ab, dann kann es wenigstens keinen Unfug anstellen.»

Der heutige Hauptgrund für das Schlafen muss allerdings gar nicht derselbe Grund sein, aus dem der Schlaf sich einmal entwickelt hat. Vielleicht diente das Schlafen ja anfangs einem bestimmten Zweck, im Laufe der Evolution kamen aber diverse

Aufgaben hinzu, die man – wo der Körper schon so tatenlos herumlag – bei der Gelegenheit gleich mit erledigen konnte. Es spricht jedenfalls manches dafür, dass es einen guten Grund für das Schlafen gibt: Schlaf nimmt immerhin sehr viel Zeit im Leben ein, er verläuft artenübergreifend erstaunlich ähnlich, und zumindest Ratten sterben, wenn er ihnen vorenthalten wird. Wer diesen Grund klar benennen könnte, dem wäre, so der Schlafforscher James Krueger, ein Nobelpreis ziemlich sicher.

Einige Forscher wenden gegen alle diese Hypothesen ein, die Frage «Warum schlafen wir?» sei bereits falsch gestellt: Man müsse sich vielmehr fragen, warum wir eigentlich hin und wieder wach werden. Schlaf sei der natürliche Daseinszustand, den wir mit vielen schlichter gebauten Tierchen sowie den Zellen unseres eigenen Körpers gemein haben. Von Zeit zu Zeit unterbrechen wir ihn, um Lebensmittel aus dem Kühlschrank zu holen oder unsere Art zu erhalten. Praktischerweise ist die Frage, warum wir aufwachen, viel leichter zu beantworten als die nach den Ursachen des Schlafens: Meist liegt es daran, dass der Wecker klingelt. Einen Nobelpreis gibt es dafür leider nicht.

Schnurren

> *Das außergewöhnlichste Beispiel für nahezu absolutes, wenn nicht sogar tatsächlich vollständiges Schweigen bei den landbewohnenden Tieren ist die Giraffe. Man hat von ihr, soviel ich weiß, bisher lediglich ein ganz schwaches Blöken zu hören bekommen, wenn sie mit Futter geneckt wurde.*
> Flann O'Brien: Trost und Rat

Katzen sind eigentlich ganz schlichte, in vielen dekorativen Farben und Mustern erhältliche Geschöpfe. Aber obwohl wir sie seit Jahrtausenden kopfkratzend (mal unseren, mal den der

Katze) betrachten, sind manche Details wie etwa ihre Schnurrgewohnheiten noch unverstanden. Es ist relativ leicht, tote Tiere aufzuschneiden und wissenschaftlich korrekt zu beschreiben, womit sie angefüllt sind. Aber tote Katzen schnurren nicht, und man kann das Schnurren auch nicht herausnehmen und unter das Mikroskop legen – zwei technische Hindernisse, die für erhebliche Schnurrforschungsdesiderata sorgen.

Denn trotz einiger Bemühungen ist weder ganz klar, wie und womit Katzen schnurren, noch, warum sie es tun. Ebenfalls offen ist bisher die Frage, ob alle oder nur ziemlich viele Angehörige der Familie Felidae schnurren und ob sie das auf dieselbe Weise tun und dasselbe damit meinen, denn außer für die Hauskatze wurden noch kaum Daten zum Schnurrverhalten und zur Schnurrtechnik erhoben. Es scheint jedenfalls irgendwie im Hals der Katze befestigt zu sein, das Schnurren – oder auch nicht: «Wir sollten ebensowenig annehmen, dass das Schnurren aus dem Hals der Katze stammt, wie wir annehmen, dass die Darsteller unserer Lieblingsserie im Fernseher wohnen», schrieb der Tiermediziner Walter R. McCuistion in den 1960er Jahren.

McCuistion glaubte nicht mehr an den Kehlkopf als Ort des Schnurrens, seitdem er in seiner Praxis eine Katze mit vom Hund durchgebissener Gurgel behandelt hatte. Die Katze atmete noch einige Wochen durch einen Schlauch und konnte nicht mehr miauen, schnurrte aber ungehindert weiter. McCuistion führte später unschöne Experimente durch, bei denen er Löcher in halbwüchsige Katzen schnitt und darin mit dem Finger nach der Herkunft des Schnurrens tastete. Er vermutete, dass das Schnurren, «der Fremitus», eigentlich aus der Zwerchfellgegend kommt, von Blut-Turbulenzen in der unteren Hohlvene herrührt und erst auf diversen Umwegen durch die Luftröhre in die oberen Atemwege gelangt.

In den 1970er Jahren verkabelten die Physiologen John E.

Remmers und Henry Gautier Katzen mit Messgeräten, um unter anderem herauszufinden, ob das Schnurren vor Ort oder durch Impulse aus dem Gehirn ausgelöst wird. Zu diesem Zweck wurden einige wichtige Nerven durchgeknipst, der nachfolgende Schnurrtest verlief aber positiv. Die beiden Forscher maßen schnurrsynchrone Aktivität in den Kehlkopf- und Zwerchfellmuskeln und vermuteten ein Öffnen und Schließen der Stimmritze als Schnurrgrund. Wodurch dieser Vorgang gesteuert wird und was das Ganze überhaupt soll, blieb jedoch weiter unklar: «Schnurren scheint einen Erregungszustand auszudrücken, der vor dem Hintergrund einer Interaktion der Katze mit freundlich gesinnten Lebewesen auftritt.»

Heute nimmt man meistens an, dass irgendwo im Hals geschnurrt wird, wobei McCuistions Experiment mit der kehlkopflosen Katze selten zitiert wird und bisher offenbar nicht wiederholt wurde. In den 1980er Jahren konnte nachgewiesen werden, dass sich das Schnurren durch Stimulation bestimmter Gehirnregionen auslösen lässt, also wohl zentral gesteuert ist. Welchen präzisen Schnurrtaktgeber das Gehirn dazu benutzt, ist noch nicht geklärt. Geschnurrt wird, darüber sind sich alle einig, unabhängig von der Größe der Katze mit einer Grundfrequenz zwischen 23 und 31 Hertz, die Katze atmet dabei schneller und tiefer, und ihr Herzschlag beschleunigt sich. Das Schnurren kommt hauptsächlich aus Maul und Nase der Katze, gleichzeitig kann sie problemlos miauen.

Aber selbst wenn man genau wüsste, womit die Katze schnurrt, wäre immer noch die Frage offen, warum sie es tut. Versichern Katzenkinder damit der Mutter, dass alles in Ordnung ist? Dafür spräche, dass das Schnurren auch beim Trinken funktioniert. Dagegen scheint zu sprechen, dass auch erwachsene Katzen schnurren, und zwar nicht nur «bei der Interaktion mit freundlich gesinnten Lebewesen», sondern auch dann, wenn sie große Schmerzen haben oder im Sterben liegen. Beruhigt sich die Katze durch das Schnurren? Oder löst das Schnurren die Ausschüttung von Endorphinen aus, körpereigenen schmerzlindernden Substanzen?

Auf einer Konferenz mit dem schönen Namen «12th International Conference on Low Frequency Noise and Vibration and its Control» wurde 2006 eine wenige Jahre alte Theorie der Akustikforscher Elizabeth von Muggenthaler und Bill Wright präsentiert: Unter anderem mit Hilfe streichholzkopfgroßer, auf Hauskatzen aufgeklebter Sensoren hatte man das Hauskatzenschnurren noch einmal genau vermessen und festgestellt, dass die dabei vorherrschenden Frequenzen dieselben sind, deren stimulierende Wirkung auf das Knochenwachstum in den 1990er Jahren entdeckt wurde. Nebenbei wirken Vibrationen dieser Art gegen Schmerzen, entspannen die Muskulatur und fördern Muskelwachstum und Gelenkigkeit. Die beiden Forscher vermuten, das Schnurren könnte eine Art Selbstheilungsmechanismus der Katze darstellen. Die Selbstheilungsfähigkeiten von Katzen sind viel ausgeprägter als die von Hunden, sodass Tierärzte gern behaupten, solange alle Einzelteile verletzter Katzen im selben Raum versammelt seien, wachse auch alles wieder zusammen. Das hat damit zu tun, dass Katzen später als Hunde domestiziert wurden und daher noch nicht ganz so verweichlicht sind, aber es ist nicht auszuschließen, dass auch das Schnurren eine Rolle spielt. Falls sich die Hypothese von Muggenthaler und Wright als richtig erweist, müssten Astronauten nur schnurren lernen, um sich in der Schwerelosigkeit vor abnehmender Knochendichte und Muskelschwund zu schützen. Leider ist ein Nachweis nicht leicht zu erbringen, weil man dazu gesunde, nichtschnurrende Katzen als Kontrollgruppe bräuchte. Katzen, die nie schnurren, sind aber in der Regel auch nicht gesund. Vielleicht müsste man eine schnurrende Katze an einen Hund binden und dann dessen Knochendichte messen, um mehr herauszufinden.

So bald wird das aber vermutlich nicht passieren, denn die Wissenschaft gibt vor, Besseres zu tun zu haben. Dabei weiß man so vieles nicht über Katzen. Warum erbrechen sie sich immer auf den Teppich und nie auf Parkett oder Fliesen? Warum beißen sie lieber die Kabel teurer Kopfhörer durch als ein billiges Stück Schnur? Und warum wollen sie immer auf der Zeitung liegen, die man gerade liest? Wer das alles herausfindet, kann schon bald den Markt mit einer vorteilhaften Neuzüchtung aufrollen, die sich schnurrend auf die bereits gelesene Zeitung erbricht.

Sexuelle Interessen

> *Randy Marsh: «Weißt du, Token, wenn ein Mann und eine Frau sich sehr, sehr lieb haben, steckt der Mann seinen Penis in die Scheide der Frau. Das nennt man ‹Liebe machen›, und es ist ganz normal.»*
> *Token: «Und wenn die Frau vier Penisse in sich drin hat und danach im Stehen auf die Männer pinkelt, ist das auch Liebe machen? Wenn fünf Zwerge einen mit Thousand-Islands-Salatsoße begossenen Mann schlagen? Machen die auch Liebe?»*
> South Park

Das Sexualleben der Tiere ist in den letzten Jahren nicht mehr das geregelte, gottesfürchtige Treiben, für das man es einst hielt: Bei vielen hundert Arten wurden homosexuelle Verhaltensweisen nachgewiesen, Schwäne verlieben sich unsterblich in Tretboote, und 60 Prozent aller Forellen täuschen den Orgasmus nur vor (nein, wir denken uns das nicht aus). Aber erst der Mensch hat alles endgültig so kompliziert gemacht, dass niemand mehr den Überblick über die verwirrende Vielzahl sexueller Unterrubriken im Internet behalten kann. Diese Entwicklung ist vermutlich – wie auch die vom Allesfresser zum Restaurantkritiker – ein eher unbeabsichtigter Nebeneffekt der zunehmenden Ausdifferenzierung unseres Gehirns. Aber während sich kaum jemand mit der Frage beschäftigt, warum Erbsensuppe ihm nicht so gut schmeckt wie den meisten anderen, interessieren sich viele Menschen sehr für den Ursprung ihrer sexuellen Interessen. Überzeugende Antworten fehlen bis heute.

Schon bei den Begriffen wird es schwierig: Soll man von sexuellen Vorlieben sprechen, einer sexuellen Orientierung oder einer sexuellen Identität? Jede Definition bringt gewisse Probleme mit sich. So werden Homo- und Heterosexualität häufig als sexuelle Orientierungen bezeichnet, bei der Bisexualität wird es schon schwieriger, und ein Interesse an Füßen oder SM-Praktiken ordnet man gern unter die Vorlieben ein, die zusätzlich zu und unabhängig von der Orientierung auftreten können. Diese Einteilung geht aber nicht etwa auf gesicherte Kenntnisse über die unterschiedliche Entstehung, Häufigkeit oder Unveränderlichkeit sexueller Interessen zurück, sondern ist eher historisch bedingt. Vereinfacht kann man sagen: Was eine Lobby hinter sich hat, gilt als «sexuelle Orientierung» und ist damit in einigen Ländern durch den Gesetzgeber vor Diskriminierung geschützt.

Bis ins 19. Jahrhundert galten Abweichungen von der sexuellen Norm, soweit man sie überhaupt auf dem Radar hatte, als schlechte Angewohnheiten. Im Laufe des 19. Jahrhunderts arbeitete man sich von der Annahme «Sexuelles Fehlverhalten führt zu Geisteskrankheit» allmählich zu «Geisteskrankheit und Degeneration führen zu sexuellem Fehlverhalten» vor. In der ersten Hälfte des 20. Jahrhunderts hingen auch progressive Sexualwissenschaftler dem Glauben an, männliche Homosexualität etwa entstehe durch einen Mangel an Testosteron und lasse sich daher durch die Transplantation «heterosexueller» Hoden heilen. Zur gleichen Zeit entwickelten Freud und seine Nachfolger die These, ungewöhnliche Familienverhältnisse führten zu ungewöhnlichen sexuellen Verhaltensweisen, die jedoch durch Psychoanalyse heilbar seien. Abweichendes Sexualverhalten galt als Zeichen eines «psychosexuellen Infantilismus», bei dem erwachsene Menschen in einer für Kinder normalen Entwicklungsphase steckenbleiben. In den 1930er Jahren vermutete der Mediziner Theo Lang, Homosexuelle seien «Umwandlungsmännchen» und gehörten genetisch dem anderen Geschlecht an – eine These, die zwanzig Jahre später, als man die Geschlechtschromosomen bestimmen konnte, in der Versenkung verschwand.

Zu den psychoanalytischen Theorien traten in den 1950er Jahren die des Behaviorismus: Ungewöhnliche sexuelle Interessen sollten durch Konditionierung in der Folge bestimmter, gern traumatischer Ereignisse im Kindesalter zustande kommen. Diese Konditionierung werde später durch sexuelle Betätigung verstärkt. Zu den Nachteilen dieser Theorie gehört, dass sich ihr Wahrheitsgehalt am Menschen kaum überprüfen lässt. Und dass sich Tiere im Experiment zu Fetischisten machen lassen, hat nicht viel zu bedeuten. Zum einen tendieren Tiere in Laborsituationen ohnehin zu ungewöhnlichen sexuellen Verhaltensweisen, zum anderen sind die meisten Tiere von Geburt an zoophile Pelzfetischisten. Der Sexualwissenschaftler Brian Mustanski drückt es so aus: «Artspezifische Verhaltensweisen (zum Beispiel Hohlrücken oder Aufspringen bei Ratten) können kein umfassendes Bild der menschlichen sexuellen Orientierung vermitteln.»

Seit den 1970er Jahren ist allmählich eine Erklärungslücke entstanden: Die früher gängigen Hypothesen sind zumindest dort aus der Debatte verschwunden, wo es um Homosexualität geht. Vom Tisch ist insbesondere die Verführungs- oder Ansteckungstheorie, die oft als Begründung für energisches Einschreiten des Gesetzgebers genannt wurde. Niemand vertritt mehr ernsthaft die Theorie, dass Homosexualität ankonditioniert oder durch ein gestörtes Verhältnis zum gleichgeschlechtlichen Elternteil oder andere Kindheitstraumata ausgelöst wird. In Bezug auf andere sexuelle Verhaltensweisen sind solche Theorien noch gelegentlich zu lesen, aber sie werden wohl den Weg der Homosexualitätserklärungen gehen. Ersatz muss her, aber woher soll er kommen?

Seit Anfang der 1990er Jahre wird in Medizin und Psychologie allgemein wieder vermehrt «biologistische» Forschung betrieben, die sich nicht mehr primär mit sozialen Einflüssen, sondern mit den Auswirkungen von Genen, Hormonen und Infektionen befasst. Diese Entwicklung hat einerseits mit den heute verfügbaren Untersuchungsmethoden zu tun, andererseits mit dem schwindenden Einfluss der Psychoanalyse. Im Rahmen dieser Trendwende wird auch eine Beobachtung neu erforscht, die schon in den 1930er Jahren Theo Lang zu seiner Theorie vom Umwandlungsmännchen inspiriert hatte: Je mehr ältere Brüder ein Mann hat, desto höher ist die Wahrscheinlichkeit, dass er homosexuell ist. Dieser Sachverhalt, so albern er zunächst scheinen mag, ist mittlerweile durch knapp 20 Studien gut belegt. Ältere Schwestern haben dagegen keinen Einfluss, und für die weibliche Homosexualität gibt es keinen solchen Zusammenhang. Freud hätte vermutlich behauptet, dass ältere Brüder die Familiendynamik beeinflussen, dagegen spricht jedoch, dass diese älteren Brüder gar nicht anwesend zu sein brauchen, wenn das betreffende Kind aufwächst. Umgekehrt haben anwesende, aber nichtleibliche Brüder keinen Einfluss: Es zählen nur die Söhne ein und derselben Mutter. Das alles spricht für einen Faktor, der sich bereits im Mutterleib und nicht erst im Sandkasten auswirkt. Um was es sich dabei handelt, ist noch ungeklärt – eventuell reagiert das mütterliche Immunsystem auf «männliche» Proteine. Und weil die Natur es den Forschern nicht zu leicht machen will, gilt das alles nur für Rechtshänder.

Eine andere These aus der biologisch orientierten Forschung

besagt, dass der Spiegel männlicher Hormone im Mutterleib sowohl Auswirkungen auf die spätere sexuelle Orientierung des Kindes als auch auf das viel leichter zu messende Längenverhältnis zwischen dessen Ring- und Zeigefinger hat. Die Ergebnisse dieser Studien waren bisher recht widersprüchlich, was auch daran liegt, dass andere Faktoren wie ethnische Herkunft sich ebenfalls auf das Fingerlängenverhältnis auswirken. Zwillingsstudien zur Homosexualität scheinen auf einen gewissen, wenn auch nicht sehr ausgeprägten genetischen Einfluss hinzudeuten, der bei Männern womöglich ausgeprägter ist als bei Frauen. Manche Forscher vermuten einen Sitz der männlichen Homosexualität auf dem X-Chromosom, weil sie bei den Verwandten mütterlicherseits häufiger auftritt. Andere wenden ein, eine Vererbung über die väterliche Linie werde dadurch behindert, dass Schwule einfach seltener Kinder haben. Insgesamt deutet einiges darauf hin, dass es neben anderen Formen eine – auf welchem Weg auch immer – biologisch bedingte Homosexualität gibt und dass sie bei Frauen anders entsteht als bei Männern.

Ob für andere sexuelle Interessen als die Homosexualität ähnliche Zusammenhänge existieren, ist bisher schlicht aus Mangel an Forschungsarbeiten unbekannt. Es gibt anekdotische Berichte über Menschen, die etwa als Folge von Gehirnverletzungen oder Medikamenteneinnahme plötzlich ungewöhnliche sexuelle Neigungen entwickeln oder ablegen, aber Untersuchungen etwa an Fetischisten, Sadomasochisten oder Zoophilen, die nicht nur auf Einzelfällen beruhen, liegen noch nicht vor. Schon über Männer weiß man in dieser Hinsicht nicht viel, über Frauen noch weniger. Manche Sexualwissenschaftler streiten ab, dass derlei bei Frauen überhaupt – außer in seltenen Ausnahmefällen – vorkommt. Es sieht auch nicht so aus, als würde sich an dieser unbefriedigenden Forschungslage in nächster Zeit viel ändern. Weltweit befassen sich nur wenige Sexualwissenschaftler mit der Suche nach den Ursachen sexueller Interessen, was nicht zuletzt damit zu tun hat, dass es weltweit nicht sehr viele Sexualwissenschaftler gibt. Mediziner und Psychologen reißen sich nicht gerade um diese Themen, weil man besser eine große, selbstbewusste und diskriminierungsfeste Lobby hinter sich haben sollte, wenn man Forschungsgelder und Universitätsstellen erhalten und in den Medien nicht als «Zehenlutschforscher» verlacht werden will. Diese Rahmenbedingungen sind bisher nur für die Erforschung der Homosexualität halbwegs gesichert.

Hin und wieder findet man in anderen Fachbereichen versehentlich etwas über die menschliche Sexualität heraus: Der amerikanische Neurologe Vilayanur S. Ramachandran führt, ausgehend von seinen Forschungsarbeiten zum Thema Phantomschmerz, den weit verbreiteten Fußfetischismus darauf zurück, dass die Informationen aus dem Fuß im Gehirn direkt neben denjenigen aus den Genitalien verarbeitet werden. Ein Patient Ramachandrans hatte berichtet, er erlebe nach der Amputation seines Fußes den Orgasmus in seinem Phantombein und dieser Orgasmus sei sogar befriedigender als zuvor. Allerdings erklärt diese Theorie eigentlich eher, warum viele Menschen es angenehm finden, wenn man ihnen an den Zehen lutscht, während der Wunsch des Fußfetischisten, an fremden Zehen zu lutschen, sich einer einfachen Erklärung nach wie vor entzieht. Ramachandran führt ihn auf die «Spiegelneuronen» zurück, die sich in den letzten Jahren bei Neurologen großer Beliebtheit erfreuen. Spiegelneuronen sind Nervenzellen, die beim Beobachten einer Tätigkeit die gleichen Gehirnareale aktivieren, als führte man dieselbe Tätigkeit selbst aus. Derzeit sind sie die eierlegende Wollmilchsau der Neuroforschung, weil man fast alles mit ihnen in Verbindung bringen kann. Fußfetischisten wollen Ramachandran zufolge also insgeheim nur, dass man sich ihren eigenen Füßen widmet, was nicht komplett ausgeschlossen, aber doch sehr unwahrscheinlich ist. Immerhin ist die These schon ein Fortschritt im Vergleich zur Vermutung der Psychoanalytiker Alfred Adler und Wilhelm Stekel, zu Fußfetischisten würden diejenigen, die als Babys am eigenen großen Zeh gelutscht hätten.

Generell fällt in der Fetischismusforschung – wenn man die seltenen und verstreuten Erklärungsversuche so bezeichnen kann – auf, dass die gängigen sexuell aufgeladenen Körperteile wie Mund, Brüste, Hintern und Genitalien nicht als Fetische gelten, obwohl sie für die Fortpflanzung nur teilweise wichtig sind. Nur Haare und Füße sind als klassische Fetischkörperteile anerkannt, was mit der Wissenschaftsgeschichte oder mit gesellschaftlichen Konventionen zu tun haben könnte. Dabei können anscheinend die meisten optisch auffälligen Körperteile zum sexuellen Fetisch werden – insbesondere, wenn sie im Alltag meist verpackt sind. Wie häufig die Fetischisierung bestimmter Körperteile oder auch Materialien vorkommt und wie stark diese Häufigkeit von den modischen und gesellschaftlichen Rahmenbedingungen abhängt, ist noch unerforscht. Generell gibt es für die wenigsten sexuellen Interessen brauchbares Datenmaterial, mit dessen Hilfe man die Lage in unterschiedlichen Ländern vergleichen könnte, um so mögliche kulturelle Einflüsse aufzuspüren.

Die kanadischen Psychologinnen Patricia Cross und Kim Matheson überprüften 2006 die gängigsten Theorien über sadomasochistische Sexualität unter Zuhilfenahme gängiger Persönlichkeitstests. Keine der Theorien ließ sich auf diesem Weg bestätigen: Die untersuchten Masochisten litten nicht an sexuellen Schuldgefühlen, wie die Psychoanalyse vermutet, und sie neigten nicht vermehrt zu psychischen Problemen oder Labilität. Die untersuchten Sadisten legten im Vergleich zur Kontrollgruppe keine autoritären Charakterzüge an den Tag, und es fanden sich keine Anzeichen für eine antisoziale

Persönlichkeitsstörung. Was Werte und Geschlechterrollen anging, bewegten sich die Anschauungen aller Sadomasochisten in einem relativ profeministischen Rahmen. Auch die These des Psychologen Roy Baumeister, masochistische Praktiken seien ein Mittel von vielen, um das anstrengende neuzeitliche Ichbewusstsein ein bisschen zurückzustutzen, ließ sich nicht bestätigen.

Alle paar Jahre werden zumindest Daten darüber erhoben, was für sexuelle Verhaltensweisen bestimmte Bevölkerungsgruppen überhaupt an den Tag legen. Aus diesen Studien geht recht eindeutig hervor, dass eine Abweichung von der sexuellen Norm selten allein kommt. Das kann mehrere Gründe haben: Ist nach dem Coming-out als Schwuler schon alles egal und man kann sich auch gleich noch einen Latexfetisch zulegen? Sind sexuell aufgeschlossene und vielseitig interessierte Menschen eher bereit, bei anonymen Telefonumfragen Auskunft über ihr Sexualleben zu geben, anstatt empört aufzulegen? Oder gibt es eine unterschiedlich stark ausgeprägte Bereitschaft zur Ausbildung ungewöhnlicher sexueller Interessen, die sich im Laufe der sexuellen Entwicklung durch – bisher ungeklärte – äußere Einflüsse auf bestimmte Themenfelder heftet? Viele Befragte geben zu Protokoll, die sexuellen Interessen ihres Erwachsenenlebens hätten sich schon deutlich vor der Pubertät gezeigt. Unter Fachleuten ist allerdings umstritten, ob man diesen Erklärungen Glauben schenken soll oder ob es sich um nachträgliche Rechtfertigungen («Ich kann nichts dafür, ich war schon immer so») handelt. Bis auf weiteres ist ungeklärt, ob sexuelle Präferenzen sich im Laufe des Lebens nennenswert wandeln oder durch geeignete Therapieformen geändert werden können oder ob sie spätestens mit dem Ende der Pubertät für immer feststehen. Viele Beobachtungen sprechen einerseits für Letzteres, andererseits gibt es sowohl im religiös-konservativen Lager als auch aufseiten der Subkulturen so ausgeprägte Interessen, die Frage in ihrem Sinne zu beantworten, dass die Aussagen beider mit Skepsis zu betrachten sind.

Vorerst sieht es jedenfalls nicht so aus, als ließen sich die komplexen Verhaltensweisen, die die menschliche Sexualität ausmachen, auf einfache Ursachen zurückführen. Wahrscheinlich haben sexuelle Interessen mehrere verschiedene Ursachen, und wahrscheinlich hat ein und dieselbe sexuelle Verhaltensweise bei unterschiedlichen Menschen jeweils unterschiedliche Gründe. Vielleicht sollte man doch erst mal die Frage klären, warum die einen Erbsensuppe lieber mögen als die anderen.

Stern von Bethlehem

Also, bei Star Trek waren alle Juden.
William Shatner

Jedes Jahr knapp zwei Wochen nach Weihnachten begehen die christlichen Kirchen das sogenannte Dreikönigsfest. Ihren Ursprung hat diese Tradition in der Weihnachtsgeschichte des Evangelisten Matthäus, die dazu folgenden Text enthält: «Als Jesus zur Zeit des Königs Herodes in Bethlehem in Judäa geboren worden war, kamen Sterndeuter aus dem Osten nach Jerusalem und fragten: Wo ist der neugeborene König der Juden? Wir haben seinen Stern aufgehen sehen und sind gekommen, um ihm zu huldigen.» Selten enthielt eine so kurze Passage so viele Rätsel. Sie liefert keine Informationen über die Namen der weisen Sterndeuter (Kaspar, Melchior und Balthasar hießen sie sicher nicht), ihre Anzahl (wahrscheinlich mehrere, drei ist allerdings geraten) und ihre Herkunft (eventuell Persien oder Babylon). Außerdem: Nirgendwo wird erklärt, um welchen rätselhaften

Stern es sich handelte. Der Stern von Bethlehem, der wohl einflussreichste Stern in der Geschichte der Sterne (die Sonne ausgenommen), ist ein großes Geheimnis.

Die folgende Diskussion geht von einigen Voraussetzungen aus, ohne die es sinnlos ist, nach dem Stern von Bethlehem zu suchen. Im Folgenden wird angenommen, dass es eine historische Figur Jesus aus Nazareth gab und dass die Evangelien des Neuen Testaments brauchbare Berichte von Zeitzeugen darstellen, in denen der Stern nicht etwa nachträglich dazugedichtet wurde, um der Begebenheit zusätzlichen Glanz zu verleihen. Alle diese Grundannahmen sind nicht hundertprozentig unumstritten; zum Beispiel taucht ab und zu die Theorie auf, das gesamte Neue Testament sei von den Römern nachträglich zusammengezimmert worden, um die Juden zu entzweien. Trotzdem sind diese drei Annahmen weniger fraglich als die astronomische Erklärung des Sterns von Bethlehem. Und man muss voraussetzen, dass es sich beim Weihnachtsstern um kein einmaliges Medienereignis handelte, das von einem gewissen Gott in Szene gesetzt wurde, denn ansonsten erübrigt sich sowieso jede Debatte.

Sind diese Voraussetzungen akzeptiert, wäre es als Nächstes hilfreich zu wissen, wann denn die Geburt von Jesus überhaupt stattfand. Das ist leider nur sehr grob bekannt. Übereinstimmend berichten Lukas und Matthäus, dass dieses Ereignis in die Regentschaft des König Herodes fiel, der, als er vom neuen König erfuhr, alle Neugeborenen in der Gegend von Bethlehem umbringen ließ, um sich unliebsame Konkurrenz vom Hals zu schaffen. Herodes wiederum starb kurz vor dem (nachträglich festgelegten) Start der aktuellen Zeitrechnung, also eigentlich «vor Jesu Geburt» – unser Kalender ist in dieser Hinsicht etwas ungenau. Die wichtigste Quelle zur Festlegung von Herodes' Tod ist der römisch-jüdische Geschichtsschreiber Flavius Josephus, der rund achtzig Jahre später berichtete, Herodes sei kurz nach einer Mondfinsternis, aber vor dem darauffolgenden jüdischen Passahfest gestorben. Lange ging man davon aus, dass die Mondfinsternis im März des Jahres 4 v.u.Z. gemeint sein müsse. Zwischen ihr und dem Passahfest liegen allerdings nur etwa vier Wochen, in denen zahlreiche belegte historische Ereignisse – unter anderem so zeitaufwändige Dinge wie Hinrichtungen, Verschwörungen und schließlich die ausgedehnten Trauerfeierlichkeiten für Herodes – stattgefunden haben müssten. Aus ungeklärten Gründen geben Kopien des Flavius-Reports aus der Zeit vor 1552 ein anderes Datum für den Tod des Herodes an, nämlich nach der Mondfinsternis im Januar des Jahres 1 v.u.Z., was genügend Zeitabstand bis zum Passahfest ließe. Das Kopieren von Dokumenten war bis vor einigen hundert Jahren leider etwas fehleranfällig. Es wurde vorwiegend von Mönchen durch einfaches Abschreiben vorgenommen, denn Mönchen im Mittelalter war die Benutzung von Fotokopierern aus religiösen Gründen untersagt. Vielleicht hat ein müder Mönch vor fünfhundert Jahren im Kerzenschein die Zahlen vertauscht.

Eine weitere Eingrenzung könnte ein Hinweis liefern, den zum Beispiel Lukas in seinem Evangelium hinterlassen hat: «Und jedermann ging, dass er sich schätzen ließe, ein jeder in seine Stadt.» Wegen dieser ominösen «Schätzung» zogen Josef und Maria nach Bethlehem. Im Wesentlichen kommen zwei historische Ereignisse infrage, die zu einer solchen allgemeinen Massenwanderung hätten Anlass geben können. Zum einen musste jeder Bürger aus steuerrechtlichen Gründen alle 20 Jahre seinen Geburtsort aufsuchen, für moderne Verhältnisse eine Zumutung. Eine dieser Steuererfassungen fand im Jahr 8 v.u.Z. statt, hinreichend lange vor dem Tod des Herodes. Zum anderen ließ Kaiser Augustus im Herbst des Jahres 3. v.u.Z. alle Bürger des Römischen Reiches einen Schwur auf den Kaiser, also sich selbst, leisten. Insbesondere mussten alle Juden geloben, nie und nimmer seinen Thron zu stürzen. Dazu begaben sie sich genauso wie zur Steuerschätzung in ihre Geburtsstadt. Akzeptiert man das Jahr 1 v. u. Z. als den Zeitpunkt von Herodes' Tod, so könnten diese kaiserlichen Festlichkeiten leicht der Anlass für Maria und Josef gewesen sein, nach Bethlehem zu reisen. Insgesamt kommt man zu dem Schluss, dass Jesus irgendwann zwischen 8 v. u. Z. und 1 v. u. Z. geboren wurde. In diesem Zeitrahmen muss man nach dem berühmten Himmelsereignis suchen.

Dabei ist es wichtig, neben astronomischen auch astrologische Gesichtspunkte zu beachten: Der Stern muss nicht einmal besonders hell sein, sondern vor allem bedeutungsvoll. Vor 2000 Jahren waren Sternenkunde und Sternendeutung noch eins, Sterne wurden beobachtet, kartiert, man verfolgte ihre Bahnen, suchte nach Regelmäßigkeiten, und aus alldem sagte man die Zukunft voraus. Erst viele hundert Jahre später geriet die Zukunftsdeutung etwas ins Zwielicht, weil es Wissenschaftlern immer schwerer fiel, an einen Zusammenhang zwischen unserer Zukunft und extrem weit entfernten Gasbällen zu glauben. Sterndeutung war zwar zu Augustus' Zeit populär, aber die Juden waren davon ausgenommen, bei ihnen galt Astrologie als Blasphemie. Wenig überraschend ist es daher, dass in Israel selbst niemand auf die Idee kam, ein Himmelsereignis mit der Geburt eines neuen Königs zu verbinden. Für die kundigen Weisen jedoch mussten die Vorgänge am Himmel so eindeutig gewesen sein, dass sie laut «Hurra» riefen, auf die Pferde stiegen und gen Westen ritten.

Einige lange diskutierte Kandidaten sehen zwar erhaben aus, kommen aber nach neueren Erkenntnissen eher nicht infrage. Ein gutes Beispiel ist der prominente Komet Halley, der immer wieder auf bildlichen Darstellungen als Stern von Bethlehem auftaucht. Halley erscheint regelmäßig alle 75 Jahre, unter anderem auch im Jahr 12 v. u. Z. Dies ist allerdings nach allem, was oben gesagt wurde, ein paar Jahre zu früh für einen Auftritt als Künder von Jesu Geburt. Man muss Halley aber wegen dieses Missgeschicks nicht bedauern, schließlich ist er trotzdem berühmt geworden. Andere Kometen, die von den aufmerksamen chinesischen Astronomen der damaligen Zeit dokumentiert wurden, etwa in den Jahren 4 und vielleicht auch 5 v.u.Z., kämen theoretisch zwar infrage. Jedoch gibt es zwei Probleme: Zum einen waren die Weisen eben weise und nicht dumm. Kometen lassen sich am Himmel leicht von Sternen unterscheiden, weil sie sich ganz anders bewegen und oft einen Schweif hinter sich herziehen, und diese Unterschiede waren damals bereits hinlänglich bekannt. Warum sollten die Weisen also von einem «Stern» berichten, wenn sie einen Kometen meinten? Zum anderen galten Kometen im Römischen Reich und Persien als Künder von Unheil. Man hätte sich bei so einer Entdeckung eher mit einer Papiertüte über dem Kopf im Keller verkrochen, als die Ankunft eines neuen, ruhmreichen Königs anzukündigen.

Eine zweite, für moderne Astronomen offensichtliche Variante wäre eine Supernova, ein «neuer Stern» am Himmel. Solche Ereignisse werden heute mit großen Teleskopen routinemäßig beobachtet und entstehen entweder im Todeskampf sehr schwerer Sterne oder aber wenn ein schon verstorbener Stern explodiert. Aufgrund dieses Wissens würde man heute kaum auf die Idee kommen, eine Supernova für einen Künder von Glück und Ruhm zu halten, aber über Schicksalsschläge im Leben von Sternen war zur Zeit Augustus' noch nichts bekannt. Der Effekt jedenfalls ist beeindruckend, plötzlich erscheint am Himmel ein neuer, sehr heller Stern, an einer Stelle, wo vorher nur Dunkelheit war. Johannes Kepler, der im Jahr 1604 Zeuge einer solchen Supernova wurde, schlug darum als Erster vor, den Stern von Bethlehem mit Hilfe eines solchen Ereignisses zu erklären. Seltsam dann nur, dass den akribischen Chinesen im fraglichen Zeitraum nichts Derartiges auffiel. Und zudem bewegt sich eine Supernova nicht relativ zu den Sternen, sie steht immer im selben Sternbild, was klar dem Bericht von Matthäus widerspricht. Darum scheidet auch die so bequeme Lösung einer Supernova für die meisten Experten aus.

Die heute allgemein für plausibel gehaltenen Theorien gehen nicht von einem einzelnen Himmelsobjekt aus, sondern vom Zusammenwirken mehrerer Planeten, manchmal mit Unterstützung des Mondes. Um der Wahrheit näher zu kommen, müsste man demnach alle Sterne mit Kometenschweif von den Weihnachtsbäumen entfernen und durch zwei oder drei sich bewegende Lichtpunkte ersetzen. Im fraglichen Zeitraum gab es eine Reihe von seltenen Konstellationen, bei denen sich zwei oder drei Planeten am Himmel nahe kamen. Im Jahr 7 v. u. Z. trafen sich Jupiter und Saturn gleich dreimal innerhalb von sieben Monaten, und zwar im Tierkreiszeichen Fische, ein uraltes Symbol des Judentums. Jupiter galt als Stern des Königs, Saturn als Beschützer der Juden, folglich könnte ihr Zusammentreffen die Geburt eines jüdischen Königs anzeigen, so argumentierte der österreichische Astronom Konradin Ferrari d'Occhieppo in den 1960er Jahren. Im Jahr 6 v. u. Z. trafen sich Jupiter, Saturn und diesmal noch Mars schon wieder im Sternbild Fische, ein zu dieser Zeit offenbar populärer Aufenthaltsort für Planeten. Auch dieses Ereignis käme theoretisch infrage.

Noch beeindruckender allerdings erscheint eine Abfolge von seltenen Ereignissen, die sich in den Jahren 3 und 2 v. u. Z. zutrugen, zeitgleich mit den Feierlichkeiten zur Ehrung von Kaiser Augustus. Im Mai des Jahres 3 begegneten sich Saturn und Merkur auf engstem Raum. Dann zog Saturn weiter und traf sich im Juni mit Venus. Damit nicht genug, denn die vergnügungssüchtige Venus hatte im August auch noch ein Rendezvous mit Jupiter und wenige Tage danach eines mit Merkur. Zehn Monate darauf, im Juni des Jahres 2 v. u. Z., trafen sich Jupiter und Venus erneut, und diesmal kamen sie sich so nahe, dass sie für das menschliche Auge zu einem einzigen extrem hellen Ding wurden, und zwar im Sternbild Löwe, dem Herrscher des Tierkreises. Hier verschmolz der königliche Planet Jupiter mit Venus im königlichen Sternbild, und gleichzeitig war auch noch Vollmond – könnte man stilvoller einen neuen König ankündigen? Wenige Wochen später kamen Jupiter, Venus, Mars und Merkur noch einmal im Sternbild Löwe zusammen, nur Saturn fehlte unentschuldigt. Im selben Zeitraum vollführte Jupiter zudem einen Schlenker am Himmel: Zunächst umkreiste er im Jahr 2 v. u. Z. den Stern Regulus, hellstes Objekt im Löwen und als Stern des Königs bekannt, bevor er im Dezember des Jahres 2 v. u. Z. für mehrere Tage nahezu zum Stillstand kam, und zwar mitten im Sternbild Jungfrau. Von Jerusalem aus gesehen stand Jupiter in diesen Nächten passend in Richtung Bethlehem – dort ist die Jungfrau mit dem König (Jupiter) in ihrem Leibe. Man könnte dem Sternenhimmel in diesem Fall nicht vorwerfen, sich missverständlich ausgedrückt zu haben. Der Historiker und Meteorologe Ernest L. Martin war es, der im Jahr 1991 dieses zwei Jahre andauernde Planetenspektakel als die astronomische Erklärung für den Stern von Bethlehem präsentierte. Allerdings darf Herodes dafür nicht schon im Jahr 4 v. u. Z. gestorben sein, was noch abschließend geklärt werden müsste.

Eine noch jüngere Theorie stammt wiederum von einem gelernten Astronomen. Michael R. Molnar sammelt in seiner Freizeit antike Münzen. Aus der Analyse römischer Münzen folgerte er, dass es falsch war, davon auszugehen, die Juden würden vom Sternbild Fische repräsentiert. Stattdessen sieht er eindeutige Hinweise auf eine symbolische Verbindung zwischen Judentum und dem Sternbild Widder. Das, so Molnar, ändert alles. Im April des Jahres 6. v. u. Z. standen die Sonne, Venus, Mars, Jupiter und zeitweilig der Mond, alles wichtige Leute im Sonnensystem, gleichzeitig im Sternbild Widder. Molnar folgert, dass dies der «Stern» von Bethlehem gewesen sein müsse. Oder, wie es sein Kollege Brad Schaefer ausdrückt: «Wow, das hätte jedem Astrologen den Turban weggeblasen.» Molnars Theorie verdeutlicht das eigentliche Problem bei der Weihnachtssternforschung: Es reicht nicht, einen hellen Stern zu finden. Zusätzlich muss man wissen, was der jeweilige Stern bedeutet haben könnte. Insgesamt entsteht eine Art verdrehte Astrologie – Sterndeutung nicht als Reise in die Zukunft, sondern in die Vergangenheit.

Natürlich ist es wie bei den meisten alten Rätseln leicht möglich, dass die Geschichte um den Stern von Bethlehem nie aufgeklärt wird. Andererseits hat die jüngere Astronomie einige Fortschritte in dieser Frage erbracht, zum Beispiel den Ausschluss der Supernova-Hypothese und die genaue Datierung des Erscheinens des Kometen Halley. Zudem sind einige der vermutlich besten Theorien gerade in den letzten zwanzig Jahren ausgedacht worden, was hoffnungsfroh stimmt. Eines sollte man allerdings bedenken: Es besteht ein gewisses Risiko, dass sich am Ende alle ernsthaften Erklärungsversuche als untauglich erweisen. Denn vielleicht war es doch der große fliegende Hund, der einen Lampion zwischen den Zähnen hielt und so die Weisen in die Irre führte.

Tausendfüßler

Wer tausend Beine hat, rennt schneller ins Verderben.
Ostasiatische Volksweisheit

Tausendfüßler als Haustiere zu halten, ist sicherlich ein ungewöhnliches Hobby. Aber solange sowohl der Gastgeber als auch der vielfüßige Gast damit einverstanden sind, kann niemand etwas dagegen einwenden. Leider halten sich die Tausendfüßler, seit mehr als 400 Millionen Jahren auf der Erde und entsprechend starrsinnig, nicht an diese Benimmregel. Seit vielen Jahre schon berichten leidgeprüfte Menschen in verschiedenen Erdteilen von ganzen Armeen von Tausendfüßlern, die jedes Jahr ihre Häuser heimsuchen. Warum die Tausendfüßler (lat. *Diplopoda*) das tun und wieso sie nicht vorher wenigstens fragen, das ist der Welt unbekannt.

Die Gemeinde Röns in Vorarlberg bietet eigentlich nicht viel Auffälliges, es gibt, wie in anderen Dörfern auch, einen Weiher, einen Kirchplatz, ein Gewerbegebiet und eine Ortseinfahrt. In mindestens drei Häusern jedoch, Tendenz steigend, kann man jedes Jahr im Spätsommer Seltsames beobachten: Hunderte Tausendfüßler dringen durch Türritzen und Spalten in die Häuser ein und klettern an den Wänden herum, auf der Suche nach dem Tafelsilber. Zum Glück haben Tausendfüßler gar nicht tausend Füße, sondern höchstens einige hundert, sodass nicht zu viel Dreck in die Wohnungen getragen wird. Sieht man sie unfreundlich an, gehen die ungebetenen Gäste nicht etwa freiwillig, sondern verspritzen auch noch übelriechendes Sekret, das hässliche Flecke hinterlässt. Jeden Tag kehren die Hausbesitzer hunderte vielfüßige Tiere von den Wänden. Nicht einmal den Vögeln kann man sie vorwerfen, denn viele Vögel essen höchst ungern Tausendfüßler. Was verständlich ist, immerhin haben sie eine harte Schale und kitzeln im Schnabel.

Man hofft zunächst, dass es sich um eine Vorarlberger Eigenheit handelt, bis man Einblick in die Literatursammlung des Experten Klaus Zimmermann aus Dornbirn erhält. Zur Zeit betreut der Biologe rund zwanzig Fälle von regelmäßigen Tausendfüßlerinvasionen in Österreich, Deutschland und anderswo, bei denen mindestens fünf verschiedene Arten über die Häuser herfallen. Aber dies ist nur die Spitze eines Eisbergs, eines braunschwarzen, krabbelnden Eisbergs, denn von ähnlichen Ereignissen wird aus Schweden, England, Tschechien, Malaysia und verschiedensten anderen Ländern berichtet. In einigen Fällen legen massenwandernde Tausendfüßler sogar den Eisenbahnverkehr lahm.

Penible Beobachtungen der Tausendfüßlerinvasion lieferte Hugh Scott in den 1950er Jahren. Vierzehn Jahre lang lebte er relativ ungestört in seinem Haus in England, bis er im Frühjahr 1953 die ersten acht «Millipedes» im Wintergarten fand. In den folgenden Jahren kamen sie zur selben Jahreszeit wieder, es wurden mehr, und die Dauer ihrer Anwesenheit im Haus verlängerte sich. Meist stiegen sie in der Nacht durch die Türritzen und krabbelten am Morgen über Wände und Treppen, bis Mr. Scott sie erlegte und archivierte. Im Jahr 1958 geriet die Angelegenheit außer Kontrolle: Zwischen Februar und Juni fand er 567 Tausendfüßler, davon 325 Weibchen, 239 Männchen und drei, deren Geschlecht nicht mehr feststellbar war, weil sie beim Töten zu sehr beschädigt wurden. In vielen Nächten im April liefen jeden Morgen zehn bis dreißig neue Bewohner durch sein Haus. Spätere Aufzeichnungen liegen nicht vor; vermutlich überließ Hugh Scott das Haus den ungebetenen Gästen und zog verbittert in ein Land ohne Tausendfüßler.

Die Ursache dieser Vorgänge konnten weder Scott noch der Rest der Fachwelt ermitteln. Weil in den betroffenen Häusern überwiegend geschlechtsreife Tiere aufgesammelt werden, schließen einige Beobachter, es handele sich um eine Wanderung zur massenhaften Paarung. Andere behaupten, es gehe um die Suche nach günstigen Orten zur Eiablage, was aber nicht erklärt, warum die Männchen dann gleich mitwandern. Eine Vielzahl von Theorien befasst sich mit klimatischen Ursachen: Die Luftfeuchtigkeit könnte eine Rolle spielen, weil Tausendfüßler, die normalerweise in den oberen Erdschichten wohnen und sich von abgestorbenem Pflanzenmaterial ernähren, in trockener Umgebung eingehen. Aber warum sollten sie dann in extrem trockene moderne Häuser flüchten? Hugh Scott jedenfalls bemerkte keinen Zusammenhang mit der Feuchtigkeit, wohl aber mit der Temperatur. Seine Tausendfüßler kamen vorwiegend in kalten Nächten, allerdings nicht, wenn es zu kalt war, dann machte kein Myriapode einen Schritt hinter die Tür. Andere Experten berichten von vermehrtem Auftreten besonders an heißen Tagen. Und überhaupt hat fast jede Erklärung Schwierigkeiten mit der scheinbaren Willkür, mit der sich die Tausendfüßler ihre Wandertage und -ziele aussuchen.

Ein englischer Biologe namens John Cloudsley-Thompson, der in den 1950er Jahren eine Monographie über Spinnen, Tausendfüßler und Kellerasseln publizierte, sah eine Parallele zum massenhaften Auftreten von Insekten, Heuschreckenschwärmen zum Beispiel: Zunächst kommt es zu enormer Vermehrung durch günstige Umstände, dann aber wird die Welt schlechter für die Tiere, und sie ziehen notgedrungen durchs Land, ungefähr wie in der Völkerwanderung. Um das im Falle der Tausendfüßler genauer zu untersuchen, müsste man, so wie Hugh Scott, an ein und demselben Ort über eine lange Zeit systematisch beobachten, unter welchen Bedingungen die Tiere anfangen, sich seltsam zu verhalten. Man braucht willige Zeitgenossen, die bereit sind, ihre Häuser jedes Jahr ein paar Wochen mit ein paar hundert Tausendfüßlern zu teilen. Das kann ja wohl nicht so schwer sein.

In Röns in Vorarlberg jedenfalls denkt man offenbar anders. Ein erster Versuch, die Plage mit Hilfe von Raubmilben einzudämmen, die die Eier der Tausendfüßler fressen, verlief nach anfänglichen Erfolgen im Sande. Seit Herbst 2006 setzt Klaus Zimmermann ein neues Mittel ein: Diatomeenerde, ein ungiftiges Pulver aus fossilen Pflanzenresten, dessen feine Kristalle sich in die Gelenke der Chitinpanzer hineinbohren und die Wachsschicht des Chitins durchscheuern. Derart behandelt, zerbröselten viele hundert Tausendfüßler ohne jeden weiteren Widerstand und nahmen das Wissen über den Grund für ihre Wanderung mit in den Tod.

Tiergrößen

Da sprach das Kalb
zur Kuh:
ich bin halb
so groß wie du.
Ich reich dir bis zum Euter
und nicht weiter
Arnold Hau

Manche Tiere haben Hörner und Bärte, andere haben Flossen, Flügel, Tentakel, haarige Beine oder nichts davon, aber eins haben alle Tiere: eine Körpergröße. Und weil die sich sogar bei toten, ja selbst versteinerten Tieren leicht messen und mit der anderer Tiere vergleichen lässt, ist sie ein oft und gern untersuchtes Thema. Einiges hat man dabei herausgefunden: Zum Beispiel sterben kleinere Tiere früher, produzieren schneller zahlreichere Nachkommen und essen – relativ zu ihrer Größe – mehr als große Tiere. Und es gibt viel mehr kleine Tierarten als große: Betrachtet man etwa die Landsäuger, so wiegen 75 Prozent von ihnen weniger als ein Kilogramm.

Eine grundlegende Schwierigkeit ist, dass man beim Durchzählen und Vermessen der Tierwelt bislang viele Tierarten übersehen hat. Derzeit sind etwa 1,5 Millionen Tier- und Pflanzenarten bekannt und beschrieben, und nach vollbrachter Kartierung könnte man mit 5 Millionen dastehen oder aber, wie manche meinen, auch mit 50 Millionen. Diese 3,5 bis 48,5 Millionen unentdeckten Arten sind nicht alle winzig klein; jedes Jahr stecken ein paar neue große Säugetiere ihren Kopf aus dem Busch und verblüffen die Biologen. Das mit bloßem Auge gut sichtbare Vietnamesische Waldrind beispielsweise wurde 1993 erstmals beschrieben. Kleine Arten werden aber aus verschiedenen Gründen später aufgefunden als große: Erstens wollten die frühen Tierforscher vor allem große, auffällige Tiere entdecken, die ausgestopft den Neid der Nachbarn erwecken. Zweitens haben große Tiere größere Reviere, sodass man leichter über sie stolpert. Und drittens braucht man bessere, modernere Techniken, um kleine Tiere nicht mit ihren nahen Verwandten zu verwechseln, denn bei kleinen Tieren unterscheiden sich die Arten weniger stark voneinander. (Eine Art zeichnet sich, so eine gängige Definition, dadurch aus, dass ihre Angehörigen sich nicht mehr erfolgreich mit denen der Nachbararten fortpflanzen können.) Das alles bedeutet, dass es vermutlich nicht nur *mehr*, sondern *viel mehr* kleine Tierarten als große gibt.

Im Laufe des jahrzehntelangen Tiervermessens wurden einige Gesetzmäßigkeiten erkannt und beschrieben. Anscheinend nimmt die durchschnittliche Größe der Tiere einer Art, über lange Zeiträume betrachtet, normalerweise zu. Dieser Sachverhalt wird nach dem Paläontologen Edward Drinker Cope als «Copes Regel» bezeichnet. Sie ist nach wie vor umstritten, gewinnt aber in den letzten Jahren neue Anhänger. Eine Erklärung dieses Wachstumstrends fehlt allerdings. Vermutlich trägt eine Vielzahl unterschiedlicher Faktoren dazu bei: Größere Weibchen produzieren zum Beispiel mehr Eier, und größere Männchen haben mehr Erfolg bei der Fortpflanzung, kurz: Groß sein ist generell eine gute Strategie, das Überleben zu sichern.

Aber wenn Größe so viele Vorteile bietet, warum lässt sich dann bei vielen Tierarten überhaupt kein kontinuierliches Größenwachstum nachweisen? «Warum ist Copes Gesetz so wenig gesetzmäßig?», fragen sich die Forscher ratlos. Und warum gab es früher so ansehnliche Tiere wie den drei Tonnen schweren Riesenwombat in Australien oder den dreieinhalb Meter langen Riesenbiber in → Amerika, die heute ausgestorben sind? Wenn Copes Regel zutrifft, muss mindestens ein zweiter Mechanismus existieren, der dem Größenwachstum ein Ende macht. Die Paläobiologen Blaire van Valkenburgh, Xiaoming Wang und John Damuth stellten 2004 ein Erklärungsmodell zumindest für manche Teilbereiche vor: In den letzten 50 Millionen Jahren sind einige erfolgreiche große Raubsäuger entstanden und wieder ausgestorben, ohne dass man so genau wüsste, warum. Van Valkenburgh, Wang und Damuth zufolge spezialisierten sich die Tiere, wie man an ihren fossilen Gebissen ablesen kann, mit zunehmendem Größenwachstum auf eine reine Fleischernährung. Diese Spezialisierung wurde ihnen immer wieder zum Verhängnis, wenn sich die Umweltbedingungen änderten, während Allesfresser sich den neuen Verhältnissen flexibel anpassen konnten. Denkbar wäre also, dass es sich für das einzelne Tier lohnt, wenn es seine Artgenossen überragt, und auch ganze Arten kurzfristig vom Größerwerden profitieren, mittelgroße Arten aber auf lange Sicht bessere Chancen haben. Und wer klein bleibt, profitiert nicht zuletzt davon, dass alles schneller geht: Groß werden dauert seine Zeit, sodass die Wahrscheinlichkeit steigt, vor Erreichen des fortpflanzungsfähigen Alters Parasiten oder Fressfeinden zum Opfer zu fallen.

Ohnehin können Tiere auch in guten Zeiten nicht beliebig groß werden. Für Insekten, die durch Tracheen atmen, ist der Sauerstoffgehalt der Luft der limitierende Faktor, weil ab einer bestimmten Körpergröße nicht mehr genug Sauerstoff ins Körperinnere gelangt; deshalb haben etwa Libellen heute keine Spannweite von 70 Zentimetern mehr wie im Oberen Karbon – damals enthielt die Erdatmosphäre mehr Sauerstoff als heute. Tiere ohne Tracheen haben dafür andere Probleme, denn mit zunehmender Körpermasse wachsen ihre Lebenshaltungskosten. Bei der Ernährungsumstellung von kleinen Beutetieren auf große steigt der Energiebedarf von Raubtieren überproportional an, denn jetzt genügt es nicht mehr, der Beute entspannt aufzulauern oder sie einfach einzusammeln, sondern sie muss gejagt und erlegt werden. Die Zoologen Chris Carbone, Amber Teacher und Marcus Rowcliffe berechnen daher für Raubsäuger ein maximal mögliches Körpergewicht von 1100 kg (zum Vergleich: Heute wiegt der größte Raubsäuger, der Eisbär, etwa 500 kg). Die sehr viel größeren Raubsaurier, so vermuten sie, kamen wohl mit einem wesentlich sparsameren Stoffwechsel durchs Leben. Die geschätzte Stoffwechselrate der größten Raubsaurier, die bis zu neun Tonnen wogen, entspricht der eines Säugetiers mit einem Gewicht von etwa einer Tonne. Daran schließt sich die verwandte Frage an, ob es eine optimale Größe gibt, die alle Tiere annehmen würden, wenn sie keine Fressfeinde und jederzeit genug zu essen hätten. Manche Fachleute nehmen an, dass Tiere unter diesen idyllischen Bedingungen langfristig auf eine Körpermasse von einem Kilogramm oder weniger zusammenschnurren würden. Andere glauben gar nicht an eine solche optimale Größe.

Die Größe eines Tiers hängt irritierenderweise auch mit der Größe der Landmasse zusammen, auf der es wohnt. Das bedeutet nicht, dass in Luxemburg ganz, ganz kleine Eichhörnchen leben, sondern dass große Arten offenbar schrumpfen, wenn sie auf Inseln ziehen oder durch das Verschwinden einer Landbrücke zu Inselbewohnern werden. So gab es noch bis vor etwa 2500 Jahren auf einigen Mittelmeerinseln Elefanten mit einer Schulterhöhe von nur einem Meter. Auch vom Wrangel-Mammut ist bekannt, dass es nach dem Abreißen der Landverbindung zwischen Sibirien und der Wrangelinsel im Lauf von nur 500 Generationen auf die für Mammutverhältnisse handliche Größe von 1,80 Meter schrumpfte. Kleinerer Lebensraum, kleineres Tier – es könnte alles so einfach sein. Aber da in der Natur selten irgendwas einfach ist, neigen viele Arten wiederum dazu, auf Inseln größer zu werden als auf dem Festland. Diese beiden Phänomene beschreibt das nach dem Zoologen J. Bristol Foster benannte Foster-Gesetz. Kleine Tiere werden, so stellte Foster in den 1960er Jahren fest, auf Inseln größer, große aber kleiner. Auch das stimmt wohl nur so ungefähr: Hasenartige, Fledermäuse, Paarhufer, Elefanten, Füchse, Waschbären, Schlangen, Schienenechsen und Echte Eidechsen sind auf Inseln oft kleiner als anderswo, bei Wühlern, Leguanen, Schildkröten und Bären ist es umgekehrt. Und das größte Reptil der Welt, der Komodowaran, besteht darauf, auf einer Insel recht bescheidenen Ausmaßes zu leben. In der Frage, warum das alles so ist, hat man sich bisher nicht geeinigt. Pflanzenfresser unterliegen vermutlich anderen evolutionären Einflüssen als Raubtiere, und bereits vorhandene Tiere können aufgrund von Nahrungsbegrenzung und Konkurrenz schrumpfen, während neu einwandernde Tiere häufig eine konkurrenzfreie Umwelt vorfinden und deshalb größer werden. Es gibt diverse Abwandlungen der Inselregel für andere Lebensbereiche wie etwa die Tiefsee. Eine davon besagt, dass Fische in kleineren Flüssen kleiner bleiben als Fische in größeren Gewässern. Die Abwesenheit von Haifischen in Bächen scheint für diese These zu sprechen, bewiesen ist aber noch nichts.

Die Arbeit der Biologen wird dadurch nicht leichter, dass Tiere, diese flatterhaften Geschöpfe, sich offenbar von vielen verschiedenen Auslösern zu Größenänderungen bewegen lassen. Die Paläobiologen Gene Hunt und Kaustuv Roy veröffentlichten 2006 eine Studie über eine Muschelkrebsart, die im Verlauf der letzten 40 Millionen Jahre nur dann an Größe zunahm, wenn sich ihre Umgebung abkühlte – in Zeiten gleich bleibender Temperaturen passierte gar nichts. Die Beweggründe der Muschelkrebse ähneln womöglich denen der heute lebenden Tiere, die in kälteren Gegenden größer sind als ihre nahen Verwandten in wärmeren Regionen. Die 1847 von dem Anatom und Physiologen Carl Bergmann aufgestellte Bergmann-Regel beschreibt dieses Phänomen, das auf das Verhältnis von Körperoberfläche zu Volumen zurückgeführt wird: Ein großes, dickes Tier ist leichter zu beheizen als ein kleines; aus demselben Grund gibt es in sehr kalten Gegenden keine kleinen warmblütigen Tiere. Manche Tiere scheren sich nicht um die Bergmann-Regel, dafür folgen ihr auch einige wechselwarme Tiere wie die Schildkröten, die eigentlich gar keinen guten Grund dazu haben dürften, während andere, namentlich die Echsen und Schlangen, mit abnehmender Temperatur kleiner werden. Und der Biologe Wayne A. van Voorhies meldete sich 1996 mit der Beobachtung zu Wort, die einzelnen Zellen eines bei Biologen beliebten Experimentiertiers, des Fadenwurms *Caenorhabditis elegans*, würden bei Temperaturen von zehn Grad Celsius um 33 Prozent größer als bei 25 Grad. Tschechische Forscher wiesen 2005 für bestimmte Gecko-Arten einen Zusammenhang zwischen der Größe ihrer roten Blutkörperchen und der Gecko-Gesamtgröße nach. Manche Tiere sind also womöglich nicht nur deshalb groß, weil sie aus zahlreicheren Zellen bestehen als kleine Tiere, sondern auch, weil diese Zellen größer sind.

Insgesamt bleiben die Wachstumsgewohnheiten der Tiere schwer durchschaubar. Ziemlich wahrscheinlich ist, dass unterschiedliche Kräfte zur gleichen Zeit an den Tieren zerren und ihre Größe beeinflussen. In der Welt der unbelebten Gegenstände sind ähnliche Vorgänge zu beobachten: Schiffe werden immer größer, Telefone aber gleichzeitig immer kleiner. Warum das alles so und nicht umgekehrt ist, wird die Wissenschaft sicherlich demnächst herausfinden.

Trinkgeld

... wenn ich hier so ein Sirupgeschmiere veranstalte, muß ich dem Zimmermädchen morgen ein Trinkgeld auf dem Schreibtisch hinterlassen, und will ich das denn? Trinkgeld gibt man doch nur aus Angst vor grantigen Reaktionen des Dienstleistenden, und ob das Zimmermädchen dankbar oder unzufrieden mein Zimmer reinigt, bekomme ich ja eh nicht mit. Ich werde schon fort sein, wenn es kommt.
Max Goldt: «QQ»

Millionen von Hobbyforschern beschäftigen sich regelmäßig nach dem Essen mit der Frage, wie viel Trinkgeld für den Kellner angemessen ist. Insgesamt einigen sie sich allein in den USA auf mehr als 20 Milliarden Dollar pro Jahr. Warum sie überhaupt mehr zahlen, als auf der Rechnung steht, warum es so viel sein muss und wovon die Höhe des Trinkgeldes abhängt, das wissen sie nicht. Die wenigen hauptberuflichen Trinkgeldwissenschaftler haben zwar auch keine eindeutigen Antworten auf die drängenden Trinkgeldfragen, können aber immerhin Interessantes berichten.

Wenig überraschend ist zunächst, dass die Höhe des Trinkgelds mit der Höhe der Rechnung ansteigt, kann man doch in jedem Benimmbuch nachlesen, dass es Brauch ist, einen bestimmten Prozentsatz der Rechnung als Trinkgeld zu zahlen. Andererseits hält sich ein Fünftel der Menschen (zumindest in Amerika) aus unklaren Gründen nicht an diese Konvention, sondern legt immer denselben Betrag obendrauf, egal, was auf der Rechnung steht. Wer mit Kreditkarte die Rechnung begleicht, ist überdurchschnittlich freigebig, vermutlich weil die Anwesenheit von Kreditkarten unbewusst einen Kaufrausch auslöst. Das funktioniert auch, wenn ihm die Rechnung, wie in Amerika üblich, auf einem kleinen Tablett präsentiert wird, das die Insignien von Kreditkartenfirmen zeigt – und er am Ende doch bar bezahlt. Daraus sollte man als Serviceanbieter unbedingt Kapital schlagen und einfach das komplette Restaurant mit überlebensgroßen American-Express-Karten tapezieren.

Wie nicht anders zu erwarten, hängt die Höhe des Trinkgeldes ein bisschen davon ab, wie der Kunde die Qualität des Service bewertet: Fühlt er sich gut bedient, zahlt er ein wenig mehr, allerdings nicht sehr viel. Stattdessen sollten Bedienungen sich darauf konzentrieren, freundlich oder notfalls auch aufdringlich zu sein. Wie der Psychologe Michael Lynn herausfand, kann man bemerkenswerte Erhöhungen der Trinkgelder feststellen, wenn die Kellner den Kunden «leicht auf dem Arm, der Hand oder der Schulter» berühren, ihn «mit Spielen oder Witzen unterhalten» oder «Smileys oder andere Bilder auf die Rückseite der Rechnung zeichnen». Wenn man sich so verhält, kann man vermutlich den Daumen in die Suppe des Kunden halten, das ist ihm dann egal. Ansonsten hängt die Höhe der Trinkgelder unter anderem davon ab, wie groß die Stadt ist, wie alt der Kunde ist, was er verdient, ob das Personal attraktiv aussieht, ob draußen die Sonne scheint oder ob für den nächsten Tag Sonnenschein vorhergesagt ist und ob die Kellnerin Blumen im Haar trägt. Der Kunde, ein rätselhaftes Geschöpf.

Aber warum zahlt man überhaupt Trinkgeld, wo es doch freiwillig ist und so einiges kostet? Die meisten würden wohl erwidern: «Weil man es so macht.» Leider ist diese Antwort vollkommen unbefriedigend. Eine möglicherweise bessere Variante: Wir möchten sicherstellen, in Zukunft genauso gut oder besser bedient zu werden. Wenn das stimmt, dann sollte vernünftigerweise niemand Trinkgeld geben, wenn er den Menschen, der ihn bedient hat, voraussichtlich nie wiedersehen wird, bei Taxifahrern zum Beispiel. Vernünftig wäre es dann auch, vor dem Essen oder vor dem Fahrtantritt zu zahlen, um die Bedienung oder den Fahrer gnädig zu stimmen. Die Wirklichkeit sieht anders aus.

Als Nächstes könnte man auf die Idee kommen, dass Mitgefühl eine bestimmende Rolle spielt: Man müsse das arme Servicepersonal doch unterstützen. Dafür gibt es einige Hinweise, zum Beispiel erklärten in einer Untersuchung in den USA immerhin 30 Prozent der Befragten, sie gäben Trinkgeld, weil sie das Gefühl hätten, die Empfänger seien darauf angewiesen. Allerdings häufen sich auch hier die Widersprüche: Wäre Mitgefühl wichtig, könnte man erwarten, dass Trinkgelder hoch ausfallen, wenn die Gehaltsdifferenz zwischen Kunde und Bedienung hoch ist, zum Beispiel bei Schuhputzern. Vielleicht ist es aber auch prinzipiell der Eindruck, die Angestellten im Restaurant würden von ihrem Chef an der kurzen Leine gehalten. Dann aber sollte man nie dem Restaurantbesitzer Trinkgeld zahlen. All dies lässt sich bisher nicht belegen.

Vielleicht geben wir auch Trinkgeld, um der Welt zu signalisieren, wie großzügig wir sind, auch wenn das vielleicht gar nicht stimmt. Aber wieso zahlt man dann auch in Abwesenheit der Welt, zum Beispiel, wenn man alleine mit dem Taxifahrer ist? Der Ökonom Robert Frank liefert eine mögliche Antwort: Wir müssen uns ständig selbst beweisen, wie großzügig wir sind, um das Gewissen zu beruhigen und das Karma zu verbessern. Dies führt, so der Soziologe Diego Gambetta, der sich ansonsten unter anderem mit der Mafia befasst, zu einer überraschenden Vorhersage: Menschen, die ohnehin großzügig sind, sollten weniger Trinkgelder zahlen als geizige, weil sie es ja nicht mehr nötig haben. Das wurde zwar noch nicht überprüft, stimmt aber wohl eher nicht. Und überhaupt, so argumentiert Michael Lynn auf bestechende Art und Weise, ist diese Theorie zu kreativ, um wahr zu sein.

Am Ende bleibt vielleicht doch nur «weil man es so macht» übrig. Womöglich folgt der Trinkgeldzwang lediglich aus dem Wunsch, in der Masse unterzutauchen und sich genauso zu verhalten wie alle anderen, das ist schließlich das Einfachste. Aber auch stark individualistisch eingestellte Bevölkerungsgruppen zahlen Trinkgelder, und zwar nicht weniger als andere. Andererseits hat es zusätzliche unangenehme Konsequenzen, wenn man kein Trinkgeld zahlt und so mit der Konvention bricht: Angestellte sehen einen verärgert an, man fühlt sich schlecht und beschämt, vielleicht sogar dann, wenn man sich sonst gar nicht um seine Mitmenschen schert. Und auch wenn der einzelne Akt des Trinkgeldgebens unvernünftig ist, als Massenphänomen ist es durchaus sinnvoll, denn Trinkgelder geben insgesamt einen Anreiz zur Verbesserung der Bedienung. Aber ob der Einzelne, satt und zufrieden nach dem Abendessen im Restaurant, sich Gedanken über die gesellschaftlichen Konsequenzen seines Handelns macht?

Es gibt demnach verschiedene plausible Gründe, nicht mit der gesellschaftlichen Norm zu brechen und weiterhin 10 bis 15 Prozent Trinkgeld zu zahlen, auch wenn noch lange nicht geklärt ist, warum diese Norm überhaupt existiert. Und es gibt außerdem gute Gründe, das Phänomen weiter unter die Lupe zu nehmen. Man lernt dabei, dass sich Menschen in wirtschaftlichen Entscheidungen gar nicht so rational und egoistisch verhalten, wie das eine ordentliche Wirtschaft von ihnen verlangt, also genau abwägen, wie viel sie zahlen und was ihnen das bringt. Stattdessen ist ein unübersichtlicher Mix aus tradierten Verhaltensweisen, verschiedenen Gefühlsregungen und ein paar rationalen Bestandteilen am Werk.

Übrigens wird in manchen Ländern gar kein Trinkgeld gezahlt, in China zum Beispiel. Wiederum sind die Gründe unklar. Es kann jedoch kaum mit der jahrzehntelangen kommunistischen Erziehung zu tun habe, denn im kapitalistischen Singapur und in Australien ist es ganz genauso. Manchmal runden asiatische Taxifahrer den Preis sogar zu ihren Ungunsten ab, wodurch ein negatives Trinkgeld entsteht – der Bedienstete zahlt dem Kunden Trinkgeld. Aber auch im Trinkgeldparadies Amerika regen sich traditionell Widerstände. Im Jahr 2006 etwa machte der prominente Restaurantbesitzer und Kochbuchautor Thomas Keller Schlagzeilen, als er in seinem New Yorker Restaurant Trinkgelder prinzipiell verbot. In den darauffolgenden Debatten wird die Praxis des Trinkgeldgebens abwechselnd als «amerikanisch» oder als «unamerikanisch» bezeichnet, wohl weil es niemand so genau weiß.

Prägnant zusammengefasst wird der wissenschaftliche Erkenntnisstand in der Anfangsszene des Tarantino-Films «Reservoir Dogs». Am Ende eines langen Frühstücks im Café erklärt Steve Buscemi alias «Mr. Pink», als es ums Bezahlen geht, er glaube nicht an Trinkgelder, und löst damit eine lange Diskussion aus. Ausführlich erklärt er unter Verwendung vieler der oben beschriebenen Zusammenhänge, warum Trinkgelder sinnlos und unvernünftig sind. Der Trinkgeldzwang erweist sich jedoch als stärker, denn am Ende bezahlt Mr. Pink trotzdem seinen Anteil, und zwar aus Dankbarkeit, denn schließlich musste er schon nichts für die Rechnung geben. Irgendeinen Grund findet man ja immer.

Tropfen

Wie sieht eine Träne wirklich aus? Nicht sehr romantisch. Erst wie eine Orange, in die eine Stricknadel gespießt ist, und später wie ein Hamburger.
Ian Stewart, Mathematiker

Ein tropfender Wasserhahn könnte wesentlich weniger lästig sein, wenn man wüsste, wie die Tropfen entstehen. So aber liegt man nächtelang wach und wird mit jedem Tropfgeräusch aufs Neue daran erinnert, wie bedrückend wenig man von der Welt versteht. Die gute Nachricht: In stark idealisierten Fällen können Mathematiker die Tropfenbildung heute einigermaßen erklären. Zwei schlechte Nachrichten: Zum einen sind die Vorgänge an den meisten echten Wasserhähnen weiterhin unverstanden. Wie kann man die Größe der Tropfen vorhersagen? Wie lange dauert es, bis ein neuer Tropfen abreißt? Und was geschieht dabei eigentlich genau? Zum anderen führen die Tropfenfragen direkt zu einigen der kompliziertesten – und gleichzeitig wichtigsten – Problemen, mit denen man sich in der Forschung beschäftigen kann.

Wenn eine Flüssigkeit langsam aus einem senkrechten Hohlzylinder (ein Schlauch oder Rohr) austritt, entstehen Tropfen. Zunächst sammelt sich am Ende des Rohrs ein wenig Flüssigkeit, dann entsteht eine Einschnürung zwischen dem neuen Tropfen und dem Rohrende. Diese Einschnürung zieht sich in der Folge stark in die Länge, bis an ihrem unteren, spitzen Ende der Tropfen hängt. Schließlich reißt dieses instabile Gebilde auseinander. Abgesehen von dem großen Tropfen bilden sich aus den Resten des Fadens zwischen Tropfen und Rohr eine Reihe von kleineren Tropfen. Eine wichtige Erkenntnis der modernen Forschung: Es ist schwer, nur Tropfen einer bestimmten Größe zu produzieren. Stattdessen hat man es mit einem breiten Spektrum aus Tropfengrößen zu tun.

Die treibende Kraft hinter der Tropfenbildung ist Oberflächenspannung. Flüssigkeiten wehren sich dagegen, ihre Oberfläche zu vergrößern. Darum sehen Tropfen kugelförmig aus, wenn man Luftwiderstand und ähnliche Effekte vernachlässigt. Der Übergang von einem zusammenhängenden Fluid zu isolierten Tropfen ist jedoch außerordentlich kompliziert.

Die Tropfenbildung zu verstehen, das wünschen sich zum Beispiel die Hersteller von Tintenstrahldruckern und Wandfarbe; die einen wollen möglichst gleichmäßige Tropfen, die anderen am besten gar keine. Die dem Tropfenproblem zugrunde liegende Theorie der sich bewegenden Flüssigkeiten,

Hydrodynamik genannt, spielt außerdem eine Rolle beim Bau von Flugzeugen, Schiffen, beim Verständnis der Vorgänge in der Erdatmosphäre und der Milchstraße sowie in der Diskussion der Frage, wie lange ein zähflüssiger Käse für die Bewältigung der Marathondistanz benötigt. Im Allgemeinen verlangt die Beschreibung der Bewegung einer Flüssigkeit die Lösung der Navier-Stokes-Gleichungen, benannt nach zwei Mathematikern des 19. Jahrhunderts, die Geschwindigkeitsänderungen in Bezug zu Druckänderungen in der Flüssigkeit setzten. Bis heute ist allerdings keine Lösung für diese Gleichungen bekannt, schlimmer noch – niemand weiß, ob überhaupt eine Lösung existiert. Wenn man eine findet, ist man reich, denn die Lösung der Navier-Stokes-Gleichungen gehört, wie auch der Beweis der → Riemann-Hypothese und das → P/NP-Problem, zu den Jahrtausendproblemen der Mathematik, für die je eine Million Dollar Preisgeld ausgesetzt ist.

Nur in bestimmten Spezialfällen kann man die Navier-Stokes-Gleichungen lösen. Sie vereinfachen sich zum Beispiel, sobald es sich um → Wasser handelt. Wasser ist eine sogenannte Newtonsche Flüssigkeit: Egal wie grob man mit ihm umgeht, es wird sich immer wie eine Flüssigkeit benehmen, seine Viskosität (Zähigkeit) hängt nur von Temperatur und Druck ab, nicht von den Kräften, die an ihm ziehen. Anders die Nichtnewtonschen Flüssigkeiten, zu denen so wesentliche Dinge wie Zuckerwasser, Honig, Blut, Senf, Klebstoffe, Farbe, flüssige Metalle, aber auch Sand gehören: Ihre Zähigkeit verändert sich, je nachdem, was man mit ihnen anstellt. Wenn man zum Beispiel Maisstärke in Wasser anrührt, so kann man auf der resultierenden Pampe herumlaufen, solange man sich schnell und kraftvoll bewegt. Bleibt man jedoch stehen, sinkt man ein. Bei großer Krafteinwirkung verhält sich das Gemisch wie Götterspeise, bei geringer wie eine normale Flüssigkeit. Das ist allerdings bei Nichtnewtonschen Flüssigkeiten nicht immer so, einige, Blut zum Beispiel, verhalten sich genau umgekehrt oder auch ganz anders.

Ein tropfender Wasserhahn bietet noch eine weitere Möglichkeit, die Gleichungen und mit ihnen die Modellierung der Tropfenentstehung zu vereinfachen: Er ist im Idealfall zylindersymmetrisch, das heißt, er sieht von allen Seiten betrachtet gleich aus, und die Schwerkraft zieht die Tropfen sauber nach unten. Das ändert sich allerdings, wenn der Hahn schief steht oder zur Hälfte mit Kalk verstopft ist oder wenn zum Beispiel Blut aus ihm tropft – ein alltägliches Phänomen in Horrorfilmen. Ganz zu schweigen natürlich von den Komplikationen, die entstehen, wenn man den Hahn voll aufdreht und das ganze Blut nicht mehr schön langsam und tropfenweise, sondern schnell und turbulent austritt.

Die offensichtliche Lösung aller Tropfenprobleme ist schon lange bekannt: Man muss an einen Ort ziehen, an dem es weder Flüssigkeiten gibt noch Horrorfilme, zum Beispiel auf den Mond. Nie mehr wird man dort wegen tropfender Hähne wach liegen.

Tunguska-Ereignis

«Kometen verursachen immer Katastrophen», sagte der Snork feierlich.
«Was ist eine Katastrophe?», wollte Schnüferl wissen.
«Oh, allerhand Schreckliches», antwortete der Snork. «Heuschreckenschwärme, Erdbeben, Sturmfluten, Wirbelstürme und so weiter.»
«Lärm, mit anderen Worten», sagte der Hemul. «Man hat nie seine Ruhe.»
Tove Jansson: «Komet im Mumintal»

Am 30. Juni 1908 kurz nach sieben Uhr morgens tat es in Sibirien einen Schlag, «der mit Bumsti nur unzutreffend wiedergegeben ist» (Robert Gernhardt). Oder auch mehrere; hier fangen die Probleme schon an, denn manchen Ohrenzeugenaussagen zufolge knallte es bis zu zwanzigmal. Unumstritten ist eigentlich nur, dass in der Nähe eines Jenissei-Nebenflusses mit dem attraktiven Namen Steinige Tunguska irgendetwas explodiert war, und zwar vermutlich am Himmel. Die Explosion hatte – wie man Jahrzehnte später mühsam aus Indizienbeweisen errechnete – die Sprengkraft von 10 bis 20 Megatonnen TNT, das entspricht dem Fünf- bis Zehnfachen aller im Zweiten Weltkrieg abgeworfenen konventionellen Bomben oder umgerechnet sehr, sehr vielen Knallfröschen. Eine dunkle, pilzförmige Wolke erhob sich, es regnete Dreck, und seismographische Stationen in Irkutsk, Taschkent, Tiflis und im über 5000 Kilometer entfernten Jena registrierten die Erschütterung. Die Druckwelle wurde von mehreren Messgeräten in England aufgezeichnet. In 970 Kilometern Entfernung maß das Observatorium in Irkutsk Störungen im Erdmagnetfeld, wie sie auch nach Atombombenexplosionen auftreten. In den folgenden 72 Stunden beobachtete man in ganz Europa lange und ungewöhnlich farbige Abenddämmerungen und helle Nächte; im schottischen St. Andrews konnte man nachts um halb drei Golf spielen. Irritierenderweise hatten sich solche Abenddämmerungen zusammen mit anderen Phänomenen wie Wolken in sehr großer Höhe, atmosphärischen Störungen und auffälligen Sonnenhalos schon mehrere Tage vor der Explosion gezeigt. Diese Erscheinungen waren in einem Gebiet zu sehen, das etwa vom Jenissei im Osten bis zur Atlantikküste im Westen und im Süden etwa bis zur Höhe von Bordeaux reichte.

In den ersten Jahrzehnten der Forschung stammten alle Daten aus fünf Expeditionen, die der russische Mineraloge Leonid Kulik zwischen 1921 und 1939 durchführte. Die erste dieser Expeditionen war ursprünglich eine allgemeine Meteoriten-Forschungsexpedition, bei der Kulik am Bahnhof von St. Petersburg ein Kalenderblatt von 1910 in die Hand gedrückt bekam, das von einem mysteriösen, 1908 in Tomsk vom Himmel gefallenen Meteoriten berichtete. Der Kalendereintrag erwies sich als falsch, brachte Kulik aber auf die Fährte des Tunguska-Ereignisses. Dieser ersten Expedition ging das Geld aus, bevor Kulik ins Explosionsgebiet vordringen konnte; es gelang ihm aber, mit Hilfe eines in Zeitungen veröffentlichten Fragebogens zahlreiche Augenzeugenaussagen zu sammeln.

Das Tunguska-Gebiet ist nicht gerade ein Ferienparadies, sondern entlegen, unwegsam, mückenverseucht, im Sommer zu heiß und im Winter zu kalt. Es wundert daher kaum, dass die Gegend ausgesprochen dünn besiedelt ist. Einerseits ein glücklicher Umstand, denn so hielt sich der angerichtete Personenschaden in Grenzen: Jemand brach sich den Arm, es gab einige blaue Flecken, und ein alter Mann starb vor Schreck. Ein günstigeres Verhältnis von Ausmaß der Katastrophe zu Anzahl der Verletzten wird man lange suchen müssen. Andererseits wüssten wir heute sehr viel mehr über das sogenannte Tunguska-Ereignis, wenn die Augenzeugenberichte nicht zum Teil erst Jahrzehnte später aufgenommen worden wären. Selbst die Berliner Polizei ist normalerweise schneller am Unfallort.

Aus den ca. 900 Augenzeugenberichten, die nach der Katastrophe in russischen Zeitungen erschienen oder in den folgenden Jahrzehnten durch Befragungen der Bevölkerung zusammengetragen wurden, geht hervor, dass in der nächsten Siedlung, dem 65 Kilometer entfernten Wanawara, eine grelle Lichterscheinung zu sehen war und Fensterscheiben zersprangen. Die Befragten berichteten von Hitzeempfindungen auf der Haut, Donner und einer Druckwelle. Laute, wie Schüsse aufeinanderfolgende Explosionen waren noch in 1200 Kilometer entfernten Dörfern zu hören. In den ersten Jahrzehnten der Forschung ging man nach Analyse der Augenzeugenberichte davon aus, dass die Lichterscheinung sich von Süden nach Norden bewegt habe, bis man sich nach einigem Hin und Her in den 1960er Jahren schließlich auf eine Flugbahn von Ostsüdost nach Westnordwest einigte. Erst Anfang der 1980er Jahre erschien eine umfangreiche Sammlung von Augenzeugenberichten aus verschiedenen Regionen, die alles noch komplizierter machte: Zum einen beschrieben die Anwohner des Flusses Angara und die Anwohner der Unteren Tunguska die Erscheinung und ihre Bahn derart unterschiedlich, dass es sich kaum um ein und dasselbe Ereignis handeln konnte. Darüber hinaus wollte die aus den Angara-Berichten rekonstruierte Flugbahn nicht zum Muster der gefällten Bäume passen. Und schließlich war man sich in den Tunguska-Berichten einig, dass das Ereignis am Nachmittag stattgefunden hatte, während die Angara-Berichte vom frühen Morgen sprechen. Es handelte sich hier nicht um einige wenige Ausreißer, sondern um zwei umfangreiche Augenzeugengruppen, deren Berichte sich nicht einmal unter großen Verrenkungen zur Deckung bringen lassen. (Nicht ohne Grund heißt es unter Anwälten: «Lieber gar kein Zeuge als ein Augenzeuge.») Bis heute greifen sich die meisten Forscher aus dem Angebot diejenigen Aussagen heraus, die für ihre eigene Theorie sprechen, und erklären den Rest für unzuverlässig.

1927 erreichte Kulik in einer zweiten Expedition nach monatelangen Mühen und von Skorbut geschwächt endlich das Katastrophengebiet. 19 Jahre nach dem Ereignis fand er auf einer Fläche von über 2000 Quadratkilometern etwa 60 Millionen Bäume entastet, entrindet und wie Streichhölzer abgebrochen vor. Die umgestürzten Bäume wiesen fächerartig vom Epizentrum der Explosion weg, im Zentrum standen einige noch aufrecht, kahl wie Telegrafenmasten. Durch einen Waldbrand in der Folge der Explosion waren die Bäume in vielen Gebieten verkohlt. Außerdem fanden sich ringartige Bodenwellen und zahlreiche kraterartige Löcher von 10 bis 50 Meter Durchmesser. Allerdings gelang es Kulik auch im Laufe der folgenden Expeditionen nicht, den gesuchten Einschlagskrater oder Überreste eines Himmelskörpers zu finden. In den 1960er Jahren verständigte man sich darauf, dass die Explosion wahrscheinlich in der Luft über dem Epizentrum stattgefunden hatte – und das ist auch bis heute einer der wenigen Punkte, über die sich die meisten Forscher einig sind. Schon bei der Anzahl der Explosionen gehen die Meinungen wieder auseinander.

Der hypothetische Himmelskörper wurde zunächst nach der 600 Kilometer vom Ort des Geschehens entfernten Eisenbahnkreuzung Filimonowo, von der auf Kuliks Kalenderblatt die Rede war, als «Filimonowo-Meteorit» bekannt. Der amerikanische Astrophysiker Harlow Shapley war 1930 der Erste, der einen Kometen hinter der Sache vermutete, also keinen Stein, sondern einen schmutzigen Eisbrocken (der in diesem Fall auf etwa 40 Meter Durchmesser geschätzt wird) mit einer nebligen Hülle. Seine Theorie wurde 1934 von zwei Astronomen, dem Briten Francis Whipple und dem Russen Igor Astapowitsch, aufgegriffen und in der Folge vor allem von Russen vertreten und weiterentwickelt, während amerikanische Forscher häufiger auf einen Asteroiden als Verursacher setzten. Asteroiden kommen in unterschiedlichen Versionen vor, im Zusammenhang mit Tunguska wird üblicherweise nach einem Steinbrocken von 30 bis 200 Meter Durchmesser gefahndet. Bis in die 1990er Jahre hinein gab es zwischen diesen beiden Hauptreligionen kaum Kontakt, was wohl vor allem daran lag, dass die russischen Veröffentlichungen nicht auf Englisch verfügbar waren und umgekehrt. Zwar konnte die Asteroidentheorie in den letzten Jahren ihre Marktanteile ausbauen, aber bis heute hat sich keine der beiden Theorien durchgesetzt.

Für einen Kometen spricht, dass das mutmaßliche Himmelsobjekt schon in der Atmosphäre spurlos zerbröselt sein muss, denn trotz gründlicher Suche sind noch immer keine Asteroidenfragmente aufgetaucht; selbst von erheblich kleineren Meteoriten finden sich aber normalerweise irgendwelche Überreste, und sei es nur Staub. Auch den von der Sonne wegzeigenden Staubschweif, von dem manche Augenzeugen berichten und der wegen seines Wassergehalts für die ungewöhnlichen Sonnenuntergänge im Jahr 1908 verantwortlich sein könnte, besitzen nur Kometen. Ein Asteroid wäre zu trocken, um in großer Höhe Wolken entstehen zu lassen, die das Sonnenlicht brechen und so für helle Nächte sorgen.

Für die Asteroidentheorie spricht jedoch, dass alles, was über die Bahn des Objekts bekannt ist, eher zu den Gewohnheiten von Asteroiden passt. So errechneten italienische Forscher 2001, dass unter 886 denkbaren Bahnen des Himmelskörpers 83 Prozent Asteroidenbahnen und nur 17 Prozent Kometenbahnen sind. Außerdem weiß man seit dem Zusammenstoß des Kometen Shoemaker-Levy mit Jupiter (der zugunsten des Jupiter ausging), dass die Masse eines Kometen über 100 Millionen Tonnen betragen muss, damit es zu einer großen Explosion kommt. Das Tunguska-Objekt wird aber aufgrund seiner Geschwindigkeit und der Höhe der Explosion nur auf 100 000 Tonnen geschätzt. Ein so kleiner Komet kann – im Gegensatz zu einem Asteroiden – dem großen Druck beim Eindringen in die Atmosphäre nicht standhalten. Und wäre das Tunguska-Objekt wesentlich größer gewesen, hätte seine Explosion – so der amerikanische Astronom Zdenek Sekanina – die Sonne verdunkelt und eine Art nuklearen Winter nach sich gezogen. Die Auswirkungen wären so dramatisch, dass es heute keine Diskussion mehr um das Tunguska-Ereignis gäbe, weil niemand mehr am Leben wäre, der sie führen könnte. Hinzu kommt das statistische Argument, dass es zehn- bis hundertmal mehr Asteroiden als Kometen in der passenden Größe gibt. Und schließlich fliegen Kometen auch zu langsam, um eine solche Explosion auszulösen.

Natürlich kann man die Widersprüche zweier Erklärungsmodelle jederzeit dadurch auflösen, dass man eine dritte Theorie aufstellt. Der deutsche Astrophysiker Wolfgang Kundt brachte 1999 eine neue Hypothese ins Spiel, der zufolge die Tunguska-Explosion durch zehn Millionen Tonnen Methan ausgelöst wurde, das aus Rissen im Boden ausströmte und sich entzündete. Dass dergleichen in kleinerem Maßstab hin und wieder vorkommt, ist belegt. Kundt führt zwanzig Argumente für seine Theorie an, deren wichtigste wie folgt lauten: Tunguska liegt im Schnittpunkt dreier tektonischer Faltungslinien im Zentrum eines ehemaligen Vulkankraters. Das Muster der gefällten Bäume deutet darauf hin, dass fünf oder mehr Explosionen in Bodennähe stattgefunden haben müssen, was sich auch mit denjenigen Aussagen decken würde, in denen von mehreren aufeinanderfolgenden Explosionsgeräuschen die Rede ist. Die hellen Nächte nach dem Ereignis lassen sich vergleichsweise elegant damit erklären, dass die häufigen Bestandteile vulkanischer Gase leicht genug sind, um in die nötige Höhe von über 500 Kilometern aufzusteigen und dort das Sonnenlicht zu streuen – dasselbe war beim Ausbruch des Krakatau im Jahr 1883 geschehen. Zudem gibt es in der Region sowohl Erdgasvorkommen als auch Gesteine vulkanischen Ursprungs. Die Hitze, die die Bewohner Wanawaras auf ihren Gesichtern spürten, lässt sich sehr viel besser als mit anderen Theorien dadurch erklären, dass der Himmel mit brennendem Gas gefüllt war. Das letzte Argument ist rein statistischer Natur: Nur um die 3 Prozent aller heute noch sichtbaren Krater auf der Erde sind durch Einschläge aus dem All entstanden, die übrigen 97 Prozent sind vulkanischen Ursprungs. Gegen Kundts Theorie wird eingewendet, dass vergleichbare Fälle fehlen, aber vielleicht ist das auch ganz gut so. Schließlich weiß man nicht, ob ein solcher Vergleichsfall so höflich wäre, noch einmal ein fast völlig unbesiedeltes Gebiet zu verwüsten.

Wolfgang Kundts Theorie beruht im Ansatz auf der Arbeit des russischen Forschers Andrej Olchowatow, der als Erster einen geologischen Ursprung der Explosion vermutete. Seine

Hypothese spricht von einem Zusammenwirken noch unklarer Vorgänge im Boden und der Atmosphäre, einer Art → Kugelblitz.

Forscher und Laien in aller Welt ergänzen diese drei Haupttheorien immer wieder um wunderliche Schnörkel und alternative Erklärungsmodelle. Der amerikanische Meteoritenexperte Lincoln La Paz kam schon 1941 auf die Idee, es könnte sich um den Einschlag eines Antimaterieklumpens aus dem Weltall gehandelt haben, und 1965 traten Willard Libby, Clyde Cowan und C.R. Alturi ein zweites Mal mit dieser Hypothese an die Öffentlichkeit. Antimaterie hätte aber eigentlich schon beim Eintritt in die Atmosphäre – und nicht erst kurz über dem Erdboden – zerstört werden müssen, da sie auf den Kontakt mit normaler Materie höchst allergisch reagiert. Der australische Physiker Robert Foot vertritt dagegen die These, es habe sich bei diesem und anderen untypischen Einschlägen von Himmelskörpern um «Mirror Matter» gehandelt, eine hypothetische Materie, die komplett aus spiegelverkehrten (also nicht wie bei der Antimaterie lediglich anders geladenen) → Elementarteilchen besteht und deshalb über andere physikalische Eigenschaften verfügt als gewöhnliche Materie. Die Hypothese, es handle sich um den Einschlagskrater eines vom Himmel gestürzten Pottwals, krankt daran, dass nicht die geringsten Pottwalüberreste gefunden wurden. (Ihre Anhänger wenden ein, es sei bisher auch gar nicht nach Pottwalüberresten gesucht worden.) Die theoretischen Physiker A.A. Jackson IV und Michael P. Ryan jr. schlugen 1973 vor, es könne sich um ein winziges Schwarzes Loch gehandelt haben, das die Erde durchquert habe und im Nordatlantik wieder ausgetreten sei. Theoretisch ist das nach dem bisherigen Wissensstand über Schwarze Löcher nicht völlig unmöglich, aber leider fehlt ein glaubhaftes Austrittsloch. Supervorteil des Schwarzen Lochs ist seine Unsichtbarkeit, denn bekanntlich lässt sich mit Unsichtbarem von Gott bis zu den

Radiowellen alles erklären: «Ein unsichtbarer Hund hat meine Hausaufgaben gefressen!» Und am äußersten Ende des Spektrums finden sich auch hier die UFO-Theorie sowie die schöne und leider ziemlich unbelegte Vermutung, der geniale Erfinder Nikola Tesla habe bei einem Experiment zur Fernübertragung von Energie versehentlich den falschen Hebel umgelegt.

Obwohl das Explosionsgebiet auch heute noch nicht leicht zu erreichen ist – der nächste Bahnhof ist 600 Kilometer weit entfernt –, finden mittlerweile fast jährlich neue Tunguska-Expeditionen statt. Es besteht immer noch Hoffnung, mit Hilfe einer neuen Idee oder Technologie neue Daten zu gewinnen, die die Frage nach dem Auslöser der Explosion zweifelsfrei klären. So wurden in den letzten Jahrzehnten nach mühevoller Suche unter anderem verschiedene Kleinstpartikel mit ungewöhnlichen Elementen (vor allem Iridium) im Baumharz der Tunguska-Bäume, im Boden und den Torfmooren des Gebiets und in den entsprechenden Jahresschichten des antarktischen Eises gefunden, ein Zusammenhang mit dem Tunguska-Ereignis ließ sich aber bisher nicht schlüssig nachweisen. Ähnlicher kosmischer Staub findet sich in unterschiedlichen Mengen fast überall auf der Erde. Zudem kann das Element Iridium sowohl aus dem Weltall als auch aus dem Erdinneren stammen, passt also zu allen Hypothesen. Aber vielleicht verstecken sich ja irgendwo noch gänzlich unentdeckte Indizien. Und wenn endlich jemand herausfindet, wodurch das Tunguska-Ereignis ausgelöst wurde, kann man diesen Auslöser in ein handliches Format bringen und immer bei sich führen. Falls man mal nachts um halb drei in Schottland Golf spielen möchte.

Unangenehme Geräusche

Dass ich aus Angst vor dem Geräusch die Klospülung nicht mehr benutzte, stürzte unsere Ehe in eine Krise.
Jochen Schmidt: «Meine Geräuschempfindlichkeit», in: «Meine wichtigsten Körperfunktionen»

Es gibt viele scheußliche Geräusche auf der Welt – manche Radiosender übertragen den ganzen Tag nichts anderes. Wenn die Meinungen über das Radioprogramm auch auseinandergehen, ist man sich über Gabelkratzen auf Porzellantellern oder Kreidequietschen auf Tafeln weitgehend einig: Bestimmte Geräusche verursachen fast allen Menschen Gänsehaut. Das Quieken aneinandergeriebener Styroporbecher oder Luftballons und das Surren des Zahnarztbohrers gehören ebenfalls dazu. Aber warum ist das so? Menschen können Geräusche bis etwa 20 Kilohertz wahrnehmen, und es sind die hochfrequenten Geräuschanteile, die bis vor kurzem gern verdächtigt wurden, Abscheu zu erregen: Es handle sich um eine Schutzreaktion, weil diese hohen Frequenzen auf Dauer das Gehör schädigen könnten. Wie Lynn Halpern, Randy Blake und Jim Hillenbrand 1986 in einer der raren Studien zu diesem Thema herausfanden, werden solche Geräusche jedoch nicht erträglicher, wenn man den hochfrequenten Anteil herausfiltert. Tatsächlich scheinen eher die niedrigen bis mittleren Frequenzen zwischen 3 und 6 Kilohertz Gänsehaut auszulösen. Das für alle Versuchspersonen unangenehmste Geräusch im Experiment war das Kratzen eines dreizinkigen «True Value Pacemaker»-Gartenwerkzeugs auf einer Schiefertafel. Mit zwanzigjähriger Verspätung erhielten die drei Forscher 2006 für ihre aufopferungsvolle Arbeit den Anti-Nobelpreis «Ig Nobel Prize» für den Fachbereich Akustik.

Dem Schutz des Gehörs dient die Reaktion also wohl eher nicht. Halpern, Blake und Hillenbrand stellen in ihrer Studie

die Frage, ob diese Geräusche ihre menschlichen Hörer an Primaten-Warnrufe oder Raubtiergeräusche erinnern und die Reaktion daher angeboren sein könnte. Diese Vermutung wird nicht gestützt von einer 2004 am MIT durchgeführten Studie an Lisztaffen *(Saguinus oedipus)*, denen ziemlich egal war, ob man ihnen weißes Rauschen oder Schiefertafelkratzgeräusche vorspielte. Blake vertritt bis heute die Primatentheorie, Hillenbrand dagegen hat noch nie viel von ihr gehalten. Seiner Meinung nach ist es weniger das Geräusch als der Anblick, der den Widerwillen auslöst. Dafür sprechen einige Experimente, die der Psychologiestudent Philip Hodgson 1987 an der University of York durchführte. Hodgson hatte ebenfalls festgestellt, dass Frequenzen um die 2,8 Kilohertz herum als besonders unangenehm empfunden werden. Er versuchte, dem Problem zu Leibe zu rücken, indem er Testpersonen, die von Geburt an taub waren, dazu befragte, wie unangenehm sie den Anblick des Fingernägelkratzens an einer Tafel fanden. 83 Prozent der Befragten fühlten sich dabei unwohl, und auf die Frage, in welcher Körperregion sich dieses Unwohlsein äußere, gaben 72 Prozent davon an, es sitze in den Zähnen. Eine Erklärung für dieses Phänomen fand jedoch auch Hodgson nicht.

Wer seine eigene Empfindlichkeit testen will, kann sich auf der «Bad Vibes»-Website des britischen Akustikprofessors Trevor Cox (www.sound101.org) 30 schlimme Geräusche vorspielen lassen und sie bewerten. Cox selbst gibt an, ihn ließen alle diese Geräusche kalt. Er glaubt ebenfalls nicht an die Primatentheorie, wollte aber anhand seiner international erhobenen Daten wenigstens herausfinden, ob sich die Ansichten über unangenehme Geräusche regional unterscheiden. Cox' ersten veröffentlichten Ergebnissen kann man zwar keine Details zur Verteilung nach Ländern entnehmen, aber nach Analyse von 1,1 Millionen abgegebenen Stimmen liegt Erbrechen auf Platz 1 der unangenehmsten Geräusche, gefolgt von Mikrophonfeedback, vielstimmigem Babygeschrei und einem schrillen Quietschton. Frauen reagieren in den meisten Fällen empfindlicher als Männer. Die Ergebnisse der Studie, so Cox, passen nicht zu einer reinen Ekelreaktion und können auch nicht als Beleg der Warnruf-Hypothese dienen. Leider sind von Cox keine weiteren Erkenntnisse zu erwarten, denn er möchte sich als Nächstes der Suche nach dem angenehmsten Geräusch der Welt zuwenden. Verdenken kann man es ihm nicht.

Voynich-Manuskript

> *pada ata lane pad not ogo old wart alan ther tale feur far rant lant tal told*
> Charles Kinbote, in Vladimir Nabokov: «Pale Fire»

Das Voynich-Manuskript wurde vor mindestens 400 Jahren von einem anonymen Autor handschriftlich in einem unbekannten Alphabet und einer rätselhaften Sprache – nein, nicht Französisch – abgefasst. Seine Wiederentdeckung verdanken wir dem Archivar Wilfrid Michael Voynich, der es 1912 in aller Heimlichkeit italienischen Jesuiten abkaufte, die Geld brauchten. Heerscharen von Linguisten, Kryptologen, Mittelalterforschern, Mathematikern und Literaturwissenschaftlern versuchen sich seitdem erfolglos an der Entschlüsselung des Textes, gegen den Niklas Luhmanns Werke geradezu verständlich wirken.

Ursprünglich bestand das Manuskript wohl aus 272 Pergamentseiten unterschiedlicher Größe, von denen nur noch knapp 240 erhalten sind. Es ist in Abschnitte gegliedert, die sich – den reichen Illustrationen zufolge – wahrscheinlich mit Pflanzen, Astronomie, Biologie, Kosmologie und Heilkunde befassen. Dazu kommt ein Abschnitt mit kleinen, nicht bebilderten Absätzen, die als «Rezepte» bezeichnet werden, aber genauso gut Fahrplanauskünfte oder vermischte Nachrichten enthalten könnten. Die Seiten wurden zu einem späteren Zeitpunkt in Leder gebunden; auch die Seitenzahlen und die Kolorierung der Illustrationen sind wohl nachträglich ergänzt.

Im ersten Teil des Voynich-Manuskripts sind bisher größtenteils unidentifizierte Pflanzen detailreich abgebildet. Der Abschnitt über Astronomie enthält offenbar bekannte Tierkreiszeichen und Darstellungen der Jahreszeiten, und zumindest hier ist klar, dass die Abbildungen auf den Bewegungen der Sterne und Planeten beruhen. Unter anderem aus der Kleidung und den Frisuren der dargestellten Menschen (oder auch nur den Frisuren – bei den meisten Figuren handelt es sich um nackte Frauen) schloss man, dass das Manuskript in einem europäischen Land irgendwann zwischen 1450 und 1520 entstanden ist. Frühester Beleg für die Existenz des Textes ist allerdings ein Brief von 1639, in dem der Prager Alchemist Georg Baresch den Jesuiten Athanasius Kircher um Hilfe bei der Entschlüsselung bittet. Dieser erst in den 1970er Jahren veröffentlichte Brief befreite gleichzeitig Voynich von dem hin und wieder geäußerten Verdacht, er habe das Manuskript selbst produziert. Genauere Angaben zum Ursprung des Textes fehlen bis heute.

Das Manuskript wurde mittlerweile mit allen Mitteln der modernen Computerlinguistik analysiert. Das Ergebnis: Offenbar folgt es statistischen Grundregeln natürlicher Sprachen, die erst im 20. Jahrhundert wissenschaftlich beschrieben wurden – unwahrscheinlich, dass Fälscher im 16. Jahrhundert derart vorausschauend dachten. Andererseits enthält der Text kaum Wörter, die regelmäßig in derselben Gruppierung auftauchen, und er weist für natürliche Sprachen untypische Wortwiederholungen auf. Insgesamt ist der Wortschatz des Textes ungewöhnlich klein – aber auch das sollte noch keinen Anlass zum Misstrauen geben, sonst müssten viele zeitgenössische Bestseller als Fälschungen gelten.

Die folgende Ansammlung von Deutungsversuchen ist nur eine kleine Auswahl und zeigt zum einen die Hilflosigkeit, zum anderen den bemerkenswerten Einfallsreichtum der Voynich-Experten. William Romaine Newbold, ein Philosophieprofessor an der University of Pennsylvania, verkündete 1921 als Erster, er habe das Manuskript entschlüsselt. Jeder Buchstabe enthalte winzige Striche, die nur unter dem Vergrößerungsglas zu erkennen seien und eine alte griechische Kurzschrift darstellten. Der Text stamme tatsächlich – wie schon Voynich zu beweisen versucht hatte – aus der Feder des englischen Philosophen und Wissenschaftlers Roger Bacon und beschreibe unter anderem die Erfindung des Mikroskops. Allerdings stellte sich schnell heraus, dass es sich bei den angeblichen mikroskopischen Schriftzeichen um natürliche Risse in der verwendeten Tinte handelte.

Einen anderen kreativen Deutungsversuch legte 1978 der Amateurphilologe John Stojko vor. Er behauptete, der Text sei auf Ukrainisch mit weggelassenen Vokalen verfasst und handle von einem Bürgerkrieg. Leider passte seine Übersetzung weder zu den Illustrationen im Manuskript noch zur ukrainischen Geschichte. 1987 schrieb der Physiker Leo Levitov den Text den Katharern zu, einer Ketzersekte aus dem mittelalterlichen Frankreich; der Wortschatz sei ein Gemisch aus flämischen, altfranzösischen und althochdeutschen Elementen. Der Autor James Finn dagegen geht in seinem 2004 erschienenen Buch «Pandora's Hope» davon aus, dass der Text in leicht verschlüsseltem Hebräisch verfasst ist – wie viele andere Interpretationen eröffnet auch dieses System praktisch unbegrenzte Deutungsmöglichkeiten des Textes. Der Linguist Jacques Guy vermutete, es könnte sich um eine asiatische Sprache handeln, die in einem erfundenen Alphabet niedergeschrieben wurde. Das ist nicht einmal unplausibel und passt auch gut zur Wortstruktur des Dokuments; andererseits sehen die Illustrationen gänzlich unasiatisch aus. Ende 2003 dann äußerte der Pole Zbigniew Banasik die Vermutung, man habe es mit mandschurischem Klartext zu tun. Banasik selbst konnte allerdings gar kein Mandschurisch, und kompetente Sprecher des Mandschurischen haben sich bisher nicht zu Wort gemeldet.

Schließlich kam es 2003 zum vorläufig letzten öffentlich diskutierten Deutungsversuch. Der britische Psychologe und Informatiker Gordon Rugg bewies in seiner Freizeit, dass sich ein Text mit vergleichbaren Eigenschaften mit Hilfe einer Tabelle fiktiver Vorsilben, Wortstämme und Suffixe herstellen lässt, die unter Verwendung einer Papierschablone kombiniert werden. Solche Schablonen, sogenannte Cardan-Gitter, wurden bereits Mitte des 16. Jahrhunderts zur Verschlüsselung von Texten benutzt. Ruggs Ergebnisse wurden in der Presse vielfach als Lösung des Voynich-Problems gefeiert, beweisen aber lediglich, dass es theoretisch möglich gewesen wäre, mit den damaligen Mitteln einen vergleichbaren Text in kurzer Zeit herzustellen. Ob es sich tatsächlich so zugetragen hat, ist weiterhin unklar. Rugg selbst äußert sich auf seiner Website verhalten: Er persönlich sei der Meinung, dass es sich wahrscheinlich um eine Fälschung handle. Finanziell hätte sich ein solches Unterfangen durchaus gelohnt: Angeblich erwarb Kaiser Rudolph II., ein eifriger Sammler alchemistischer Manuskripte und anderer Kuriositäten, das Werk um das Jahr 1600 herum für 600 Golddukaten. Ähnliche Gewinnhoffnungen machte sich einige Jahrhunderte später wohl der Antiquar Hans P. Kraus, der das Manuskript 1961 für $ 25 000 kaufte, dann jedoch keinen Abnehmer fand und es schließlich der Yale University stiftete. Entschlüsselungswillige finden heute das gesamte Material eingescannt auf der Website der Universität oder in der ersten Buchausgabe des kompletten Manuskripts, dem 2005 von Jean-Claude Gawsewitch herausgegebenen «Le Code Voynich».

Wasser

Water doesn't obey your "rules". It goes where it wants to. Like me, babe.
Bart Simpson

Wasser ist eine Chemikalie, die in großer Menge auf der Welt vorkommt und entweder als farblose Flüssigkeit, als farbloser Dampf oder als farbloser Eisklotz bekannt ist. Im Vergleich zu anderen chemischen Substanzen wie etwa Murmeltieröl ist Wasser für den Menschen von recht großer Bedeutung. Trotzdem oder gerade deshalb ist Wasser einer der rätselhafteren Stoffe auf dem Planeten.

Vieles an seinem wunderlichen Verhalten liegt an der Struktur der Wassermoleküle, die, wie man in jungen Jahren lernt, aus einem Sauerstoff-Atom und zwei Wasserstoff-Atomen bestehen, deren Elektronen verwirrende Dinge anstellen. Während der Sauerstoff acht Elektronen besitzt, steuert jedes Wasserstoff-Atom nur ein einziges bei. Zwei der Sauerstoffelektronen kann man von vornherein ignorieren, weil sie so in den Atomkern vernarrt sind, dass sie sich nicht weiter um ihr Umfeld kümmern. Es bleiben insgesamt acht Elektronen pro Wassermolekül übrig, die danach streben, sich paarweise anzuordnen, denn Alleinsein ist nicht die Stärke des Elektrons. Es geschieht Folgendes: Vier Sauerstoffelektronen verpaaren sich untereinander, die restlichen beiden lassen sich mit den Wasserstoffelektronen ein und halten so das Molekül zusammen. Es entsteht ein Gebilde mit einem fetten Leib (dem Sauerstoff-Atom), zwei Armen (den Wasserstoff-Atomen) und zwei Beinchen (den beiden Paaren aus Sauerstoffelektronen), die hilflos in die Gegend ragen.

Gäbe es nur ein einziges Wassermolekül auf der Welt und nicht deutlich mehr, wäre damit alles gesagt. Die Anwesenheit von Nachbarmolekülen jedoch verkompliziert das Sozialgefüge der Wasserbestandteile. Zum einen sind die Wasserstoff-Atome in ständiger Bewegung und wechseln bis zu tausendmal pro Sekunde ihr Molekül. Zum anderen ist das Wassermolekül stark elektrisch polarisiert: Der dicke Sauerstoffkern zieht die Elektronenpaare egoistisch zu sich hinüber, sodass er sich am Ende in einer negativ geladenen Elektronenwolke befindet, während die zwei Wasserstoff-Arme vergleichsweise nackt, das heißt positiv geladen, zurückbleiben. Dies führt wiederum dazu, dass die positiven Arme eines Moleküls danach streben, sich mit den negativen Beinen eines anderen zusammenzutun. Weil Wasser zum einen so bindungsfreudig, zum anderen aber auch so unbeständig in seinem Bindungsverhalten ist, kann es alle möglichen verschiedenen Strukturen bilden, von denen im Folgenden noch die Rede sein wird. Außerdem sorgen diese Eigenschaften dafür, dass es bereitwillig Strom und Wärme leitet, Salze in sich auflöst und sich mit organischen Substanzen wie Eiweißen verbindet. Klaglos mischt sich Wasser mit allem Möglichen, weswegen Lebewesen vorwiegend aus Wasser bestehen.

Eine weitere Folge der einzigartigen Struktur des Wassermoleküls sind insgesamt mehr als 60 Anomalien, die den gängigen Vorstellungen der Molekülphysik zu widersprechen scheinen und nur zum Teil verstanden sind. Am bekanntesten ist wohl die Eigenschaft des Wassers, bei ca. 4 Grad Celsius die geringste Dichte aufzuweisen, und nicht etwa am Gefrierpunkt oder darunter, wie alle anderen Stoffe, die sich an die Verkehrsregeln halten. Normaler wäre es, dass ein Eisblock die Moleküle an der kurzen Leine hält, während sie im flüssigen Zustand vergleichsweise frei herumlaufen dürfen. Deshalb passen bei den meisten Substanzen im festen Zustand mehr Moleküle in ein bestimmtes Volumen als im flüssigen Zustand, folglich ist die Dichte höher. Bei Wasser ist es genau umgekehrt, was folgendermaßen zu erklären ist: In der unter normalen Umständen entstehenden Eisstruktur sind die Moleküle sehr unintelligent mit großen Zwischenräumen angeordnet, gar nicht so eng, wie sie es gern haben. Kaum taut das Eis, finden sie sich bereitwillig zu größerer Dichte zusammen. Nur darum schwimmt Eis auf Wasser, was dazu führt, dass Flüsse und Seen von oben zufrieren. Viele Fische sind froh darüber.

Zahlreiche Besonderheiten des Wassers haben damit zu tun, dass sich heißes Wasser in mancher Hinsicht anders benimmt als kaltes. Eine der bisher ungeklärten Anomalien aus dieser Liste heißt Mpemba-Effekt, und es geht dabei um die Frage, warum heißes Wasser manchmal schneller gefriert als kaltes. Zum ersten Mal beschrieben wurde das Phänomen von Aristoteles. Offenbar war es zu seiner Zeit üblich, Wasser, das abgekühlt werden sollte, zunächst in die Sonne zu stellen, weil das Erhitzen den darauffolgenden Kühlvorgang beschleunigt. Da schon zu viele Dinge nach den alten Griechen benannt sind, aber nur sehr wenige nach Afrikanern, einigten sich alle Fachleute darauf, den Effekt eine Weile professionell zu vergessen, damit ihn im Jahr 1963 Erasto Mpemba in Tansania wiederentdecken konnte. Mpemba sollte im Physikunterricht Eiscreme aus kochender Milch herstellen, und weil er Zeit sparen wollte, stellte er seine Mischung einfach heiß in den Kühlschrank. Damit hatte er gleich doppelt Zeit gewonnen, denn sein heißes Milch-Zucker-Gemisch gefror schneller als das kalte seiner Mitschüler. Mpemba brauchte sechs Jahre, mehrere Physiklehrer und viel Beharrlichkeit, bis man ihm dieses Ergebnis offiziell glaubte.

Hat man einige Vorkenntnisse über die Physik von warmen und kalten Substanzen, muss man den Mpemba-Effekt für eine Legende halten. Das Abkühlen von Flüssigkeiten funktioniert im Idealfall wie ein Dauerlauf mit gleich bleibender Geschwindigkeit, wobei der Gefrierpunkt die Ziellinie ist. Stellt man zwei Gefäße, eines mit heißem, eines mit kaltem Wasser, nebeneinander in den Kühlschrank, dann sollte das kalte Wasser schneller gefrieren, weil die Entfernung von der Ausgangstemperatur zum Ziel kürzer ist. Unter bestimmten Bedingungen verhält es sich aber genau umgekehrt. Warum ist Wasser so unzuverlässig in dieser Angelegenheit? Offenbar unterscheidet sich das eine Wasser vom anderen Wasser nicht nur in der Temperatur, sondern auch in anderer Hinsicht. Für den Mpemba-Effekt könnten etwa die Wassermenge, der Gas- und Mineralstoffgehalt des Wassers, die Form und Art des Gefäßes, die Art des Kühlschrankes und natürlich die Temperatur eine Rolle spielen. All diese Parameter muss man unter Kontrolle halten, um das Phänomen zu untersuchen.

Es gibt viele konkurrierende Erklärungen für den Mpemba-Effekt: Zum Beispiel dampft heißes Wasser und verliert so Moleküle, weshalb am Ende weniger übrig bleiben, die abgekühlt werden müssen. Eine zweite Möglichkeit sind die im Wasser gelösten Gase wie Kohlendioxid, die beim Erhitzen des Wassers entweichen. Eventuell verändert dies die Anordnung der Wassermoleküle auf eine Weise, die schnelleres Gefrieren gestattet. (Flüssiges Wasser hat tatsächlich ein «Gedächtnis» in dem Sinn, dass sich die Konfiguration seiner Moleküle je nach Behandlung verändert und sich das Wasser so «merkt», was mit ihm geschehen ist; allerdings vergisst es alles wieder, wenn man gründlich umrührt.) Vor kurzem schließlich wurde eine überraschend einfache Variante vorgeschlagen: Heißes Wasser hat einen geringeren Gehalt an Mineralstoffen, weil diese sich beim Erhitzen an der Gefäßwand ablagern (man kennt das von Teekesseln), und gefriert daher schneller. Die Anwesenheit von Salzen nämlich erschwert das Gefrieren, weswegen man Schnee heutzutage nur in Kombination mit Salz auf die Straßen streut. Eins haben alle diese Erklärungen gemeinsam: Keine von ihnen wurde bisher von den Wasserexperten einstimmig akzeptiert.

Während sich der Mpemba-Effekt mit einfachen Mitteln erforschen lässt, verlangen andere Rätsel des Wassers nach allen technischen Raffinessen, die die moderne Physik zu bieten hat. Zum Beispiel, wenn es darum geht, herauszufinden, warum

Schlittschuhe auf Eis gleiten. Viele glauben, es läge einzig an dem hohen Druck, den die schmalen Kufen ausüben. Dadurch, so hört man oft, entstehe ein dünner flüssiger Film, auf dem der Eisläufer herumrutsche. Das funktioniert allerdings schon bei Eiskufen kaum, beim Skilaufen gar nicht und beim Herumrutschen mit normalen Schuhen erst recht nicht. Eine mögliche Alternative ist die gute alte Reibung. Nach einer erstmals in den 1930er Jahren erdachten Hypothese erzeugt die Reibung von Kufen und Schuhen auf dem Eis genug Wärme, um ein wenig Wasser zu schmelzen, das dann als Schmiermittel zur Verfügung steht. Für diese Idee gibt es einige experimentelle Belege, und man ist sich heute fast sicher, dass Reibungswärme beim Rutschen auf dem Eis eine wichtige Rolle spielt. Leider ist Eis auch dann glatt, wenn sich gar nichts auf ihm bewegt und also auch gar keine Reibung stattfindet.

Aus dieser verfahrenen Situation rettet uns eventuell die besondere Struktur der Wassermoleküle. Schießt man mit Elektronen, Protonen oder Röntgenstrahlen auf eine Eisoberfläche, stellt man fest, dass sich die obersten Moleküle des Eises so verhalten, als wären sie flüssig, eine Idee, die schon im Jahr 1850 von der Physiklegende Michael Faraday geäußert wurde, ganz ohne Elektronenkanone. Vielleicht erzeugt das Eis also alleine, ohne Druck oder Reibung, eine flüssigkeitsähnliche Schicht, auf der man leicht entlanggleiten oder ausrutschen kann. Wie das Eis dies aber genau anstellt, ist unklar und Gegenstand aktueller Forschung. Sicherlich hat es damit zu tun, dass an der Eisoberfläche die bindungsfreudigen Moleküle nicht mehr wissen, wohin mit ihren Elektronenwolken, und wild mit Armen und Beinen herumstrampeln, genau wie sie das im flüssigen Zustand tun. So schön das alles klingt, es gibt auch Zweifler: Der amerikanische Physiker Miquel Salmeron und sein Team sahen sich die Eisoberfläche mit Hilfe des teuren Rasterkraftmikroskops genauer an und fanden heraus, dass Eis im atomaren Maßstab trotz der «flüssigen» Schicht immer noch sehr rau und gar nicht rutschig ist. Warum Eis also letztlich glatt ist, bleibt ungeklärt.

Übrigens gibt es nicht nur eine Sorte Eis, und damit ist nicht etwa Vanille und Schoko gemeint. Unter normalen Bedingungen gefriert Wasser zu sogenanntem «Eis Ih» (abgekürzt für: «Eis eins hexagonal»): Jeweils sechs Moleküle finden sich zu einem Sechseck zusammen und halten sich mit Armen und Beinen gegenseitig und an den Nachbarsechsecken fest. Das Gebilde sieht aus wie eine Bienenwabe und hat, wie bereits erwähnt, eine eher lose Struktur. Bei hohem Luftdruck und niedrigen Temperaturen, wie sie auf der Erde selten bis gar nicht vorkommen, können sich jedoch vollkommen andere, teilweise sehr komplexe Strukturen bilden, die «Eis II» bis «Eis XIV» heißen und ihre Moleküle dichter zusammenpacken als das handelsübliche «Eis Ih». «Eis III» zum Beispiel setzt sich nicht aus Sechsecken zusammen, sondern aus kleinen Molekültetraedern und entsteht bei Temperaturen unter –20 Grad Celsius und starkem Überdruck. «Eis IX» sieht ganz ähnlich aus und bildet sich, wenn man «Eis III» zügig abkühlt. Zum Glück hat es nicht viel gemein mit dem «Eis 9» in Kurt Vonneguts Roman «Die Katzenwiege», das schon bei +46 Grad gefriert und somit ziemlich schnell die komplette Erde in einen riesigen Schneeball verwandelt.

.Vieles an den diversen Eisarten, ihren Eigenschaften und ihrer Entstehung ist unverstanden. Vielleicht gibt es auch mehr als die bisher entdeckten; schon morgen könnte das Institut um die Ecke eine vollkommen neue, noch nie gesehene Eissorte im Angebot haben. Dass es überhaupt so viele verschiedene Eise gibt, liegt wiederum an der besonderen Struktur der Wassermoleküle, die sich ohne großes Widerstreben auf unterschiedlichste Art und Weise anordnen lassen. Untersuchungen der exotischen Eisarten erlauben so Einblicke in die Bindungseigenschaften des Wassers, was wiederum zu nützlichen Erkenntnissen Anlass geben könnte über die zahlreichen biologischen und chemischen Gesellschaftsspiele, bei denen es bereitwillig mitmacht.

Ein weiteres Kunststück, das sich Wasser für den Übergang zu Eis ausgedacht hat, sind Schneeflocken. Wissenschaftlich ausgedrückt, sind Schneeflocken winzige Eiskristalle, die sich beim Gefrieren von Wasserdampf in Wolken bilden. Die einfachsten Schneeflocken sind kleine, sechseckige Platten oder Prismen, sechseckig deshalb, weil die Kristallstruktur des unter normalen Bedingungen entstehenden Eises, wie gesagt, hexagonal ist. Hat sich aus dem Wasserdampf ein erstes Sechseck zusammengefunden, bleibt den sich anschließend anlagernden Wassermolekülen nichts anderes übrig, als der vorgegebenen Struktur zu folgen. Verändert sich jedoch die Temperatur und die Luftfeuchtigkeit rings um diese «Ur-Schneeflocke», zum Beispiel, wenn Wind durch die Wolke bläst, dann passieren spannende Dinge: Die sechseckige Platte wächst in Höhe oder Durchmesser, in der Mitte entsteht ein Loch, oder es bilden sich Arme an jeder Seite der Platte, die zu komplexen, farnähnlichen Gebilden ausufern können. Jede Schneeflocke trägt also in ihrer Form eine ausführliche Lebensgeschichte mit sich herum.

Leider jedoch in einer schwer verständlichen Sprache. Einer der in den letzten Jahren aktivsten Schneeflockenexperten, Kenneth G. Libbrecht vom California Institute of Technology in Pasadena, verbringt nicht nur seine Urlaube in schneesicheren Gebieten, um Schneeflocken zu sammeln, sondern hat auch umfangreiche Laborversuche zur Schneeherstellung durchgeführt. «Wenigstens ein Mensch auf diesem Planeten sollte verstehen, wie Schneeflocken entstehen», ist sein Motto. Bis es so weit ist, hat er genug zu tun: Warum unter bestimmten Bedingungen diese oder jene Schneeflockenart entsteht, wie es also zu dem vielfältigen Zoo von Schneeflocken kommt, das weiß bis heute niemand. Wie läuft das Wachstum der Schneeflocke unter verschiedenen Umständen ab? Welche Parameter, abgesehen von Luftfeuchtigkeit und Temperatur, sind wichtig? Und wie kann man die Bildung von Schneeflocken auf mikroskopischer Ebene, angefangen mit dem scheinbar so einfachen Wassermolekül, verstehen? Libbrecht empfiehlt, wie nicht anders zu erwarten, neue, umfangreiche Laboruntersuchungen. Aufgeben jedenfalls kommt nicht infrage.

Quellen

Alle Quellen zu benennen, die insgesamt bei der Recherche für dieses Buch gesichtet wurden, würde ein zweites Buch füllen. Daher sind im Folgenden höchstens fünf Quellen pro Thema angegeben. Zum einen handelt es sich dabei um die Arbeiten, die sich bei der Recherche als besonders hilfreich erwiesen, zum anderen geben die Referenzen die Möglichkeit, sich über die Lexikonbeiträge hinaus weiter zu informieren. Bei Onlineveröffentlichungen, die mit einiger Wahrscheinlichkeit dauerhaft am selben Ort zu finden sein werden, ist die Adresse angegeben. Viele der angegebenen Publikationen sind frei im Internet verfügbar; der Rest lässt sich über den Lieferdienst der Bibliotheken unter www.subito-doc.de bestellen.

Unwissen allgemein:

- John Brockman (Hrsg.): *What we believe but cannot prove,* Edge Foundation, Inc., The Free Press, 2005 (Führende Wissenschaftler spekulieren über mögliche Lösungen für große offene Fragen der Forschung.)

- Ronald Duncan, Miranda Weston-Smith: *The Encyclopaedia of Ignorance – Everything you ever wanted to know about the unknown,* Pergamon Press 1977 (Akademische Auswahl aus dem Unwissen der siebziger Jahre.)

- Jay Ingram: *The Science of Everyday Life, The Velocity of Honey, The Barmaid's Brain* (Anders als die meisten Autoren ähnlicher Bücher über Wissenschaft im Alltag weist Jay Ingram explizit auf widersprüchliche Forschungsergebnisse und Ungeklärtes hin.)

- Donald Kennedy et al.: «What Don't We Know?», *Science,* 2005, Bd. 309, S. 75 ff., auch unter: www.sciencemag.org/cgi/content/summary/309/5731/75

- John Malone: *Unsolved Mysteries of Science,* John Wiley & Sons, 2001

- Jens Söntgen: «Forscher im Nebel», *duz Magazin* 02/2006, auch unter: www.wzu.uni-augsburg.de/Projekte/Nichtwissenskultur/pdfs/Forscher_im_Nebel.pdf

Quellen

Aal:

- V. J. T. van Ginneken, G. E. Maes: «The european eel (Anguilla anguilla, Linnaeus), its lifecycle, evolution and reproduction: a literature review», *Reviews in Fish Biology and Fisheries*, 2005, Bd. 15(4), S. 367–398
- Vincent van Ginneken, Erik Antonissen et al.: «Eel migration to the Sargasso: remarkably high swimming efficiency and low energy costs», *Journal of Experimental Biology*, 2005, Bd. 208, S. 1329–1335
- Katsumi Tsukamato, Izumi Nakai, W.-V. Tesch: «Do all freshwater eels migrate?», *Nature*, 1998, Bd. 396, S. 635–636
- Dietmar Bartz: «Der Analytiker und sein Phallusfisch», *taz Magazin* vom 3. 6. 2006, S. 752–754

Amerikaner:

- James Adovasio, Jake Page: *The First Americans: In Pursuit of Archaeology's Greatest Mystery*, Modern Library 2003
- Michael D. Lemonick, Andrea Dorfman: «Who Were the First Americans?», *TIME Magazine*, 2006, Bd. 167, No. 11

Anästhesie:

- B. W. Urban: «Current assessment of targets and theories of anaesthesia», *British Journal of Anaesthesia*, 2002, Bd. 89(1), S. 167–183

Dunkle Materie:

- Virginia Trimble: «Existence and Nature of Dark Matter in the Universe», *Annual Reviews of Astronomy & Astrophysics*, 1987, Bd. 25, S. 425–472
- Bernard Carr: «Baryonic Dark Matter», *Annual Reviews of Astronomy & Astrophysics*, 1994, Bd. 32, S. 531–590
- Jeremiah Ostriker: «Astronomical Tests of the Cold Dark Matter Scenario», *Annual Reviews of Astronomy & Astrophysics*, 1993, Bd. 31, S. 689–716
- Robert H. Sanders, Stacy S. McGaugh: «Modified newtonian Dynamics as an Alternative to Dark Matter», *Annual Reviews of Astronomy & Astrophysics*, 2002, Bd. 40, S. 263–317
- Varun Sahni: «Dark Matter and Dark Energy», *Lecture Notes in Physics*, 2004, 653, S. 141, auch unter: arxiv.org/abs/astro-ph/0403324

Einemsen:

- Martin Eisentraut: «Vergleichende Beobachtungen über das Sichbespucken bei Igeln», *Zeitschrift für Tierpsychologie*, 1953, Nr. 10, S. 50–55

Quellen

Ejakulation, weibliche:

- Sabine zur Nieden: *Weibliche Ejakulation*, Psychosozial-Verlag 2004 (Beiträge zur Sexualforschung, Bd. 84)
- Gary Schubach: «Urethral Expulsions During Sensual Arousal and Bladder Catheterization in Seven Human Females», *Electronic Journal of Human Sexuality*, 2001, www.ejhs.org/volume4/Schubach/abstract.html
- Gary Schubach: «The Human Female Prostate and Its Relationship to the Popularized Term, G-Spot», 2002, doctorg.com

Elementarteilchen:

- D.P. Roy: «Basic Constituents of Matter and their Interactions – A Progress Report», Vortrag für das «3rd International Symposium on Frontiers of Fundamental Physics», Hyderabad, 17.–21. Dezember 1999, 1999, arxiv.org/abs/hep-ph/9912523
- Haim Harari: «A Schematic Model of Quarks and Leptons», *Physics Letters B*, 1979, Bd. 86(1), S. 83–86
- Roger Penrose: *The Road to Reality. A Complete Guide to the Laws of the Universe*, Vintage, London 2006

Erkältung:

- J. Barnard Gilmore: *In Cold Pursuit*, Stoddard Publishing Co., Toronto 1998

Gähnen:

- R.R. Provine, B.C. Tate, L.L. Geldmacher: «Yawning: no effect of 3–5% CO_2, 100% O_2, and exercise», *Behavioral and Neural Biology*, 1987, Bd. 48(3), S. 382–393
- S.M. Platek, S.R. Critton et al.: «Contagious yawning: the role of self-awareness and mental state attribution», *Cognitive Brain Research*, 2003, Bd. 17(2), S. 223–227
- S.M. Platek, F.B. Mohamed, G.G. Gallup, Jr: « Contagious yawning and the brain», *Cognitive Brain Research*, 2005, Bd. 23, S. 448–452
- M. Schurmann, M.D. Hesse et al.: «Yearning to yawn: the neural basis of contagious yawning», *Neuroimage*, 2005, Bd. 24(4), S. 1260–1264
- J.R. Anderson, M. Myowa-Yamakoshi, T. Matsuzawa: «Contagious yawning in chimpanzees», *Proceedings of the Royal Society of London, Biology*, 2004, Bd. 271, Ergänz. 6, S. 468–470

Quellen

Geld:

- Helmut Creutz: *Die 29 Irrtümer rund ums Geld*, Signum Wirtschaftsverlag 2005

Halluzinogene:

- David E. Nichols: «Hallucinogens», *Pharmacology & Therapeutics*, 2004, Bd. 101, S. 131–181
- David E. Nichols: «The Medicinal Chemistry of Phenethylamine Psychedelics», *The Heffter Review of Psychedelic Research*, 1998, Bd. 1, S. 40–45
- Roland R. Griffiths et al.: «Psilocybin can occasion mystical-type experiences having substantial and sustained personal meaning and spiritual significance», *Psychopharmacology* (Online-Ausgabe), 2006, www.hopkinsmedicine.org/Press_releases/2006/GriffithsPsilocybin.pdf

Hawaii:

- Quellensammlung auf www.mantleplumes.org
- A. D. Saunders: «Mantle plumes: an alternative to the alternative», *Geoscientist*, August 2003, www.geolsoc.org.uk

Herbstlaub:

- David W. Lee, Kevin S. Gould: «Why Leaves Turn Red», *American Scientist*, 2002, Bd. 90, S. 524–531
- Marco Archetti, Sam P. Brown: «The coevolution theory of autumn colours», *Proceedings of the Royal Society of London, B*, 2004, Bd. 271, S. 1219–1223

Indus-Schrift:

- Steve Farmer, Richard Sproat, Michael Witzel: «The Collapse of the Indus-Script Thesis: The Myth of a Literate Harappan Civilization», *Electronic Journal of Vedic Studies*, 2004, Bd. 11(2), S. 19–57
- The Straight Dope Science Advisory Board: «How come we can't decipher the Indus script?», 2005, straightdope.com

Klebeband:

- The Straight Dope Science Advisory Board: «How does glue work?», 2006, www.straightdope.com
- Robert Kunzig: «Why Does It Stick?», *Discover*, Juli 1999, S. 27–29
- Roland Wengenmayr: «Das Geheimnis der Haftzeher», *Frankfurter Allgemeine Sonntagszeitung*, Nr. 4, 2006, S. 64–65

Kugelblitze:

- John Abrahamson, James Dinniss: «Ball lightning caused by oxidation of nanoparticle networks from normal lightning strikes on soil», *Nature*, 2000, Bd. 403, S. 519–521
- Graham K. Hubler: «Fluff balls of fire», *Nature*, 2000, Bd. 403, S. 487 bis 488
- Stanley Singer: «Great balls of fire», *Nature*, 1991, Bd. 350, S. 108–109
- Antonio F. Rañada, Jose L. Trueba: «Ball lightning an electromagnetic knot?», *Nature*, 1996, Bd. 383, S. 32–33

Kugelsternhaufen:

- Jean P. Brodie, Jay Strader: «Extragalactic Globular Clusters and Galaxy Formation», *Annual Reviews of Astronomy and Astrophysics*, 2006, Bd. 44, S. 193 bis 267
- Michael J. West, Patrick Cote et al.: «Reconstructing galaxy histories from globular clusters», *Nature*, 2004, Bd. 427, S. 31–35
- Keith M. Ashman, Stephen E. Zepf: «The formation of globular clusters in merging and interacting galaxies», *Astrophysical Journal*, 1992, Bd. 384, S. 50–61
- Duncan A. Forbes, Jean P. Brodie, Carl J. Grillmair: «On the origin of globular clusters in elliptical and cD galaxies», *Astronomical Journal*, 1997, Bd. 113(5), S. 1652–1665

Kurzsichtigkeit:

- Ian G. Morgan: «The biological basis of myopic refractive error», *Clinical and Experimental Optometry*, 2003, Bd. 86(5), S. 276–288
- Frank Schaeffel: «Das Rätsel der Myopie», *Der Ophthalmologe*, 2002, Nr. 2, S. 120–141
- Klaus Schmid: *Myopia Manual*, 2006, www.myopia-manual.de

Laffer-Kurve:

- Arthur B. Laffer: «The Laffer Curve: Past, Present, and Future», *Backgrounder*, 2004, Nr. 1765, veröffentlicht durch «The Heritage Foundation» (www.heritage.org)
- N. Gregory Mankiw, Matthew Weinzierl: «Dynamic Scoring: A Back-of-the-Envelope Guide», *Harvard Institute of Economic Research*, 2005, Discussion Paper Number 2057
- Paul Pecorino: «Tax rates and tax revenues in a model of growth through human capital accumulation», *Journal of Monetary Economics*, 1995, Bd. 26, S. 527–539

- Peter N. Ireland: «Supply-side economics and endogenous growth», *Journal of Monetary Economics*, 1994, Bd. 33, S. 559–571

Leben:

- Eric Gaidos, Franck Selsis: «From Protoplanets to Protolife: The Emergence and Maintenance of Life», in: *Protostars & Planets V*, Hrsg. B. Reipurth, D. Jewitt, K. Keil, University of Arizona Press, Tucson 2007, S. 929–944, auch unter: arxiv.org/abs/astro-ph/0602008

Menschengrößen:

- Rod Usher: «A Tall Story for our Time», *TIME Magazine*, 1996, Bd. 148, S. 92–98
- John Komlos, Marieluise Baur: «From the Tallest to (One of) the Fattest: The Enigmatic Fate of the American Population in the 20th Century», *Münchener Wirtschaftswissenschaftliche Beiträge (VWL)*, 2003, S. 19
- Richard Steckel: «A History of the Standard of Living in the United States», *EH.Net Encyclopedia*, Hrsg. Robert Whaples, 2002, eh.net/encyclopedia
- Jörg Baten, Georg Fertig: «After the Railway Came: Was the Health of Your Children Declining? A Hierarchical Mixed Models Analysis of German Heights», 2000, Paper für ESSHC Amsterdam

Nord-Süd-S-Bahn-Tunnel:

- Karen Meyer: «Die Flutung des Berliner S-Bahn-Tunnels in den letzten Kriegstagen», in: *Nord-Süd-Bahn: Vom Geistertunnel zur City-S-Bahn*, Hrsg. Berliner S-Bahn-Museum, Berlin 1999, S. 47–85

Plattentektonik:

- E. Ronald Oxburgh, Donald L. Turcotte: «Mechanisms of continental drift», *Reports on Progress in Physics*, 1978, Bd. 41, S. 1249–1312
- Alexandra Witze: «The start of the world as we know it», *Nature*, 2006, Bd. 442, S. 128–131
- Paul J. Tackley: «Mantle convection and Plate Tectonics: Toward an Integrated Physical and Chemical Theory», *Science*, 2000, Bd. 288, S. 2002 bis 2007
- Götz Bokelmann: «Which forces drive North America?», *Geology*, 2006, Bd. 30(11), S. 1027–1030

P/NP-Problem:

- Keith Devlin: «The Millennium Problems», Basic Books 2002
- Michael Sipser: «The History and Status of the P vs. NP Question», *Pro-*

ceedings of the 24th Annual ACM Symposium on the Theory of Computing, 1992, S. 603–618

Rattenkönig:

- G. Wiertz: «Experiment zur Bildung eines Rattenkönigs», 1966, *Zeitschrift für Säugetierkunde*, 1966, Bd. 31, S. 20–22

- Ohne Autor: «Vom Rattenkönig», *Orion*, 1952, Bd. 3, S. 118–120

- Alfred Edmund Brehm: «Die Nagetiere (Nager)», in: *Brehms Tierleben*, 1864–1869

- J. Hickford, R. Jones, S. Courrech du Pont, J. Eggers: «Knotting probability of a shaken ball-chain», *Physical Reviews*, 2006, E 74, 052101

Riechen:

- Andreas Keller, Leslie B. Vosshall: «A psychophysical test of the vibration theory of olfaction», *Nature Neuroscience*, 2004, Bd. 7, S. 337–338

- Richard Axel: «The molecular logic of smell», *Scientific American*, 1995, Bd. 273, S. 154–159

- Luca Turin: «A spectroscopic mechanism for primary olfactory sensation», *Chemical Senses*, 1996, Bd. 21(6), S. 773–791

- Jennifer C. Brookes, Filio Hartoutsiou et al.: «Could humans recognize odor by phonon assisted tunneling?», *Physical Review Letters*, 2007, 98, 038101

- Barry R. Havens, Clifton E. Meloan: «The application of deuterated sex pheromone mimics of the American cockroach to the study of Wright's vibrational theory of olfaction», in: *Food Flavours: Generation, Analysis, Process Influence*, Hrsg. G. Charalambous, Elsevier Science 1996, S. 497–524

Riemann-Hypothese:

- Keith Devlin: *The Millennium Problems*, Basic Books 2002

- Quellensammlung von Matthew R. Watkins, secamlocal.ex.ac.uk/~mwatkins/zeta/riemannhyp.htm

Rotation von Sternen:

- William Herbst, Jochen Eislöffel, Reinhard Mundt, Aleks Scholz: «The Rotation of Young Low-Mass Stars and Brown Dwarfs», in: *Protostars & Planets V*, Hrsg. B. Reipurth, D. Jewitt, K. Keil, University of Arizona Press, Tucson 2007, S. 297–311, auch unter: arxiv.org/abs/astro-ph/0603673

- Sean Matt, Ralph E. Pudritz: «Understanding the Spins of Young Stars», eingeladener Vortrag auf der Konferenz «Cool Stars, Stellar Systems, and the Sun», Pasadena, 6.–10. November 2006, 2007, arxiv.org/abs/astro-ph/0701648

- Peter Bodenheimer: «Angular Momentum Evolution of Young Stars and Disks», *Annual Review of Astronomy and Astrophysics*, 1995, Bd. 33, S. 199 bis 238

Roter Regen:

- S. Sampath, T.K. Abraham, V. Sasi Kumar, C.N. Mohanan: «Coloured Rain: A Report on the Phenomenon», offizieller Bericht, veröffentlicht vom «Centre for Earth Science Studies» und vom «Tropical Botanical Garden and Research Institute», 2001, CESS-PR 114–2001
- Godfrey Louis, A. Santhosh Kumar: «The Red Rain Phenomenon of Kerala and its Possible Extraterrestrial Origin», *Astrophysics & Space Science*, 2006, Bd. 302, S. 175–187, auch unter: arxiv.org/abs/astro-ph/0601022

Schlaf:

- Jerome M. Siegel: «Clues to the functions of mammalian sleep», *Nature*, 2005, Bd. 437(27), S. 1264–1271
- Jerome M. Siegel: «The REM Sleep-Memory Consolidation Hypothesis», *Science*, 2001, Bd. 294, S. 1058–1063
- Ullrich Wagner, Steffen Gais et al.: «Sleep inspires insight», *Nature*, 2004, Bd. 427, S. 352–355
- Jim Horne: «The Phenomena of Human Sleep», *The Karger Gazette*, 1997, Nr. 61, S. 1–5

Schnurren:

- W.R. McCuistion: «Feline Purring and its dynamics», *Veterinary Medicine / Small Animal Clinician*, Juni 1966, S. 562–566
- J.E. Remmers, H. Gautier: «Neural and mechanical mechanisms of feline purring», *Respiration Physiology*, 1972, Bd. 16, S. 351–361
- Dawn E. Frazer Sissom, D.A. Rice, G. Peters: «How cats purr», *Journal of the Zoological Society of London*, 1991, Bd. 223, S. 67–78
- G. Peters: «Purring and similar vocalizations in mammals», *Mammal Review*, 2002, Bd. 32(4), S. 245–271

Sexuelle Interessen:

- Brian S. Mustanski, M. Chivers, J.M. Bailey: «A critical review of recent biological research on human sexual orientation», *Annual Review of Sex Research*, 2002, Bd. 12, S. 89–140
- Ray Blanchard, James M. Cantor et al.: «Interaction of fraternal birth order and handedness in the development of male homosexuality», *Hormones and Behavior*, 2005, Bd. 49, S. 405–414

- Harry Oosterhuis: *Stepchildren of Nature: Krafft-Ebing, Psychiatry, and the Making of Sexual Identity*, The University of Chicago Press 2000

Stern von Bethlehem:

- Dieter B. Herrmann: *Rätsel um Sirius – Astronomische Bilder und Deutungen*, Verlag Der Morgen, Berlin 1985
- Susan S. Carroll: «The Star of Bethlehem: An Astronomical and Historical Perspective», sciastro.net/portia/articles/thestar.htm
- Quellensammlung von Robert H. van Gent, www.phys.uu.nl/~vgent/stellamagorum/stellamagorum.htm

Tausendfüßler:

- L. A. H. Lindgren: «Notes on the mass occurrence of Cylindroiulus teutonicus Pocock in Sweden», Entomologisk Tidskrift, 1952, S. 38–40
- Hugh Scott: «Migrant Millipedes and Centipedes in Houses, 1953–1957», *Entomologist's Monthly Magazine*, 1958, Bd. 94, S. 73–77
- Hugh Scott: «Migrant Millipedes Entering Houses 1958», *Entomologist's Monthly Magazine*, 1958, Bd. 94, S. 252–256
- Karin Voigtländer: «Mass occurrence and swarming behaviour of millipedes (Diplopoda: Julidae) in Eastern Germany», *Peckiana*, 2005, Bd. 4, S. 181 bis 187
- K. Samsinak: «Über einige in Häusern lästige Arthropodenarten», *Anzeiger für Schädlingskunde, Pflanzenschutz, Umweltschutz*, 1981, Bd. 54, S. 120–122

Tiergrößen:

- Chris Carbone, Amber Teacher, J. Marcus Rowcliffe: «The Costs of Carnivory», *PloS Biology*, 2007, Bd. 5(2), www.plosbiology.org
- Gary P. Burness, Jared Diamond, Timothy Flannery: «Dinosaurs, dragons, and dwarfs: The evolution of maximal body size», *Proceedings of the National Academy of Sciences of the United States of America*, 2001, www.pnas.org
- David W. E. Hone, Michael J. Benton: «The evolution of large size: how does Cope's Rule work?», *Trends in Ecology and Evolution*, 2005, Bd. 20(1), S. 4–6
- C. R. Allen, A. S. Garmestani et al.: «Patterns in body mass distributions: sifting among alternative hypotheses», *Ecology Letters*, 2006, Bd. 9, S. 630–643

Trinkgeld:

- Diego Gambetta: «What Makes People Tip? Motivations and Predictions», *Oxford Sociology Working Papers*, 2006, Paper No. 09
- Michael Lynn: «Tipping in Restaurants and Around the Globe: An Inter-

disciplinary Review», in: *Handbook of Behavioral Economics*, Hrsg. Morris Altman, Armonk 2006

Tropfen:

- Jens Eggers: «Drop formation – an overview», *Zeitschrift für Angewandte Mathematik und Mechanik*, 2005, Bd. 85, S. 400–410

Tunguska-Ereignis:

- Surendra Verma: *The Mystery of the Tunguska Fireball*, Icon Books 2005
- Wolfgang Kundt: «The 1908 Tunguska catastrophe: An alternative explanation», *Current Science*, 2001, Bd. 81(4), S. 399–407
- Andrej Olchowatows Website: olkhov.narod.ru

Unangenehme Geräusche:

- D. Lynn Halpern, Randolph Blake, James Hillenbrand: «Psychoacoustics of a chilling sound», *Perception & Psychophysics*, 1986, Bd. 39(2), S. 77–80

Voynich-Manuskript:

- *The Voynich Manuscript*, www.voynich.nu
- *Voynich Manuscript Mailing List HQ*, www.voynich.net

Wasser:

- Monwhea Jeng: «Hot water can freeze faster than cold?!?», 2005, arxiv.org/abs/physics/0512262
- J.I. Katz: «When hot water freezes before cold», 2006, arxiv.org/abs/physics/0604224
- Kenneth G. Libbrecht: «The physics of snow crystals», *Reports of Progress in Physics*, 2005, Bd. 68, S. 855–895
- Robert Rosenberg: «Why is ice slippery?», *Physics Today*, 2005, Bd. 12, S. 50–55

Danksagungen

Wir bedanken uns bei

- den Cheflexikonkontrolleuren Bernd Klöckener und Christian Y. Schmidt,
- den Experten Helmut Baaske, Dietmar Bartz, Jörg Baten, Wolf Blanckenhorn, Götz Bokelmann, Anton Deitmar, Steffen Gais, Gerald Härtlein, Hanns Hatt, Gerda Horneck, Wolfgang Kundt, Gustav Peters, Martin Schaefer, Bertram Schefold, Ralph Scheicher, Kai Schreiber, Martin Schürmann, Daniel Schwekendiek, Kathrin Worschech und Klaus Zimmermann,
- den Testlesern Michael Brake, Holm Friebe, Johannes Jander, Angela Leinen, Ruben Schneider und Volker Scholz
- sowie Bettina Andrae, Christoph Danz, Uwe Heldt, Wolfgang Herrndorf, Ray Jayawardhana, Dieter und Gertrud Passig, Ulrike Richter, Tex Rubinowitz, Martin Rudolph, Jens Soentgen, Jochen Schmidt, Henning Scholz, Kai Schreiber, Ira Strübel, Stese Wagner und Klaus Cäsar Zehrer.